HANS GERT LOBSCHEID

Der Treuhänder für das Deckungskapital
privater Versicherungsunternehmen

Der Treuhänder für das Deckungskapital privater Versicherungsunternehmen

Befugnisse und Rechtsstellung

Von

Hans Gert Lobscheid
Dr. rer. pol. Dr. iur.

DUNCKER & HUMBLOT / BERLIN

Alle Rechte vorbehalten
© 1963 Duncker & Humblot, Berlin
Gedruckt 1963 bei Berliner Buchdruckerei Union GmbH., Berlin 61
Printed in Germany
D 7

Inhalt

§ 1. *Einleitung*	9
A. Befugnisse	15
§ 2. *Funktionen des Deckungsstock-Treuhänders*	15
I. Gegenstand der Treuhandschaft	16
II. Gesetzliche und aufsichtsbehördliche Regelung	17
1. Grundsätze für die Bestellung	17
2. Aufgaben im wesentlichen	20
a) Kontrolle	21
b) Überwachung	22
c) Verwaltung	23
§ 3. *Befugnisse des Deckungsstock-Treuhänders*	25
I. Zuständigkeiten	25
1. Bestandserhaltung durch Überwachung	25
2. Bestandserhaltung durch Testatzwang	26
3. Verwaltungsrecht zur Bestandserhaltung	27
II. Keine Zuständigkeit	29
1. Materielle Prüfung	30
2. Anlagedisposition	31
III. Umstrittene Zuständigkeit	32
1. Herausgabepflicht bei Deckungsstock-Werten	32
2. Strittige Kontrollrechte des Treuhänders	34
B. Rechtsstellung	36
§ 4. *Rechtsdogmatischer Standpunkt*	36
I. Treuhand im allgemeinen	37
II. Merkmale einer gesetzlichen Treuhandschaft	38
III. Unterschiede zum üblichen Treuhänderbegriff	39

§ 5.	Rechtsstellung zu den Versicherten	41
	I. Stellvertretung	41
	1. Vertretung der Deckungsstock-Gläubiger	42
	2. Vergleichbare Gläubigervertreter	42
	II. Bevollmächtigter	43
	1. Keine Vollmacht der Versicherten	44
	2. Keine Geschäftsbesorgung	44
	III. Gesetzliche Vertretung	44
	1. Keine organschaftliche Vertretung	45
	2. Keine Pflegschaft	45
	IV. Quasi-Pfandhalterschaft eigenen Rechts	47
	1. Pfandhalter eigener Art	47
	2. Keine übertragenen Rechte	48
§ 6.	Rechtsstellung zum Versicherungsunternehmen	50
	I. Der Versicherungs-Treuhänder	50
	1. „Echte" Treuhandschaft im Versicherungswesen	51
	2. Aufsichtsperson ohne fiduziarische Bindung	52
	II. Beauftragter	53
	1. Kein Angestellter	54
	2. Keine Geschäftsbesorgung	54
	3. Gesetzlich bestellter Treuhänder	56
	III. Gesetzlicher Vertreter	57
	1. Kein Organ der Versicherungsunternehmung	58
	2. Keine gesetzliche Vertretung	59
	IV. Gesetzliches Schuldverhältnis	59
	1. Die Verantwortlichkeit des DSt-Treuhänders	60
	2. Vergleich mit anderen Kontrollpersonen	60
§ 7.	Analogie zum privatrechtlichen Amt	63
	I. Bedingte Privatamtsmerkmale	63
	1. Obrigkeitliche Bestellung	63
	2. Fürsorge für privates Vermögen	64
	3. Amt privatrechtlicher Natur	66
	II. Unterschiede gegenüber üblichen Privatämtern	68
	1. Keine Amtsgewalt über das Sondervermögen	68
	2. Keine Prozeßbefugnis eines Verwalters	69
	III. Ergebnis in privatrechtlicher Sicht	70

Inhalt 7

§ 8. *Öffentlich-rechtliche Stellung* 74

   I. Treuhand als öffentliches Amt 74
      1. „Gehilfe" der Staatsaufsicht 74
      2. Aufsichtsamtliche Tendenz 76
      3. Die verwaltungsrechtliche Situation 78
      4. Formelle Merkmale öffentlicher Gewalt 79

   II. Vergleichbare Aufsichtspersonen 83
      1. Treuhänder öffentlicher Verwaltung 83
        a) Der Treuhänder nach MRG 52 84
        b) Treuhänder nach AHK-Gesetz Nr. 27 84
      2. Treuhänder öffentlicher Aufsicht 85
        a) Aufsichtführender nach Bayer. Th-Gesetz 85
        b) Treuhänder nach Aufwertungsgesetz 87
        c) Treuhänder nach Hypothekenbankgesetz 88
        d) Aufsichtführender nach § 119 VAG 90
      3. Beschränkt zulässige Analogie 91

   III. Zweifelhafte Staatsorganschaft 91
      1. Materielle Gegengründe 92
        a) Keine öffentliche Gewalt 92
        b) Kein behördlich Beauftragter 93
        c) Keine Weisungsbefugnis der Behörde 94
      2. Formelle Gegengründe 95
        a) Keine öffentliche Bestallung 96
        b) Keine staatlichen Bezüge 97
        c) Kündigung durch die Unternehmung 97

§ 9. *Analogie zum öffentlichen Amt* 100

   I. Staatliche Kontrollorgane 100
      1. Kommissar der Staatsaufsicht 100
      2. Kommissar nach Hypothekenbankgesetz 102
      3. Sonderbeauftragter nach VAG 103

   II. Aufsichtsbehördliche Funktionen 104
      1. Wahrnehmung öffentlicher Interessen 104
      2. Verstärkter Vertrauensschutz 106
      3. Soziale Funktion des Treuhänders 107

   III. Hilfsorgan der Versicherungsaufsicht 110
      1. Teilhoheitsgewalt auf Betriebsebene 110
      2. Träger der mittelbaren Staatsverwaltung 111
      3. Organ neben der Aufsichtsbehörde 112

C. Folgerungen 114

§ 10. Zusammenfassende Betrachtung der Amtsmerkmale 114
    I. Verwaltungsrechtliche und sozialrechtliche Komponenten 114
    II. Maßgebliche Unterschiede gegenüber vergleichbaren Ämtern . . 116

§ 11. Amtsperson sui generis 118
    I. Zulässige Interpretation 118
        1. Handhabung in der Praxis 118
        2. Entwicklungstendenz der gesetzlichen Treuhänder 119
        3. Auslegung nach Gesetz 120
    II. Der Sinn des Gesetzes 123
        1. Letztlich widerstreitende Gesichtspunkte 124
        2. Tendenziell öffentliches Interesse entscheidet 126
    III. Ergebnis sinngemäßer Auslegung 128
        1. Öffentliche Daseinssicherung 128
        2. Abstrakte Versicherungsleistung 129
        3. Ausdruck verwaltungsrechtlicher Grundsätze 131

§ 12. Folgerungen für die Befugnisse 133
    I. Antwort auf strittige Treuhänderrechte 133
    II. Grundsätze für den Umfang der Befugnisse 136
        1. Permanente Kontrolle der Bestandsbewegung 136
        2. Vorbehalte bei Bestandsentnahme 138
        3. Tendenz zur verstärkten Bestandswahrung 139
    III. Grundsätze für die Amtsdauer 140
        1. Faktische Unabhängigkeit durch Kontinuität im Amt 140
        2. Aufsichtsbehördliche Zustimmung für die Abberufung 141

Anhang: Fragebogen 143

Literaturübersicht 146

Abkürzungsverzeichnis 152

§ 1. Einleitung

In der Bundesrepublik verwalten die privaten Unternehmungen der Lebens-, Unfall-, Kranken- und Haftpflichtversicherung ein Deckungskapital im Werte von z. Z. schätzungsweise 17 Milliarden DM, das nach aufsichtsbehördlichen Vorschriften zur Sicherung der Versichertenansprüche bereitsteht[1]. Dieser sogenannte Deckungsstock (DSt) stellt ein Sondervermögen dar und begründet bestimmte Obliegenheiten des Versicherers. Beides zu überwachen und zu kontrollieren, hat den Gesetzgeber veranlaßt, eine besondere Aufsichtsperson zu schaffen, den Treuhänder nach §§ 70 ff. VAG (im folgenden auch „Aufsichtführender" genannt).

I.

Rechtsstellung und Befugnisse dieser Amtsperson sind nicht in jeder Hinsicht eindeutig dargetan. Das Gesetz beschränkt sich auf die Darstellung einiger grundsätzlicher Befugnisse. Auch die zu näheren Bestimmungen ermächtigte Aufsichtsbehörde verzichtet darauf, den rechtlichen Charakter des Treuhänders festzulegen. Was überdies die Dinge erschwert, ist der Umstand, daß gewisse Berechtigungen des Aufsichtführenden gegenüber dem Vorstand des beaufsichtigten Unternehmens durchaus strittig sind. In der Versicherungspraxis jedenfalls zeigt sich, daß die Rechtsnatur des Deckungsstock-Treuhänders keineswegs unbestritten ist.

Wo aber Befugnisse nicht eindeutig bestimmt sind, müßte die Rechtsstellung der Aufsichtsperson, soweit sie unverkennbar hervortritt, helfen können, die Zuständigkeit abzugrenzen. Gelingt es uns, die Position des Treuhänders juristisch einwandfrei zu orten, etwa als ein öffentliches Amt, so wären sämtliche Befugnisse geklärt, und zwar im vorgegebenen Falle analog solchen, wie sie der Aufsichtsbehörde zustehen.

Wie auch immer das Urteil ausfallen mag, eines steht fest: Kaum verständlich wäre es, den Aufsichtführenden zu bestimmten Tätigkeiten anhalten zu wollen, ohne ihm die entsprechenden Berechtigungen einzuräumen. Sollten die Befugnisse des Treuhänders letztlich nicht alle

---

[1] Am 31. 12. 1961 betrug das DSt-Ist rd. 14,7 Mrd. DM (BAV Gesch.-Ber. 1961, 19). Nach Aufsichtsrecht besteht verwaltungsrechtlich eine Schuld des Versicherers, die in seiner Bilanz technisch notwendige Rückstellungen ergibt, die überwiegend mit mündelsicheren Anlagewerten bedeckt werden müssen. Näheres dazu vgl. unten § 2 I; auch *Ehrenzweig*, Versicherungsrecht, S. 21, *v. Gierke*, Bd. II, S. 334.

aus seiner Rechtsstellung ableitbar sein, so würden die Pflichten des Versicherers gegenüber dem Deckungsvermögen fragwürdig beaufsichtigt.

II.

Die Problematik rührt hauptsächlich daher, daß die Aufsichtsperson vom beaufsichtigten Versicherer ‚bestellt' wird (§ 71 I VAG). Aus dieser Gesetzesvorschrift wollen manche[2] ein Vertragsverhältnis zwischen Unternehmen und Aufsichtführenden ableiten, was praktisch einem Dienstvertrag oder Auftrag gleichkäme. Das eine wie das andere hätte gewisse Bindungen zur Folge, die geeignet wären, die Befugnisse des Treuhänders und die ihnen entsprechenden Pflichten des Versicherers einzuschränken. Dies aber kann nicht Sinn der gesetzlichen Treuhänderbestellung sein.

Bestellt wird der Treuhänder — wenn auch nicht ausschließlich, so doch erheblich — durch einen Verwaltungsakt. Das Bundesaufsichtsamt muß seine Zustimmung erteilt haben (§ 71 II VAG). Wohl läßt die Mitwirkung der beaufsichtigten Unternehmung gewisse privatrechtliche Verhältnisse zwischen ihr und dem Bestellten vermuten. Daneben sind Beziehungen privatrechtlicher Prägung auch zwischen Treuhänder und Versicherten insofern vorstellbar, als jener seine Befugnisse nicht zuletzt zu ihren Gunsten ausübt. Demnach begegnen uns in der Kontrollperson für den Deckungsstock Merkmale, die einerseits entweder auf einen ‚Gehilfen' der staatlichen Versicherungsaufsicht oder ein Organ neben der Aufsichtsbehörde, andererseits auf Auftrag des Versicherungsunternehmens, der etwa eine Geschäftsbesorgung zum Gegenstand hat, hindeuten.

Diese Eigenschaft der Aufsichtsperson, zugleich *Merkmale des öffentlichen und des privaten Rechts* aufzuweisen, erleichtert durchaus nicht die Beurteilung, welche Rechtsstellung sie eigentlich einnimmt.

III.

Gewisse Anzeichen bestärken uns in der Auffassung, daß die Rechtsfigur des DSt-Treuhänders sozusagen als ‚verlängerter Arm der Staatsaufsicht' tätig wird. Dieses Kontrollorgan nimmt in eigener Verantwortung und unabhängig von der Unternehmung Befugnisse wahr, welche einerseits die Verpflichtungen der Geschäftsleitung hinsichtlich der Anlage und Verwaltung des Deckungskapitals überwachen und andererseits die Ansprüche der Versicherten gleichsam dinglich sichern. Das Amt des Treuhänders wie auch seine Befugnisse sind Gegenstand

---

[2] Vgl. *Berliner-Fromm,* § 71 Anm. 1 c; *Könige-Petersen-Wirth,* § 71 Anm. 4; *Prölss,* § 71 Anm. 3; *Kisch,* Recht des VVaG, S. 231.

§ 1. Einleitung

einer gewerbepolizeilichen oder wirtschaftsverwaltungsrechtlichen Regelung, und weil das VAG die Bestellung des Treuhänders und seines Stellvertreters zwingend vorschreibt, liegt es nahe, die Rechtsstellung eines öffentlichen Amtsträgers zu vermuten.

Aber neben den öffentlich-rechtlichen Vorschriften in Gestalt des VAG und aufsichtsbehördlicher Allgemeinverfügungen greifen immer wieder bürgerlich-rechtliche Normen[3] Platz. Beispielsweise lassen sich auf die Aufgaben und Befugnisse des gesetzlichen Treuhänders gemeinhin die Vorschriften über die Vermögenspflegschaft anwenden. Öffentlichrechtlich übt der Aufsichtführende eine Vermögenskontrolle, privatrechtlich eine Art Pfandhalterschaft aus. Alles dies müssen wir in Betracht ziehen, um zu einem vertretbaren Ergebnis zu kommen.

IV.

Wir melden im übrigen Zweifel darüber an, daß der Gesetzgeber die Bezeichnung ‚Treuhänder' treffend gewählt hat. Dazu sind verschiedene Gründe anzuführen:

1. Gewisse Eigenschaften eines Treuhänders im eigentlichen Sinne fehlen dem Träger dieses Namens gemäß VAG überhaupt, nämlich insoweit, als darunter in erster Linie das Institut des Fiduziars zu verstehen ist und eine Übertragung des Deckungsstocks in die Verfügungsgewalt des ‚Treuhänders' vorausgesetzt werden müßte. Der aufsichtsrechtliche Amtsinhaber aber kontrolliert und überwacht lediglich die ordnungsgemäße Verwaltung des Sondervermögens, das als solches im Eigentum des Versicherers verbleibt.

2. Soweit das Verwaltungsrecht — und das VAG gehört dazu — im allgemeinen den Terminus ‚Treuhänder' gebraucht, dominieren die Wesenszüge seiner Rechtsmacht dergestalt, für und wider den Vermögensinhaber handeln zu können und der Aufsichtsbehörde gegenüber gebunden und ihrer Verantwortlichkeit unterstellt zu

---

[3] Das öffentliche Recht hat zudem viele Begriffe des privaten Rechts übernommen und in ständigem Gebrauch. Vorschriften öffentlich-rechtlichen Charakters setzen vielfach Definitionen und gleichermaßen Rechtsinstitute privatrechtlicher Natur als bekannt und allgemeingültig voraus. Dieser Umstand könnte geeignet sein, die privatrechtlichen Merkmale des Treuhänders stärker hervortreten, die öffentlich-rechtlichen Wesenszüge dagegen nur subsidiär gelten zu lassen.

[4] ‚Th' im Sinne des Verwaltungsrechts könnte durchaus auch ein Staatskommissar oder Sonderbeauftragter heißen. Beispielsweise Huber, Wirtschaftsverwaltungsrecht Bd. I, S. 741, verwendet für den behördlich bestellten Verwalter nach § 87 II VAG, dem die Überwachung oder die Leitung der VU anvertraut wird, die Bezeichnung ‚Th', indes keineswegs in Unkenntnis dessen, daß dieser Ausdruck bereits im Gesetz §§ 70 ff. ausdrücklich auf den DSt-Th Anwendung findet.

§ 1. Einleitung

sein. Nach den Vorschriften des VAG indes hat der Treuhänder lediglich den Mitbesitz am kontrollierten Vermögen und haftet persönlich für Schäden aus einer Amtspflichtverletzung.

3. Schließlich verlangt noch ein Umstand Beachtung:
Die einschlägige Fachliteratur weist der Versicherungswirtschaft eine treuhänderische Funktion gegenüber den Versicherungsnehmern zu; vielfach bezeichnen sich die Versicherer selbst als Treuhänder im Hinblick auf den Deckungsstock[5].

V.

Die Frage nach der Rechtsnatur des VAG-Treuhänders stellt sich keineswegs neu; sie hat etliche Untersuchungen veranlaßt. Davon sind insbesondere die von *Ehrlichmann, Prölss, Schmitz, Spohr, Starke* und *v. d. Thüsen* zu nennen, die jedoch alle den Bezug zum privatrechtlichen Charakter bevorzugen. Demgegenüber erscheint uns im stärkeren Maße der Vergleich und die Analogie mit Sachwaltern und Aufsichtspersonen des öffentlichen Rechts der Vermögenskontrolle angebracht.

Die Fragestellung tritt wieder in ein aktuelles Stadium, nachdem in zunehmendem Maße kleinere Versicherungsvereine auf Gegenseitigkeit (§ 70 S. 2 VAG) und betriebliche Pensionskassen für ihren Deckungsstock einen Treuhänder benötigen und diesbezügliche Verfügungen der Aufsichtsbehörde ergehen (R 3/56 II, IV A)[6]. Infolgedessen nimmt auch die Zahl derjenigen Versicherungsunternehmen beständig zu, die verpflichtet sind, ein genaues Verzeichnis ihrer Deckungswerte zu führen (R 3/56 I; R 13/57 Vorbem.)[7] und unter Kontrolle zu stellen. Des weiteren hat das Bundesaufsichtsamt offenbar immer wieder Anlaß, Beanstandungen darüber vorzubringen, daß die Bedeckungen des Deckungsrückstellungs-Solls entgegen der Bestimmung des § 66 I VAG zum Teil nicht fristgemäß vorgenommen (BAV Gesch.Ber. 1959/60, 14; 1960, 18; 1961, 19) und Veränderungen im Deckungsstock nicht entsprechend den Bestandsbewegungen im Laufe des Geschäftsjahres (§ 66 VI 4 VAG)[8] eingetragen werden (BAV Gesch.Ber. 1959/60, 15;

---

[5] Vgl. *v. Gierke*, Versicherungsrecht, Bd. I, S. 119; *Finke-Pfeiffer*, MVA Bd. I, S. 345; *Hoppe*, Versicherungsbegriff, S. 39; *Hummel*, DVW Bd. I, S. 156, 158; *Kisch*, KVR, S. 5, 8, 14; *Nord*, Treuhänder, S. 36; *Petersen*, ZVersWiss 1932, S. 59; ders., KVR, S. 68; *Rohrbeck*, DVZ 1950, S. 229; R. *Schmidt*, Versicherungsalphabet, S. 43 (Deckungskapital); *Schmidt-Rimpler*, VHV H. 1, 1939, S. 72; Jahrbuch Lebensversicherung 1957/58, S. 54; *Schmid*, MVA Bd. I, S. X. So vor allem auch die Auffassung der Aufsichtsbehörde: VA 1925, 21.
[6] VerBAV 1956, 37. Vgl. auch BAV Gesch. Ber. 1960, 20.
[7] VerBAV 1956, 37; 1957, 144.
[8] Außerdem ausdrücklich in RT-Drucks. Nr. 848 (Anl. zu Sten.Ber. Bd. 450), S. 17: „Am Schluß eines jeden Geschäftsjahres ist der Aufsichtsbehörde eine Abschrift der im Laufe des Geschäftsjahres bewirkten Eintragungen vorzulegen." Vgl. auch R 13/57 A II e — VerBAV 1957, 144.

1960, 19; 1961, 19), vor allem aber Verstöße dawider auftreten, daß die Bestellung der Aufsichtsperson durch das zuständige Unternehmensorgan gemäß § 71 I 1 VAG nur nach behördlicher Genehmigung erfolgen kann (R 3/56 III 1)[9].

VI.

Für die Beurteilung unseres Problems steht im Vordergrund:
1. Die im Aufsichtsgesetz genannte ‚Deckungsrücklage' (§§ 11, 65) ist betriebswirtschaftlich eine Deckungsrückstellung für Verpflichtungen der Unternehmung gegenüber den Versicherten und erscheint auf der Passivseite der Versichererbilanz. Die Geschäftsleitung hat die Deckungsrückstellung (DRSt) für die laufenden Versicherungsverträge für den Schluß eines jeden Geschäftsjahres zu berechnen und zu buchen (§§ 11, 65 I), diese dann nach Vorschrift anzulegen und unter der Bilanz zu bestätigen, daß die eingestellte DRSt vorschriftsmäßig berechnet ist (§ 65 II).
2. Dem Deckungsvermögen sind schon im Laufe des Geschäftsjahres Beträge in solcher Höhe und in vorschriftsmäßiger Anlage zuzuführen, wie es dem voraussichtlichen Anwachsen der Prämienreserve entspricht (§ 66 I), und als Sondervermögen zu verwalten (§ 66 V). Dieses Sondervermögen erscheint als solches nicht in der Bilanz; der Deckungsstock ist in den Vermögenswerten der Aktivseite enthalten, wird aber nicht besonders ausgewiesen.

Positivrechtlich bestimmt sind die Aufgabe der Sicherstellung (§ 72 I) und der Verwahrung (§ 72 II, III) des Deckungsstocks unter Mitverschluß der Unternehmung (§ 72 II 1), kurzum die Sicherung der Gläubigerrechte und die Beschränkung der Verfügungsgewalt des Schuldners, eben des Versicherers, über das Sondervermögen.

VII.

Weil weder das Gesetz noch die Anordnungen der dazu ermächtigten Aufsichtsbehörde (§ 72 I Hs. 2 VAG) jeden Einzelfall treuhänderischer Befugnisse berücksichtigen, bleiben praktisch gewisse Fragen ungeregelt. Für die geeignete Lösung noch ausstehender Zuständigkeitsprobleme und zur Auslegung des Gesetzes benötigt die Versicherungswirtschaft ein *juristisches Leitbild* vom Deckungsstock-Treuhänder. Sollten wir im Verlaufe der vorliegenden Untersuchung zu der Überzeugung gelangen können, daß die Kontrollperson nach §§ 70 ff. VAG nicht nur einseitig die Belange der Versicherten wahrt, sondern darüber hinaus auch im Interesse der Versicherungswirtschaft in ihrer volks-

---
[9] Vgl. auch VerBAV 1956, 36; BAV Gesch.Ber. 1954/55, 13; 1956/57, 14; 1958/59, 15; 1959/60, 15; 1960, 19; vgl. unten § 11 I 1.

wirtschaftlichen und sozialen Bedeutung und damit gleich der Aufsichtsbehörde für die Öffentlichkeit tätig wird, so berechtigt das, einen öffentlich-rechtlichen Charakter anzunehmen.

Die rechtliche Stellung des Deckungsstock-Treuhänders wird letztlich und keineswegs gering durch die ‚normative Kraft des Faktischen' geprägt. Deshalb werden wir bemüht sein müssen, die Ansichten aus Rechtslehre und Rechtsprechung mit den tatsächlichen Verhältnissen zu konfrontieren, wie sie sich in der praktischen Handhabung der Versicherungsbetriebe darbieten und vor allem in der Auffassung Gestalt annehmen, welche die ausübenden Amtsträger selbst über ihre Tätigkeit haben.

Zum Ausdruck dessen legen wir das Ergebnis einer Befragung der Aufsichtführenden derjenigen Versicherungsunternehmungen der Bundesrepublik vor, die nach Höhe der Deckungsstock-Bestände bzw. der Prämieneinnahmen als repräsentativ gelten dürfen. Es sind insgesamt 66 Unternehmungen, deren Treuhänder einen Fragebogen (vgl. Anhang) ausführlich beantwortet haben[10].

In dieser Untersuchung soll kein Gesichtspunkt außer Betracht bleiben, der geeignet sein könnte, der Rechtsnatur des VAG-Treuhänders auf die Spur zu kommen. Daß dabei alle möglichen Erwägungen ins Auge gefaßt und sämtliche Gründe eines Für und Wider durchforstet werden, versteht sich. Man wird auch Pfaden folgen müssen, die nur mühsam zu begehen sind.

---

[10] Nach Versicherungszweigen gewichtet: 31 LebensVUen, 21 Kranken-VUen, 7 UnfallVUen, 7 HaftpflichtVUen. Zugleich hat sich annähernd die Hälfte aller amtierenden DSt-Treuhänder an der schriftlichen Befragung beteiligt; 43 Haupttreuhänder (R 3/56 III 3) haben den vorgelegten Fragebogen beantwortet. Neumanns Jahrbuch der deutschen Versicherungswirtschaft 1957/58, Teil IV, S. 182, führt ca. 90 Haupttreuhänder, einschl. Stellvertreter 185 Treuhänder auf, und Neumanns Jahrbuch 1959/60, Teil IV, S. 208, insgesamt 4 Treuhänder mehr. Nach jüngsten Angaben (Neumanns Jahrbuch 1962, Teil III, S. 122) sind es einschließlich erster und zweiter Stellvertreter 192 Treuhänder, demnach ca. 94 Haupttreuhänder und gegenüber der Befragungsperiode keine 20 vH zusätzlich. Diese Zahlen belegen zugleich die aktuelle Zunahme an deckungsstockpflichtigen Unternehmen (vgl. oben § 1 V).

A. Befugnisse

Das VAG hat ursprünglich eine besondere Aufsichtsperson in der Absicht geschaffen, die Belange der Versicherten, für deren Gesamtheit die Versicherungsunternehmung das ‚Deckungsstock' genannte Sondervermögen zur Deckung fälliger Ansprüche aus Versicherungsverträgen bereithält, „nachdrücklicher und dauernd" wahrnehmen zu lassen[1]. In diesem Sinne hat der Deckungsstock-Treuhänder ganz bestimmte Verpflichtungen, nämlich Pflichten der Versicherungsunternehmung gegenüber dem kontrollierten Vermögen zu überwachen.

An Kontrollbefugnissen nennt das Gesetz einige wenige: So hat der Treuhänder die vorschriftsmäßige Anlage und Aufbewahrung der eingestellten Deckungsrückstellung unter der Bilanz zu bestätigen (§ 73). Des weiteren sind das Recht auf Büchereinsicht und auf Einblick in Unterlagen, soweit diese sich auf das Sondervermögen beziehen, genannt (§ 74), außerdem eine erleichterte Handhabung für das DSt-Verzeichnis (§ 72 III Hs. 2), die weniger eine Befugnis als eine verwaltungstechnische Vereinfachung darstellt. Alle sonstigen Maßnahmen zur Sicherung des Deckungsstocks, aus denen sich Befugnisse des Aufsichtführenden ergeben können, sind des näheren der aufsichtsbehördlichen Regelung überlassen (§ 72 I Hs. 2). Von dieser Ermächtigung hat die Aufsichtsbehörde keineswegs in der Weise Gebrauch gemacht, daß ihre Anordnungen die Treuhänderbefugnisse erschöpfend regeln.

Soweit sich in der Praxis Einzelbefugnisse des Aufsichtführenden als nicht unbestritten erweisen und das Gesetz die Rechtsstellung nicht völlig klarstellt, sind wir außer auf den Ursprung und die Entwicklung der VAG-Treuhandschaft insbesondere auf ihren Sinn und Zweck verwiesen.

§ 2. Funktionen des Deckungsstock-Treuhänders

Die Befugnisse des Treuhänders haben seinen Aufgaben zu entsprechen. Für die Beurteilung kommen vor allem der Gegenstand der Beaufsichtigung durch eine besondere Kontrollperson und das für sie geltende Rechtsprinzip in Betracht.

---

[1] Verhandlungen des Reichstags, V. Wahlperiode 1930, Bd. 450, Drucks. Nr. 848, S. 18.

16 A. Befugnisse / § 2. Funktionen des Deckungsstock-Treuhänders

I. Gegenstand der Treuhandschaft

In der Personenversicherung wird statt einer natürlich (mit dem Alter der Versicherten) ansteigenden Prämie eine nach dem Eintrittsalter bemessene *gleichbleibende* Prämie erhoben. Die anfangs über das eigentliche Wagnis hinausgezahlten Prämienanteile werden angesammelt; sie bilden das Deckungskapital, um in späteren Jahren das Defizit infolge der konstanten Prämie auszugleichen.

Die *Deckungsrückstellung* des Versicherers ist rechtlich und wirtschaftlich gleich einem Sparguthaben der Versicherten; sie stellt die aufgezinste Summe der Sparprämien dar. In dieser Höhe haben die Versicherten einen Rechtsanspruch und besteht für den Versicherer eine Verbindlichkeit. Bei vorzeitig aufgelösten Versicherungsverträgen gelangt eine Forderung in Höhe der nicht verbrauchten Prämienanteile zur Entstehung, der sogenannte Rückkaufswert.

Beim *Deckungsstock* handelt es sich um Kapitalanlagen nach gesetzlichen Vorschriften, welche die Forderungen der Versicherten weitgehend dinglich sichern sollen, d. h. den Vertragsgläubigern in Form von Sach- und Vermögenswerten (Grundstücken, Hypotheken, Wertpapieren u. dgl. m.) Sicherheiten bieten. Deckungsstock heißt demnach eine Ansammlung konkreter Vermögensgegenstände, „aus denen die Mittel zur Deckung der Versicherungsleistungen (nebst Verwaltungskosten) der Versicherungsunternehmung entnommen werden sollen"[2].

Die Grundlage zur Sicherung der Ansprüche der aus Versicherungsverträgen Berechtigten bildet das DSt-Verzeichnis[3], das von der Unternehmung geführt und vom Treuhänder überwacht werden muß. Hier tritt die eigentliche Aufgabe der Aufsichtsperson ganz klar zutage. Den vertraglich Berechtigten ist, fällt der Versicherer in Konkurs, ein Absonderungsrecht eingeräumt (§ 77 II, IV VAG; Art. 2 II DVO/VAG 1936). Das Verzeichnis hat offenbar die Funktion, den Sicherungszweck des Deckungsstocks zu gewährleisten[3a]. Die in Sachwerten bedeckten und bevorrechtigten Forderungsrechte sind als solche konkretisiert und absonderbar.

Aus diesem Zusammenhang ergeben sich die Gründe, die zu der Institution des DSt-Treuhänders geführt haben:

1. Die in die Bilanz eingestellte Deckungsrückstellung weist eine Verpflichtung des Versicherers aus, für deren dauernde Erfüllbarkeit

---
[2] *Kisch*, Recht des VVaG, S. 227.
[3] VerBAV 1957, 144 — R 13/57 A I. §§ 77 IV S. 1 VAG u. Art. 2 II DVO/VAG 1936.
[3a] Für die Bildung eines Sondervermögens des DSt ist die Eintragung des Vermögensgegenstandes in das DSt-Register allein maßgeblich. Mit der *Eintragung* wird die Zugehörigkeit des Vermögensgegenstandes zum DSt bewiesen.

ein Sondervermögen, eben der Deckungsstock, bereitsteht. Dieses Deckungskapital ist mit der Verpflichtung den Versicherten gegenüber belastet, verbleibt jedoch im Eigentum der Unternehmung.

2. Das Sondervermögen zur bevorrechtigten Befriedigung der vertraglich Berechtigten bei Konkurs des Versicherers ist bilanztechnisch nicht besonders ausgewiesen. Lediglich das DSt-Verzeichnis sichert die Ansprüche der Versicherten, indem es das zum Deckungsstock gehörige Vermögen als solches genau bezeichnet, konkursrechtlich demnach identifiziert und bevorrechtigt.

3. Weil der Deckungsstock in keinem besonderen Bilanzposten zur Darstellung gelangt, sondern ausschließlich im DSt-Verzeichnis erkennbar wird, dieses Verzeichnis vom Versicherer aber unzureichend und zum Schaden der Berechtigten geführt werden könnte, verlangt das Gesetz die Überwachung durch eine besondere Aufsichtsperson.

Diesem Sachverhalt trägt die Aufsichtsbehörde in erster Linie dadurch Rechnung, daß sie das Bestellungsverfahren genau geregelt und dafür strenge Grundsätze aufgestellt hat.

II. Gesetzliche und aufsichtsbehördliche Regelung

Wer von der Unternehmung als Treuhänder für den Deckungsstock in Aussicht genommen ist, muß grundsätzlich der Aufsichtsbehörde benannt werden. Unbeschadet des Wortlauts des § 71 I 1 VAG ist der Aufsichtsrat gehalten, zuvor das Bundesaufsichtsamt in Kenntnis zu setzen und seine schriftliche Bestätigung einzuholen.

Hat das Aufsichtsamt Bedenken, so kann es binnen angemessener Frist die Benennung von jemand anderem verlangen. Unterbleibt das oder hat die Aufsichtsbehörde auch gegen die Bestellung des neu Vorgeschlagenen Bedenken, so hat sie selbst die erforderliche Kontrollperson zu bestellen. Ebenso wird verfahren, wenn die Aufsichtsbehörde gegen die weitere Tätigkeit eines bestellten Treuhänders Bedenken hat.

1. Grundsätze für die Bestellung[4]

Die gesetzlichen Vorschriften für die Bestellung von Treuhändern (§§ 70, 71, 76 VAG) finden uneingeschränkt Anwendung auf Unternehmen der Lebensversicherung einschließlich Pensions- und Sterbekassen, der Kranken-, der Unfall- und der Haftpflichtversicherung, soweit

---

[4] Zur Bestellung und ihren Grundsätzen vgl. R 3/56 — VerBAV 1956, 37 ff.

es sich nicht um kleinere Vereine im Sinne des § 53 VAG oder um öffentlich-rechtliche und ausländische Versicherungsunternehmen handelt[4a].

Die Aufsichtsbehörde hat die Ermächtigung, die Bestellung für kleinere Vereine anzuordnen (§ 70 S. 2 VAG). Nach den nunmehr geltenden Vorschriften haben außer den Unternehmen der Lebensversicherung, die grundsätzlich einen Treuhänder und einen Stellvertreter für ihn bestellten, gleichermaßen Pensions- und Sterbekassen zu verfahren, deren Vermögenswerte 1 Mio DM überschreiten, weiterhin Krankenversicherer, die mindestens 30 000 Versicherte zählen oder deren Jahresbeitragseinnahme 1 Mio DM übersteigt, außerdem Unfall- und Haftpflichtversicherer, wenn die zu bildende Rentenrückstellung (§ 12 VAG) 100 000 DM überschreitet (R 3/56 II).

Dabei ist zu beachten:

a) Grundsätzlich verfügt die Aufsichtsbehörde darüber, ob eine vom Aufsichtsrat oder bei kleineren Vereinen vom Vorstand vorgesehene Person bestellt werden kann. Die Verfügung des Bundesaufsichtsamtes (BAV) erfolgt schriftlich unter Aktenzeichen und des Inhalts, daß gegen die Bestellung des von der Unternehmung benannten Treuhänders keine oder aber Bedenken erhoben werden (VerBAV 1956, 38). „Die Entscheidung des Aufsichtsrats (bzw. des Vorstandes) hinsichtlich der Bestellung ist erst dann zu treffen, wenn die schriftliche Bestätigung der Aufsichtsbehörde darüber vorliegt, daß sie gegen die Bestellung keine Bedenken hat" (VerBAV 1956, 37).

b) Bei der Bestellung des Treuhänders tritt der Aufsichtsrat als gesetzlicher Vertreter der Unternehmung auf, während er im allgemeinen nur die Geschäftsführung des Vorstandes zu überwachen hat. Die Auswahl einer geeigneten Persönlichkeit für das Treuhänderamt hat weder durch einseitige Entscheidung des Vorsitzers des Aufsichtsrats noch auf die Weise zu erfolgen, daß etwa der Vorstand als Geschäftsführer der Unternehmung die Bestellung im Wege eines Zirkulars, das an die einzelnen Mitglieder des Aufsichtsrats versandt wird[5], durchführen zu können vermeint. Die Benennung eines DSt-Treuhänders hat durch einen Beschluß des Aufsichtsrats in Abstimmung — demnach durch einen Wahlakt — zu geschehen, wobei die Mehrheit die Entscheidung herbeiführt. Der Vorstand hat kein Vorschlagsrecht. Würde ihm dieses

---

[4a] §§ 70—76 VAG sind nicht anwendbar, weil für *ausländische* VUen in § 110 II 2 VAG und für *öffentliche* Vr in § 1 II 2 DVO 1943 (RGBl. I S. 363) nicht erwähnt. Vgl. auch VerBAV 1957, 144 Vorbem. zu R 13/57; VW 1952, 474; *Prölss*, Anm. 4 zu § 70.
[5] Dieses Verfahren war zum Teil durchaus üblich geworden, doch unvereinbar mit Gesetz und Grundgedanken der Treuhänderinstitution. Formell hatte zwar der Aufsichtsrat, in Wirklichkeit gleichwohl der Vorstand die Benennung und letztlich die Bestellung des Treuhänders entscheidend beeinflußt.
[6] Vgl. *Lobscheid*, VersR 1956, 464.

II. Gesetzliche und aufsichtsbehördliche Regelung

zugestanden, so könnte die Stellung eines derart gewählten Amtsträgers nicht mehr als unabhängig gelten[6].

c) Bei der Benennung an die Aufsichtsbehörde sind ausführliche Angaben über Werde- und Bildungsgang sowie die bisherige Tätigkeit (vor allem in Diensten einer Versicherungsunternehmung) der als Treuhänder in Aussicht genommenen Person zu machen und darüber, ob und gegebenenfalls welche Beziehungen zum Unternehmen und ob Verwandtschaftsbeziehungen zu Vorstandsmitgliedern bestehen (R 3/56 III 1).

Grundsätzlich sind nur solche Personen zur Auswahl zulässig, die außerhalb sämtlicher Verwaltungsorgane und in keinerlei Abhängigkeitsverhältnis zu dem Unternehmen stehen (R 3/56 III 2 A). Daher kommen insbesondere *nicht* in Betracht: 1. Mitgliedervertreter, Aufsichtsrats- und Vorstandsmitglieder, 2. Angestellte der Versicherungsunternehmung oder eines anderen Unternehmens des gleichen Konzerns, 3. Angestellte der Mutterfirma einer Pensions- oder Sterbekasse, ebensowenig 4. Rechtsanwälte und Notare, die als solche in erheblichem Umfange für die Unternehmung tätig sind, und 5. für das Versicherungsunternehmen tätige Mathematiker (R 3/56 III 2 B). Zulässig ist in einer minder strengen Auffassung die Bestellung ehemaliger Betriebsangehöriger, deren Beziehung zur Unternehmung sich auf eine durch Rechtsanspruch gesicherte Pension oder Rente beschränkt. Ferner kann der Treuhänder mit dem (möglichst ständigen) Prüfer identisch sein (R 3/56 III 2 C).

d) Das ‚Amt' (§ 71 III VAG) des DSt-Treuhänders soll keineswegs bloß eine formale Institution sein; Haupttreuhänder wie auch Stellvertreter müssen grundsätzlich am Sitz des Versicherers oder zumindest in der Nähe wohnen, weil sie sonst ihren Obliegenheiten kaum vollkommen gerecht werden können (R 3/56 III 2 D).

e) Zu den erforderlichen Kenntnissen der Kontrollperson gehören nicht unbedingt solche der inneren Verhältnisse des Unternehmens. Nach Auffassung des BAV „sind enge Beziehungen des Treuhänders zu dem Unternehmen keineswegs immer ein besonderer Vorzug" (VerBAV 1956, 38); sie könnten in gewisser Hinsicht geradezu hinderlich sein. In erster Linie muß die Person des Aufsichtführenden die Gewähr bieten für die Einhaltung der gesetzlichen und aufsichtsbehördlichen Vorschriften über Anlage, Sicherstellung und Überwachung der Deckungswerte. Um dieser Aufgabe entsprechen zu können, braucht der Treuhänder hinreichende Kenntnisse des Rechts und der Wirtschaft, insbesondere deshalb, um die Vorschriftsmäßigkeit der Anlagen richtig zu beurteilen (R 3/56 III 2 D). Im übrigen bleibt es dem pflichtmäßigen Ermessen des für die Bestellung zuständigen Organs überlassen, nach Kenntnissen und Charakter geeignete Personen für das Amt auszuwählen (R 3/56 III 2 E).

f) Bei der Benennung eines in Aussicht genommenen Treuhänders hat der Versicherer die völlige Unabhängigkeit des Vorgeschlagenen ausdrücklich zu bestätigen (R 3/56 III 1). Diese Bestätigung der Unternehmung[7] soll die Amtsbefugnisse der Aufsichtsperson in besonderer Weise gewährleisten.

2. Aufgaben im wesentlichen

An Zuständigkeiten des DSt-Treuhänders sind zu unterscheiden: Die *Kontrolle* erstreckt sich auf die vorschriftsmäßige Anlage der Deckungsrückstellung und die Eintragung der Vermögenswerte in das DSt-Verzeichnis durch den Vorstand sowie die Prüfung der Verzeichnisabschrift, die der Aufsichtsbehörde zugeht. Die *Überwachung* sodann richtet sich auf die laufenden Zuführungen und die Bestandserhaltung sowie die Sicherung derselben durch zulässige Anrechnungswerte und vorschriftsmäßige Aufbewahrung. Die *Verwaltungs*befugnisse letztlich äußern sich im Mitbesitz des Treuhänders am Deckungsvermögen und seiner Zustimmung oder Verweigerung einer Bestandsentnahme sowie in der Registerführung für vorübergehende Entnahmen und der Bestätigung ordnungsgemäßer Bestandsverwaltung des Vorstandes unter Bilanz und Bestandsmeldungen.

Die Treuhänderaufgabe liegt in erster Linie darin, dafür Sorge zu tragen, daß die gesetzlichen Vorschriften und die Anordnungen der Aufsichtsbehörde über die Anlage, Sicherstellung und Überwachung des Deckungsstocks eingehalten werden (VerBAV 1956, 38 — R 3/56 III D). Anlage und Sicherung sind Obliegenheiten der Unternehmensleitung im Rahmen einer vorschriftsmäßigen Verwaltung des Sondervermögens. Die Überwachung desselben obliegt dem Treuhänder. Die durch eine besondere Aufsichtsperson zu überwachenden Obliegenheiten des Versicherers ergeben sich in erster Linie daraus, daß das Aufsichtsgesetz, um weitgehende Sicherheit des Sondervermögens bemüht, einen Katalog verbindlicher Anlageformen aufzählt (§ 68 I) und der Aufsichtsbehörde den Erlaß näherer Bestimmungen einräumt (§ 68 II 1) sowie genaue Vorschriften über die Sicherung der Anspruchsgrundlagen der am Deckungsstock Berechtigten enthält (§§ 65 ff.).

Betrachten wir nunmehr die Zuständigkeit des Aufsichtführenden aus dieser Perspektive:

---

[7] Wir wollen an dieser Stelle noch nicht erörtern, inwieweit mit einer solchen Erklärung des Versicherers ein Unterwerfungsvertrag öffentlich-rechtlicher Natur vorliegt und ob darin ein Verzicht auf jegliche Weisungsbefugnis gegenüber dem Treuhänder bekundet werden soll, was keinen Raum für die Annahme eines Geschäftsbesorgungsvertrages und somit einer betont privatrechtlichen Stellung beließe. Näheres vgl. unten § 8 I 3 b.

II. Gesetzliche und aufsichtsbehördliche Regelung

a) Kontrolle

Das DSt-Verzeichnis (§ 66 VI VAG) muß sorgfältig geführt werden. Die Bestände des Sondervermögens sind von jedem anderen Vermögen zu trennen und einzeln (mit Ausnahme von Policendarlehen und Vorauszahlungen) in das Verzeichnis einzutragen. Die Eintragung hat unverzüglich zu erfolgen, sobald die Versicherungsunternehmung das Eigentum daran oder bei Forderungen das Gläubigerrecht erworben hat. Das Verzeichnis muß alle Veränderungen angeben, soweit es sich nicht um vorübergehende Entnahmen handelt. Im Interesse der Berechtigten aus dem Sondervermögen kommt einer sorgfältigen Führung des Verzeichnisses „unter genauer Beachtung der einschlägigen Vorschriften" außerordentliche Bedeutung zu (VerBAV 1957, 146 — R 13/57 A I).

Der Treuhänder hat des weiteren zu kontrollieren, daß die Eintragungen in das DSt-Verzeichnis vollständig und richtig vorgenommen werden (R 13/57 B I). Vollständig heißt, die einzelnen Werte des Deckungsstocks müssen eindeutig sein[8]. Die Wertangabe der einzelnen Vermögensstücke allein genügt nicht; „jedes Stück muß vielmehr nach Gattung, Nummer und dergleichen so genau bezeichnet werden, daß sich die Identität, insbesondere auch bei späteren Änderungen, jederzeit einwandfrei ermitteln läßt" (R 13/57 A II b)[9].

Vor allem aber muß der Deckungsstock aus Werten bestehen, die den Anforderungen des Gesetzes und der Aufsichtsbehörde genügen (§§ 68, 69 VAG; aufsichtsbehördliche Anordnungen über Art, Umfang und Berechnung der Anlagen gem. § 68 II VAG). Die Vorschriftsmäßigkeit der Anlagen hat der Aufsichtführende laufend in gewissenhafter Kenntnis der geltenden Bestimmungen unter Kontrolle zu halten (R 13/57 BI). Zu einer Prüfung, ob die für das Deckungskapital bestimmten Werte den DSt-Vorschriften entsprechen, ist er nach § 73 VAG verpflichtet und berechtigt (R 13/57 B III).

Der Treuhänder kann jederzeit die Bücher und Unterlagen der Unternehmung einsehen, soweit sie sich auf den Deckungsstock beziehen (§ 74 VAG). Dadurch gewinnt er einen Überblick auch über Veränderungen des Bestandes und seiner Einzelwerte.

---

[8] Die Aufsichtsbehörde hatte Anlaß zu beanstanden, daß die Vermögensstücke des öfteren nicht so genau bezeichnet waren, daß sich die Identität einwandfrei ermitteln ließ. Vgl. BAV Gesch.Ber. 1958/59, 16; 1960, 21.
So kann z. B. bei Wertpapieren die genaue Angabe der Stücknummern nicht durch Fotokopien von Depotauszügen der im Bankdepot befindlichen Urkunden ersetzt werden. Vgl. BAV Gesch.Ber. 1961, 22.
[9] R 13/57 B I schreibt weiterhin vor: „Bei Grundstücken und Hypotheken, Grundschulden und Rentenschulden sind die Grundbuchbezeichnungen, bei Wertpapieren die Serien, Buchstaben, Nummern und bei sonstigen Anlagen die Angaben genau nachzuprüfen, welche das Inhaber- oder Forderungsrecht eindeutig bestimmen" (VerBAV 1957, 146).

b) Überwachung

Bei den treuhänderisch überwachten Pflichten der Versicherungsunternehmung ist grundsätzlich zu unterscheiden zwischen 1) dem *Anwachsen* des DRSt-Solls einerseits und des Deckungsstock-Ists andererseits, wobei *vierteljährlich* eine Berichterstattung zu erfolgen hat, und 2) dem *Bestand* am Jahresende, der nach Geschäftsplan und Rechnungsgrundlagen des § 11 VAG *jährlich* zu berechnen sowie nach aufsichtsbehördlichen Vorschriften zu buchen und dessen Eintragung in das Verzeichnis dem BAV nachzuweisen ist.

An die Unternehmensleitung sind folgende Anforderungen gestellt: Das DSt-Verzeichnis ist auf amtlichen Vordrucken (D 1—6) und getrennt nach Anlagearten zu führen. Die eingetragenen Werte sind zunächst *vierteljährlich* und formlos in einer Zusammenstellung zu melden (R 4/53 III; R 6/56 B 4; R 13/57 A I u. III)[10]. Diese Übersicht über die Zuführungen braucht nicht auf Vordruck D 7 zu erfolgen (R 6/56 B 4), muß jedoch in zweifacher Ausfertigung vorgelegt werden (R 4/53 IV). Gleichermaßen zum Quartalsschluß ist die Höhe des gesamten gemäß § 66 I VAG geschätzten DRSt-Solls aufgeschlüsselt der Aufsichtsbehörde anzuzeigen (R 4/53 III Ziff. a; R 13/57 III i). Beide Meldungen sind bis zum Ersten des auf das abgelaufene Vierteljahr folgenden dritten Monats zu erstatten (R 4/53 III)[11].

Die in Vermögensanlagen zu bedeckende Deckungsrückstellung für die Verbindlichkeiten aus Versicherungsverträgen ist sodann für den Schluß jedes Geschäftsjahres nach den Rechnungsgrundlagen des § 11 VAG festzustellen, d. h. — in der Lebensversicherung getrennt nach Versicherungsarten — zu berechnen und zu buchen (§ 65 I VAG; R 4/53 I). Außerdem ist gleichfalls *zum Jahresschluß* eine Abschrift des DSt-Verzeichnisses (§ 66 VI 4 VAG) und eine Zusammenstellung auf Vordruck D 7 (R 13/57 III h) in einfacher Ausfertigung (R 6/56 B 4) einzureichen. Verzeichnisabschrift und Vordruck D 7 sind der Aufsichtsbehörde unverzüglich, möglichst innerhalb von drei Monaten nach Schluß des Geschäftsjahres (R 13/57 Vorbem.) vorzulegen.

Für die Verzeichnisabschrift sind die Vordrucke D 1—6 zu verwenden, die im einzelnen Nachweisungen nach Deckungsfonds (z. B. auch DSt in Fremdwährung, DSt für Gesellschaftspensionen), nach DSt-Abteilungen (z. B. Hypotheken, Grundstücke, Wertpapiere, Schuldscheindarlehen) und Unterabteilungen (z. B. Wertpapiere nach Gattungen) darstellen. Im zunehmenden Maße wird von der Sondergenehmigung gemäß R 13/57 A IV Gebrauch gemacht und das DSt-Verzeichnis

---

[10] VerBAV 1953, 62; 1956, 74; 1957, 144.
[11] VerBAV 1953, 61 f.; 1956, 107. Dem zuwider wurden die Meldungen in letzter Zeit von vielen Versicherern verspätet eingereicht und mußten angemahnt werden. Vgl. BAV Gesch.Ber. 1958/59, S. 15 f.; 1960, 18; 1961, 18.

II. Gesetzliche und aufsichtsbehördliche Regelung

nach modernen technischen Verfahren (z. B. Lochkarteneinrichtungen) geführt.

Mit diesen Obliegenheiten des Versicherers korrespondieren bestimmte Aufgaben des DSt-Treuhänders: Den *vierteljährlichen* Meldungen des Vorstandes über die Höhe der in das Vermögensverzeichnis eingetragenen Werte hat der Treuhänder die Bestätigung zu erteilen, daß die „in den DSt-Verzeichnissen aufgeführten Vermögensanlagen den gesetzlichen und aufsichtsbehördlichen Anforderungen entsprechend angelegt und sichergestellt sind" (R 4/53 III Ziff. b S. 2; R 6/56 B 4; R 13/57 A III h). Gleichermaßen hat er nach Schluß des Geschäftsjahres unter der *Jahres*aufstellung[12] der Berichtigungen und Ergänzungen des DSt-Verzeichnisses die vorschriftsmäßige Anlage und Sicherstellung[13] der Vermögenswerte (diesmal) zu *bescheinigen* (R 4/53 I; R 13/57 A III h)[14].

Alsdann hat der Treuhänder unter der Bilanz zu *bestätigen,* daß die eingestellten Deckungsrückstellungen vorschriftsmäßig bedeckt und die Deckungswerte vorschriftsmäßig aufbewahrt sind (§ 73 VAG).

Um die Bestätigung bzw. die Bescheinigung erteilen zu können, muß der damit Beauftragte den Zuwachs und den Bestand des Deckungsstocks ständig überwachen.

Weitere Überwachungsbefugnisse sind unten (§ 3 I) ausführlicher zu behandeln. So hat der Treuhänder auch darüber zu wachen, daß den Deckungsstock nur gesetzlich zulässige Entnahmen schmälern und sein Bestand beizeiten wieder ergänzt wird, außerdem daß die mit dem Anwachsen der Deckungsrückstellung notwendigen Vermögenswerte schon während des Geschäftsjahres dem Deckungsstock einverleibt werden, dies durch Eintragung in das DSt-Verzeichnis.

c) *Verwaltung*

Eine Verwaltung schließlich obliegt der Aufsichtsperson insofern, als man im betriebswirtschaftlichen Sinne[15] darunter außer leitende und planende Handlungen auch kontrollierende und vorsorgende Tätig-

---

[12] Es handelt sich lediglich um die Zusammenfassung der Eintragungen über den Bestandszuwachs gemäß D 1—6 (R 13/57 A III h), die der Vorstand für die Richtigkeit der Abschrift einzeln unterzeichnet (R 13/57 A II g).
[13] Die Aufsichtsperson hat bei DSt-Werten, die sich im Depot eines Kreditinstituts befinden, zugleich dafür zu sorgen, daß die Bank nach aufsichtsbehördlicher Formvorschrift schriftlich ihren Verzicht auf jegliches Pfand- und Zurückbehaltungsrecht erklärt hat (R 13/57 B II 5 a, b). Dies bestätigt (R 13/57 A III h) die Erklärung des Treuhänders unabhängig von den diesbezüglichen Erklärungen des Vorstandes.
[14] Der Vorstand bestätigt formelle Richtigkeit der Verzeichnisabschrift, während der Th unter der Jahresaufstellung die materielle Richtigkeit bescheinigt, nämlich die vorschriftsmäßige Anlage und Sicherung der verzeichneten Werte.
[15] Für zahlreiche Stimmen dieser Auffassung: *Rössle,* Betriebswirtschaftslehre, 5. Aufl., S. 178 f.

keiten versteht. Im Zuge seiner Überwachungsfunktion hat der Aufsichtführende für den Deckungsstock nicht bloß die darauf bezogenen Bücher der Unternehmung zu kontrollieren und ihre Ordnungsmäßigkeit zu bestätigen, sondern darüber hinaus vorsorglich ein eigenes Verzeichnis, das Entnahmeregister, zu führen. Die Kontrolle darüber, daß das DSt-Verzeichnis vollständig und richtig geführt ist, genügt nicht. Aus dem besonders geführten Register in alleiniger Verantwortung des Treuhänders hat der Anlaß einer zeitweiligen Herausgabe von Deckungswerten sowie die Zeit der Entnahme und des Zurücklegens an den ständigen Aufbewahrungsort hervorzugehen (R 13/57 A II e).

Die entscheidende Verwaltungsfunktion des Aufsichtführenden liegt darin, nicht allein die Pflichten der Unternehmensleitung gegenüber dem Sondervermögen zu überwachen, sondern insbesondere Hypotheken- und Schuldurkunden sowie eine Forderung oder Sicherung begründende Unterlagen unter Mitverschluß der Versicherungsunternehmung zu verwahren (§ 72 II VAG) und auf diese Weise dergestalt in Mitverfügung zu nehmen, daß nur mit seiner schriftlichen Zustimmung darüber verfügt werden kann (§ 72 I, III VAG)[16].

Indem nur mit Zustimmung des Treuhänders über Deckungswerte verfügt werden kann[17], wird die Verfügungsmacht des Versicherers bzw. seiner Verwaltungsorgane über das versicherungstechnische Deckungskapital beschränkt. Das schutzwürdige Sondervermögen wird gewissermaßen einer öffentlichen Kontrolle unterstellt.

---

[16] Darüber hinaus ist der DSt-Th befugt, etwa bei Schuldscheindarlehen vom Vorstand den Abschluß einer zusätzlichen Vereinbarung mit dem Darlehensschuldner dahingehend zu verlangen, daß Abzahlungen und Rückzahlungen nur nach Eingang auf ein gesperrtes Th-Konto befreiend wirken. Vgl. BAV Gesch.Ber. 1961, 24.
[17] Zustimmungsbedürftig sind die Verfügungen der Unternehmung, die das Erlöschen, die Abtretung oder die Verpfändung einer Forderung im DSt betreffen. Nicht zustimmungsbedürftig sind Verfügungen der VU über Hauptforderungen im Rahmen einer ordnungsgemäßen Verwaltung, so die Kündigung, Stundung oder Fälligmachung. Vgl. VerBAV 1957, 147 — R 13/57 B IV.

§ 3. Befugnisse des Treuhänders

Der Aufsichtführende muß befugt sein, kraft seines Amtes bestimmte Handlungen vom Versicherer zu fordern oder selbst vorzunehmen, wenn für die Bestandserhaltung des Sondervermögens die Verfügungsbeschränkung des Eigentümers wirksam überwacht sein soll. Vor allem muß er auch nachprüfen können, daß die gesetzlichen Vorschriften und aufsichtsbehördlichen Anordnungen vollständig und fristgemäß befolgt werden[1].

I. Zuständigkeiten

Weil der Treuhänder das Recht hat, jederzeit die Bücher und Aufzeichnungen der Versicherungsunternehmung einzusehen, soweit sie sich auf die Deckungswerte beziehen (§ 74 VAG), kann er insbesondere die Vorlage des DSt-Verzeichnisses und sämtlicher Urkunden verlangen, die zum Sondervermögen gehörende Werte verbriefen und ins Verzeichnis einzutragen sind. Auch hat er ein Recht darauf, seitens des Vorstandes von allen Veränderungen in Kenntnis gesetzt zu werden, die die Werte des Deckungsstocks betreffen (R 13/57 B I), damit er der gesetzlich vorgeschriebenen Überwachungstätigkeit ordnungsgemäß nachkommen kann.

1. Bestandserhaltung durch Überwachung

Zur Bestandserhaltung des Sondervermögens hat der Treuhänder speziell darüber zu wachen, daß a) nur gesetzlich zulässige Entnahmen erfolgen, b) nach einer Entnahme der Deckungsstock wieder aufgefüllt wird und c) laufend mit dem Anwachsen der Deckungsrückstellung Werte zugeführt werden.

Zu a): Der Aufsichtführende darf Vermögenswerte nur herausgeben, soweit es das VAG gestattet (§ 72 II S. 2)[2]. Dabei sind bestimmte Vorschriften des Hypothekenbankgesetzes (§ 31 II und III) entsprechend anzuwenden.

---

[1] Im Sinne auch der Definition von *Fayol*, Administration, S. 8: „Kontrollieren heißt darüber wachen, daß alles gemäß den festgelegten Regeln und gegebenen Anordnungen verläuft."
[2] Strittige Herausgabepflicht vgl. unten §§ 3 III 1, 12 I.

Dem Deckungsstock dürfen grundsätzlich nur die Beträge entnommen werden, die durch Eintritt des Versicherungsfalles oder durch Rückkauf frei werden. Gewisse Beträge können auch frei werden dadurch, daß ein Versicherungsverhältnis sonstwie beendigt oder der Geschäftsplan geändert wird.

Im Zuge der erforderlichen Vornahme oder zweckmäßigen Änderung von Kapitalanlagen kann der Vorstand nicht behindert werden[3], insoweit ist der Treuhänder zur Herausgabe von DSt-Beständen verpflichtet (§ 77 I).

Zu b): Erreichen die Bestände des Deckungsvermögens nicht den der Berechnung der Deckungsrückstellung entsprechenden Betrag, so hat der Vorstand den fehlenden Betrag unverzüglich zuzuführen (§ 66 II VAG). Sind Entnahmen über einen vorübergehenden Gebrauch hinaus erfolgt, hat der Aufsichtführende den Vorstand anzuhalten, für anderweitige Deckung zu sorgen, sofern die im Deckungsstock verbliebenen Werte die Deckungsrückstellung nicht bedecken.

Zu c): Zu den Aufgaben des Treuhänders gehört es sodann, auf hinreichende und rechtzeitige Bestandsergänzung durch Zuführung und wiederum auf deren vorschriftsmäßige Anlage zu achten, die der laufenden Geschäftsentwicklung angemessen sein und beizeiten vom Vorstand veranlaßt werden müssen (§ 66 I VAG). Soweit erforderlich, hat der Treuhänder den Vorstand und notfalls die Aufsichtsbehörde auf diese Notwendigkeit hinzuweisen (R 13/57 B V).

2. Bestandserhaltung durch Testatzwang

Die dem Treuhänder erteilte Befugnis und Verpflichtung, die Berichterstattung des Vorstandes über die DSt-Verwaltung zu ergänzen, dient der Bestandserhaltung. Der für die Vermögenskontrolle Verantwortliche trägt die Gewähr für die Vorschriftsmäßigkeit der *Anlage*, der *Aufbewahrung* und der *Sicherstellung* des Deckungskapitals. Im einzelnen bestätigt bzw. bescheinigt er, daß a) die im Verzeichnis aufgeführten Vermögenswerte gemäß den Anforderungen des Gesetzes und der Aufsichtsbehörde angelegt sind (die ausgewiesenen Anlagen besitzen die Deckungsstockfähigkeit); b) die DSt-Bestände im Gesamtwert die Deckungsrückstellung zumindest erreichen und auch die Anrechnungswerte den gesetzlichen und aufsichtsbehördlichen Vorschriften entsprechen[4]; c) das Sondervermögen gegen dingliche Rechte Dritter ge-

---

[3] Vgl. dazu unten § 3 II 2.
[4] Nach *Arnold*, VerBAV 1954, 172, bestätigt der Th stets die Vorschriftsmäßigkeit der Anrechnungswerte, was *Prölss*, VersR 1956, 669, nur für die Bilanzbestätigung gelten lassen will. An anderer Stelle betont *Prölss* (VersRds 1957, 120) durchaus die Notwendigkeit einer Prüfung der Anrechnungswerte durch den Th, „wenn die Versicherten so umfassend wie möglich geschützt sein sollen".

I. Zuständigkeiten

sichert ist, d) die Verfügungsmacht der Unternehmung über DSt-Werte im Mitverschluß wirksam beschränkt ist.

Also nicht nur die Obliegenheiten gegenüber dem Deckungsstock als solche, auch die Vollzugsmeldungen des Vorstandes überwacht und kontrolliert der Treuhänder. Das Erfordernis der vorstehend (§ 2 II 2) angeführten Testate bedeutet eine der aufsichtsbehördlichen Nachprüfung vorgeschaltete Aufsicht.

Ungeachtet der Verantwortlichkeit, die der Vorstand trägt (§ 73 VAG), liegt es danach im Ermessen der Aufsichtsbehörde, für die Beaufsichtigung der DSt-Bestände das Testat des Treuhänders als hinreichend zu erachten oder die Meldungen des Vorstandes in jedem Einzelfall selbst zu kontrollieren. Dadurch, daß der Treuhänder das Bundesaufsichtsamt einer ins einzelne gehenden Nachprüfung enthebt, die für die Behörde aufwendig und zeitraubend wäre, wird er gewissermaßen in der Eigenschaft eines Hilfsorgans der Staatsaufsicht tätig[4a].

Bei der Vielzahl an beaufsichtigten Versicherungsunternehmen erscheint der Treuhänder dergestalt vorzugsweise geeignet, der Aufsichtsbehörde einen Personal- und Sachaufwand ersparenden Überblick zu verschaffen. Mittelbar übernimmt er aufsichtsrechtliche Verwaltungsobliegenheiten, wenn er auch nicht selbst zur Behörde wird. Auch das legt die Annahme nahe, daß dieser Amtsträger mit Funktionen der Staatsaufsicht ausgestattet sei und die behördliche Kontrolle zum Teil vorwegnehme, d. h. in beschränktem Umfang als eine Art staatlicher Beauftragter oder ‚Funktionär' für den Deckungsstock tätig werden könnte.

3. Verwaltungsrechte zur Bestandserhaltung

Die Funktion des Treuhänders erstreckt sich weiterhin auf ausführende Tätigkeiten bestimmten Umfangs. Darin, daß Deckungsbestände grundsätzlich nur mit seiner Zustimmung veräußert, belastet oder vorübergehend aus der Verwahrung entlassen werden, finden des Aufsichtführenden Mitverfügungsrechte ihren Ausdruck. Jede Zustimmung muß er dem Vorstand schriftlich erteilen. Dieses Erfordernis sichert nicht nur den Bestand des Sondervermögens gegen eine Zweckentfremdung, sondern charakterisiert die Verwaltungsbefugnis[5] der Aufsichtsperson besonders deutlich. In dieser Mitverwahrung des Sondervermögens

---
[4a] Vgl. auch unten § 8 I 4 d.
[5] Geschieht die Verwaltung im öffentlichen Interesse innerhalb gesetzlich errichteter Schranken, ist sie eine öffentlich-rechtliche. Im bürgerlich-rechtlichen Sinne heißt Verwaltung die Ausübung eines Herrschaftsrechts sowie die Tätigkeit im Hinblick auf ein dem Berechtigten fremdes Vermögen. Wenn betriebswirtschaftliche Merkmale einer Verwaltung kontrollierende und ausführende oder planende und leitende Tätigkeiten sind, verkörpert der Th auch diese, und zwar die disponierende Tätigkeit in einer rechtlich allein wirksamen Entscheidung über DSt-Verfügungen.

durch die Kontrollperson tritt eine wesentliche Komponente jenes treuhänderischen Verwaltungsrechts zutage, das vor das Herrschaftsrecht des Eigentümers rückt und dessen Verfügungsmacht einschränkt bzw. ihr durch Zustimmung erst Rechtswirkung verleiht[6]. Keine Verfügung über auch nur einen einzigen Deckungswert wird ohne die schriftliche und in alleiniger Entscheidungsbefugnis erteilte Zustimmung des Treuhänders wirksam[7]. Im übrigen kann diese dem Vorstand nur im Rahmen strenger Formen zuteil werden.

Weil die Sicherstellung der DSt-Bestände dergestalt vor sich geht, daß nur mit Einverständnis und schriftlicher Erklärung der Aufsichtsperson darüber verfügt werden kann, muß nach Sach- und Pfandrechten an Immobilien und nach sonstigen Anlagewerten sowie für letztere nach Verwahrung im geschlossenen oder offenen Bankdepot unterschiedlich verfahren werden.

Verbriefte Rechte, die zum Deckungsbestand gehören, so Schuldurkunden und Wertpapiere, verwahrt der Treuhänder unter Mitverschluß des Versicherers (R 13/57 B II 2). Befinden sich die Werte im geschlossenen Depot einer Bank, so muß sichergestellt sein, daß ein solches Schließfach nur unter Mitwirkung des zur Kontrolle Bestellten geöffnet werden kann (B II 5 b), etwa vermittels zweier Safeschlösser, wobei dieser den einen, der Vorstand den anderen Schlüssel in Verwahrung hat. Für die Verwahrung in offenen Bankdepots ist ein besonderes DSt-Konto anzulegen, und die Depotscheine sind so zu verwahren, daß weder der Vorstand noch der Treuhänder allein an sie gelangen können. Letzterer ist berechtigt, vom Vorstand die Veranlassung eines Sperrvermerks in den Büchern der Bank zu verlangen, eine Sicherheitsvorkehrung, welcher die Bank in jedem Falle Rechnung trägt. Fehlt eine derartige Regelung, dann ist die Aufsichtsperson befugt und verpflichtet, jeglicher Veränderung des DSt-Bestandes von vornherein die Zustimmung zu verweigern.

Auf alle Fälle hat sich der Treuhänder von einem Vermerk in den Depotverzeichnissen der Bank zu überzeugen, daß der Vermögensinhaber nur mit Zustimmung des Aufsichtführenden über das DSt-Konto[8] verfügen darf (R 13/57 B II 5a, 6). Für die Sicherstellung von

---

[6] Gewissermaßen konstituiert die Zustimmung des Th das Vollrecht des Eigentümers am DSt. Die Willenserklärung des Th ist für den Eigentümer die conditio sine qua non, welche die VU in die Lage versetzt, Verfügungen über den DSt zu treffen und die Rechtsmacht des Eigentums auszuüben. Ähnlich erteilt vergleichsweise auch der Vormund eine Zustimmung, doch dies in der Eigenschaft eines gesetzlichen Vertreters.

[7] Aus dem Gesetz ersichtlich (§ 72 II 1 VAG) und zu beachten ist dabei, daß der Th die DSt-Bestände aufbewahrt, während die VU nur Mitverschluß hat, und nicht umgekehrt. Vgl. *Berliner-Fromm*, Anm. 1 zu § 72.

[8] Auf ein besonderes Konto sind auch solche Werte des DSt zu verbuchen, die nach § 68 III 1 VAG bei einer Landeszentralbank, einer öffentlichen Bank

Eigentumsrechten und unverbrieften Pfandrechten an Grundstücken hat er die Eintragung eines Vermerks im Grundbuch zu erwirken, daß darüber nur mit seiner oder seines Stellvertreters Zustimmung verfügt werden darf (R 13/57 B II 1,4)[8a]. Entsprechendes gilt bei Schuldbuchforderungen gegen den Bund, die Länder oder Gemeinden (R 13/57 B II 4).

Auch im Falle einer Fremdverwahrung von Bestandswerten nehmen die Verwaltungsbefugnisse des DSt-Treuhänders maßgeblich Gestalt an. Der Aufsichtführende veranlaßt den Vorstand zu zwingenden Vereinbarungen mit einem vertraglich bestellten Verwahrer. Er trägt Sorge dafür und hat sich stets zu vergewissern, daß die Bank schriftlich einen Verzicht auf jegliches Verwertungs- oder Zurückbehaltungsrecht erklärt hat (R 13/57 B II 5). Die den gesetzlichen und aufsichtsbehördlichen Anordnungen gemäße Anlage und Sicherstellung des Deckungsstocks bescheinigt der Treuhänder immer nur dann, wenn die dem Kreditinstitut zur Aufbewahrung übergebenen oder künftig zu übergebenden DSt-Werte von jeglichen Vorbehaltsrechten ausgenommen sind (R 13/57 A II h, III h).

Damit der Treuhänder rechtmäßig eine Zustimmung über Bestandsverfügungen des Vorstandes geben kann, wäre es unzulänglich, sich nur davon zu überzeugen, daß sämtliche Werte, die dem Sondervermögen zugeführt werden, den gesetzlichen Vorschriften (§§ 68, 69 VAG) und den dazu ergangenen Anordnungen der Aufsichtsbehörde (R 13/57 B I) entsprechen. Er muß vielmehr die einzelnen Werte, die vollzählig und richtig zu registrieren sind, als solche genau überprüfen und letztlich feststellen, ob die einzutragenden Angaben die Sache oder das Recht, welche(s) in den Deckungsstock eingeht, auch vollkommen und eindeutig bestimmen. Auf diese Weise verfügt der Treuhänder maßgeblich über das Sondervermögen und wirkt er auf dem Wege über die Registerführung verantwortlich an der Vermögensverwaltung mit.

II. Keine Zuständigkeit

Die Kompetenz des Treuhänders entfällt, weil sie sich erübrigt, wo Verfügungen über Deckungswerte die Interessen der Versicherten an einer Bestandssicherung nicht berühren. Das dürfte stets der Fall sein, wenn Überdeckung vorliegt oder der Vorstand bei Entnahmen eine andere vorschriftsmäßige Deckung beschafft. Insofern kann der zur Aufsicht und Verwahrung Berufene die Herausgabe nicht verweigern.

---

oder öffentlichen Sparkasse oder mit Zustimmung des BAV bei einer anderen geeigneten inländischen Bank oder Sparkasse angelegt werden (R 13/57 B II 6).

1. Materielle Prüfung

Alle Befugnisse des Treuhänders beruhen letztlich auf dem Grundgedanken, daß seine Tätigkeit die Ansprüche der Versicherten, soweit diese in gesetzlich oder aufsichtsbehördlich vorgeschriebenen Vermögensanlagen Deckung finden, kraft einer Mitverfügungsmacht sachenrechtlich zu sichern und dadurch die Erfüllbarkeit der Versicherungsverträge zu gewährleisten hat. Diese Befugnisse resultieren aus Aufgaben formalrechtlicher Natur. Zu einer materiellen Prüfung der DSt-Anlagen[9] oder gar zur Berechnung der Deckungsrückstellung[10] ist er weder verpflichtet noch berechtigt[11]. Gesetzlich hat er lediglich festzustellen, ob die Anlagen deckungsfähig sind (§§ 68, 69, 66 VAG und Anordnungen dazu).

a) Eine Berechnung der einzustellenden Deckungsrückstellung vom Treuhänder verlangen, hieße, die fachlichen Voraussetzungen überfordern, die an die Kontrollperson mit Verwahrungsfunktion zu stellen wären, und sie dem Grundgedanken einer Bestandserhaltung entgegen zu übersteigern. Dafür bestimmt das Gesetz einen besonderen Sachverständigen (§ 65 II VAG). Sachlich erfüllt der Aufsichtführende wohl kaum die Voraussetzung, das Deckungsstock-Soll wirklich zu berechnen; mit der Möglichkeit fehlt auch die Befugnis. Die Verantwortung für die vorschriftsmäßige Bedeckung tragen allein Vorstand und Aufsichtsrat[12].

b) Nach Anweisung der Aufsichtsbehörde (VA 1933, 184) steht es zwar in gewissen Grenzen im Ermessen der Kontrollperson, dort, wo für sie eine Möglichkeit besteht, die Deckungsanlage auch materiell nachzuprüfen[13]. Insofern kann dem Aufsichtführenden auf Grund

---

[8a] Offenbar hatte die Aufsichtsbehörde wiederholt Anlaß, darauf hinzuweisen, zuletzt BAV Gesch.Ber. 1961, 23.
[9] VA 1933, 184, Ziff. 14.
[10] Mit der Berechnung der DRSt ist ein Sachverständiger, der Versicherungsmathematiker der Unternehmung, beauftragt, der zugleich das gesetzlich vorgeschriebene Rechnungsverfahren (§ 11 VAG) unter der Bilanz zu bestätigen hat (§ 65 II VAG). Ebenso hat ausschließlich der mathematische Sachverständige dem Vordruck D 7 die Bestätigung beizugeben, daß das gesamte DSt-Soll — nach Versicherungsarten gegliedert — vorschriftsmäßig berechnet und richtig verzeichnet ist (R 13/57 A III i).
[11] Dem entgegen will *Arnold*, VerBAV 1954, 171 ff., dem DSt-Th die Aufgabe zuweisen, laufend (a) sich Kenntnis über das DRSt-Soll zu verschaffen, (b) darüber zu wachen, daß die Anlagewerte dem DSt-Soll entsprechen. *Prölss*, VersR 1956, 670, gibt zu bedenken, daß solche Befugnisse des Th eine Erweiterung seiner Verantwortung bedeuten und infolgedessen eine Gesetzesänderung voraussetzen würden.
[12] Die Verantwortlichkeit der zur Vertretung der VU berufenen Organe für die Berechnung der DRSt bzw. die zutreffende Bewertung wird weder von der Bilanzbestätigung des DSt-Th (§ 73 VAG) noch von der des mathematischen Sachverständigen (§ 65 II VAG) berührt.
[13] *v. d. Thüsen*, BankA XXXIV, 232, billigt dem Th lediglich die formelle Kontrolle zu, und *Arnold*, VerBAV 1954, 172, eine beschränkte Bonitätskontrolle.

seines Prüfungsrechts beispielsweise die Besichtigung eines erworbenen oder beliehenen Grundstücks oder die Einsicht in ein Besichtigungsprotokoll nicht verwehrt werden[14]. Dabei hat er sich jedoch auf die Feststellung eines gebenenen Sachverhalts zu beschränken. Er kann lediglich einer Überbewertung entgegen den behördlich festgesetzten Anrechnungswerten oder der Aufnahme bestimmter Bestände über die zulässige Quote hinaus, etwa Grundstücken (§ 68 II VAG) oder Aktien, die Bestätigung unter der Bilanz versagen. Dies oder eine Verweigerung der Bestätigung für den Fall, daß Hypotheken nicht an erster Rangstelle eingetragen sind (§ 69 II VAG) oder der Sperrvermerk zugunsten des Treuhänders fehlt, nötigen den Vorstand zum Handeln[15] im Sinne des Versicherungsschutzes.

c) Keineswegs hat der Treuhänder die Bonität der DSt-Werte zu prüfen, wenn sie den allgemeinen oder besonderen Vorschriften, so über die Bewertung[16] oder z. B. über die Beleihung von Grundstücken (§ 69 VAG), entsprechen oder eine spezielle Genehmigung zur DSt-Verwendung (§ 68 III VAG) vorliegt. Die Qualität der Vermögensanlage und ihre Rentabilität wie auch Wertschwankungen hat verantwortlich der Vorstand zu beobachten.

2. Anlagedisposition

Planung und Verwaltung allgemein, damit auch die Kapitaldisposition für den Deckungsstock, liegen in den Händen des Vorstandes. Überwacht und kontrolliert wird lediglich die Vorschriftsmäßigkeit der Anlage. Die Befugnisse der Aufsichtsperson erstrecken sich darauf, den vom Vorstand herbeigeführten Bestand festzustellen[17]; sie trägt indes stets und ausschließlich die Verantwortung dafür, daß die einmal in das Deckungsvermögen überführten Werte bestandsmäßig erhalten bleiben.

a) Hinsichtlich der Bestandsverwaltung kann der Treuhänder keine umfassenden Befugnisse haben, denn praktisch ist er nie imstande, dispositiv in die wirtschaftlichen Geschicke der Unternehmung einzugreifen und etwa zur Sicherung der Ansprüche der Versicherten irgend-

---

[14] Vgl. R 13/55 B III. Ausdrücklich weist das BAV darauf hin, daß der Th sich in der Regel damit begnügen könne, vorhandene Grundstücksgutachten oder sonstige Grundstücks- und Hypothekenunterlagen seiner Prüfung zugrunde zu legen.
[15] *Reimer Schmidt*, Obliegenheiten, S. 21 ff., 52 ff., spricht von ‚Nötigungsunwerten', die einen psychologischen Zwang auf den Betroffenen ausüben.
[16] Als Anrechnungswert für den DSt ist grundsätzlich der Bilanzwert, bei Neu- und Wiederaufbauten der mit der Aufsichtsbehörde abgestimmte Anrechnungswert einzusetzen (R 13/57 A I).
[17] *Prölss*, VersR 1956, 670: Der Th hat den gegebenen Zustand festzustellen, zu beurteilen, was ist, und dies zu vergleichen mit dem, was hätte sein sollen. Es ist nicht seines Amtes, den Zustand herbeizuführen, der hätte sein sollen.

welche Maßnahmen zu treffen. Nur das, was die Organe der Unternehmung, insbesondere der Vorstand, in den Deckungsstock überführen wollen, berührt erst mit dieser Entscheidung und ihrer Realisation das Treuhänderamt.

b) Wie nicht auf die Dispositionen des Vorstandes in der Anlage, hat der Aufsichtführende auch hinsichtlich des Ertrages des Deckungskapitals keinen Einfluß, möge er auch eine andere als die vom Vorstand geplante Verwertung für ertragsfähiger oder für sicherer halten oder aus diesen Gründen Bestandwerte auszuwechseln wünschen. Wie er nicht bei der Anlage mitwirken kann, etwa bei der Auswahl von Grundstücken (VA 1932, 112; 1934, 109), bleibt ihm auch sonstwie eine Einwirkung auf die Entscheidungen des Vorstandes versagt[18]. So kann der Treuhänder z. B. keinen Austausch von Vermögensanlagen aus Ertragsgründen veranlassen. Die Organe des Versicherungsunternehmens können bezüglich ihrer Verwaltungsbefugnisse gemäß Aktiengesetz und nach dem Recht des Gegenseitigkeitsvereins in keiner Weise beeinträchtigt werden. Das ist ausschließlich der Aufsichtsbehörde vorbehalten.

III. Umstrittene Zuständigkeit

Nicht in allen Fällen ist die Kompetenz der Aufsichtsperson vollkommen eindeutig. Soll das Treuhandinstitut gemäß §§ 70 ff. VAG vor allem die Bestandserhaltung des Deckungsstocks sichern können, so muß seine Zuständigkeit gegenüber den Organen der Unternehmung insbesondere hinsichtlich jener Befugnisse geklärt werden, wo eine Herausgabe von Deckungswerten noch umstritten erscheint.

1. Herausgabepflicht bei Deckungsstock-Werten

Grundsätzlich darf der Treuhänder DSt-Bestände nur herausgeben, sofern es das Aufsichtsgesetz ausdrücklich gestattet und es im Rahmen des Mitbesitzes des Unternehmens (§ 866 BGB) statthaft und dem gesetzlichen Veräußerungsverbot (im Sinne des § 135 BGB) gemäß ist (§§ 72 II, 77 I VAG).

a) Es werden entsprechende Vorschriften des Hypothekenbankgesetzes (§ 31 II,III) ausdrücklich angezogen. Auf Verlangen des Vorstandes hat der Treuhänder stets Hypothekenurkunden und Wertpapiere sowie Geld herauszugeben und zur Löschung im Hypothekenregister mitzuwirken (§ 72 III 2 VAG), soweit die übrigen im DSt-Verzeichnis eingetragenen Werte die Deckungsrückstellung bedecken oder das Unternehmen eine andere vorschriftsmäßige Deckung beschafft. Liegen diese Voraussetzungen nicht vor, so hat die Aufsichtsperson dennoch die

---
[18] Die rechtlichen Folgerungen behandeln unten §§ 6 III, 7 II 1.

Urkunde herauszugeben, wenn gegenüber dem Hypothekenschuldner die Verpflichtung besteht, Tilgungsraten zu vermerken (§ 1145 BGB). Gleiches gilt für die Verpflichtung zur Berichtigung des Grundbuches oder zur Löschung einer Hypothek (§ 72 II 2 VAG i. V. m. § 31 II HypBankG). Es handelt sich insofern um *vorübergehende* Entnahmen. Bei Rückzahlung der Hypothek ist das gezahlte Geld dem Treuhänder zur Einvernahme in den Deckungsstock auszuhändigen.

b) Der Verpflichtung des Treuhänders zur Herausgabe entspricht auf seiten des Vorstandes die Berechtigung zur Entnahme von DSt-Beständen. Richtungweisend und nicht mißzuverstehen ist die Vorschrift, daß Deckungswerte immer nur bei Überdeckung oder im Austausch gegen andere deckungsfähige Anlagewerte auszuhändigen sind; es sei denn, DSt-Werte werden durch Eintritt des Versicherungsfalles, Beendigung eines Versicherungsverhältnisses (einschl. Rückkauf) oder Geschäftsplanänderung frei (§ 77 I VAG). Zum *endgültigen Gebrauch* dürfen dem Deckungsstock sonst Mittel nur entnommen werden, die zur Vornahme oder Änderung der Kapitalanlagen erforderlich sind, d. h. weil eine vorschriftsmäßige Deckung herbeizuführen oder eine solche freigesetzt[19] ist.

c) Eindeutig gilt eine Sonderregelung: Falls der Vorstand eine Hypothekenurkunde nur zu vorübergehendem Gebrauche benötigt, hat der Treuhänder sie auch ohne anderweitige Deckung herauszugeben. Diese Regelung gemäß § 31 III Hypothekenbankgesetz — allein aus der Eigenart der Briefhypothek zu erklären, die fungibel und in einer für Hypotheken bevorzugten Weise verkehrsfähig bleiben soll — kann nicht ohne weiteres auf sämtliche im Deckungsvermögen befindlichen Forderungsrechte, etwa auf Urkunden allgemein, einschließlich der Wertpapiere, angewandt werden[20]. Hier stellt sich zumindest die Frage nach der zulässigen Dauer des Gebrauchs.

d) Der ‚vorübergehende' Gebrauch einer DSt-Urkunde wird nicht für jeden Fall und im voraus eindeutig zu bestimmen sein. Wird zum Beispiel aus dem DSt-Bestand eine Urkunde benötigt, um Rechte daraus zu sichern und dafür den Beweis anzutreten, so entspricht ihr Gebrauch dem eigentlichen Zweck der Unterlage, und eine vorübergehende Entnahme verweigern hieße, Ansprüche bzw. Rechte aus der Urkunde, die den aus der Deckungsrückstellung Berechtigten gebühren, möglicher-

---

[19] So außer bei Beendigung eines Versicherungsverhältnisses oder im Versicherungsfall etwa bei Rückzahlung von Hypotheken und Schuldverschreibungen oder bei Verkauf von Wertpapieren und Grundstücken aus dem DSt oder bei Wechsel der Anlageform (z. B. § 68 III VAG). Dazu gehört auch die Beseitigung einer Überdeckung, soweit sich aus einer Änderung des Geschäftsplanes ergibt. Vgl. *Prölss*, Anm. 2 zu § 77.
[20] Selbst wenn § 31 II und III HypBankG analog auf alle Urkundsformen im DSt angewandt werden wollten, bestände noch keine Einhelligkeit darüber, was als „vorübergehend im Gebrauch" zu gelten hätte.

weise zu gefährden. Der Aufsichtführende ist demnach gehalten, dem Begehren des Vorstandes insofern Genüge zu tun.

e) Eine einstweilige Entnahme von Urkunden kommt zur Prozeßführung, Zwangsverwaltung oder Zwangsversteigerung in Betracht, also zu dem Zweck, ausstehende Forderungen zugunsten des Deckungsstocks einzubringen. Des weiteren bedarf es einer Zustimmung des Treuhänders nicht, wenn über fällige Ansprüche verfügt werden soll, die sich aus den Nutzungen der DSt-Bestände ergeben. Schließlich bedürfen Verfügungen des Vorstandes über Hauptforderungen im Rahmen einer ordnungsmäßigen Verwaltung des Sondervermögens keiner Zustimmung der Aufsichtsperson. Das gilt z. B. für Kündigung, Stundung, Fälligmachung und ähnliche Verfügungen (R 13/57 B IV), die weder die Abtretung, die Verpfändung noch das Erlöschen der Forderung betreffen.

f) Der Treuhänder kann — und das dürfte allgemein Geltung beanspruchen — den Mitbesitz am Sondervermögen und sein Mitverfügungsrecht keineswegs dazu benutzen wollen, die dem Vorstand zur Wahrnehmung der Interessen des Unternehmens und seiner Versicherten aufgegebenen Pflichten zu schmälern oder die Rechte aus gesetzlicher Vertretung außer Funktion zu setzen (§ 226 BGB). Das liefe geradezu dem Grundgedanken zuwider, sämtliche Bestandswerte vor gefährdenden Maßnahmen des Vorstandes und Einflüssen Dritter zum Schaden der am Deckungsstock Bevorrechtigten zu schützen. Wohl können für die Kontrollperson Zweifel entstehen, wann eine Entnahme, welche die Überdeckung beseitigt, als nicht mehr bloß vorübergehend zu betrachten ist[21], vor allem aber darüber, ob eine solche de facto keine endgültige werden wird.

2. Strittige Kontrollrechte des Treuhänders

Die Befugnisse des Treuhänders bleiben in folgender Hinsicht strittig:
Hat der Aufsichtführende vor Herausgabe von Beständen des Deckungsvermögens

a) das Bedürfnis einer Entnahme zu prüfen, welches der Vorstand glaubhaft zu machen hätte;
b) bei Vorliegen eines nur vorübergehenden Gebrauches seine voraussichtliche und zumutbare Dauer zu prüfen;
c) eine endgültige Herausgabe für den Fall, daß keine Überdeckung verbleibt, grundsätzlich abzulehnen?

Die Beantwortung sei zurückgestellt; sie ergibt sich eindeutig erst aus der zu untersuchenden Rechtsstellung des Aufsichtführenden (B §§ 5 ff.) als eine ihrer Folgerungen (C § 12 I u. II).

---

[21] Dazu unten § 12 II 2.

III. Umstrittene Zuständigkeit

Auf der anderen Seite entsteht die Frage, wann die Amtsperson in Wahrung der Belange der Versicherten Befugnisse überschreitet bzw. der Vorstand Eingriffe in die Geschäftsführung zu befürchten und Veranlassung hat, die Aufsichtsbehörde über die Obliegenheiten entscheiden zu lassen. Es sind Befürchtungen laut geworden, die dem Treuhänder aufgegebene Überwachung des Deckungsstocks drohe zu einer Überwachung des Vorstandes auszuarten, was dem Grundgedanken und dem Wortlaut des VAG widerspreche, das ausschließlich den Aufsichtsrat als Kontrollorgan der Geschäftsleitung vorsieht und die Staatsaufsicht insoweit bindet[22].

In diesem Zusammenhang nicht unbestritten sind die Befugnisse des DSt-Treuhänders dahin, ob er sich laufend oder nur termingemäß Kenntnis über a) das Soll der Prämienreserve anhand der Sachverständigenrechnung und b) den Anrechnungswert der DSt-Anlagen im Rahmen der aufsichtsbehördlichen Vorschriften (VerAfP 1904, 44; 1908, 61; VA 1926, 93) sowie c) die tatsächliche kontinuierliche Auffüllung durch den Vorstand (Art. 2 DVO 1936; § 66 I VAG) und die geschäftsplanmäßige Erklärung zu beschaffen hat. Eine weitere Kontroverse entzündet sich daran, ob der Aufsichtführende sich zu bemühen hat, daß der Vorstand ständig[23] die vorgeschriebene Anlage und die richtige Bewertung vornimmt[24].

Dem entgegen wird geltend gemacht, daß die Bewertung und die Vollständigkeit des Deckungsstockes nach Höhe der einzustellenden Deckungsrückstellung vom Treuhänder immer erst zu bestimmten Zeitpunkten, nämlich nach Ablauf des Geschäftsjahres und gewisser Fristen nach Quartalsschluß, zu überprüfen und festzustellen sei, weil seiner Amtsfunktion eine statische, keine dynamische Kontrolle zugrunde liege. Dawider steht jedoch der Wortlaut des § 74 VAG, der den Aufsichtführenden ausdrücklich befugt, ‚jederzeit' die auf das Deckungsvermögen bezogenen Bücher und Schriften der Versicherungsunternehmung einzusehen.

Um endgültig beurteilen zu können, wo die Befugnisse des Aufsichtführenden einsetzen und gegenüber der Unternehmensleitung enden, muß man wissen, welche Rechtsstellung der DSt-Treuhänder nun tatsächlich einnimmt. Dem widmet sich im folgenden der Teil B.

---
[22] Vgl. *Baumbach-Hueck*, Vorbem. 1 c vor § 70; *Prölss*, Anm. 7 zu § 83 u. VersR 1956, 670. *Schmidt*, VersR 1954, 443.
[23] *Arnold*, VerBAV 1954, 172, vertritt das Erfordernis laufender Feststellung, dem *Prölss*, VersR 1956, 670, widerspricht mit dem Hinweis, daß im VAG kein Gegenstück zu entsprechenden Vorschriften des HypBankG (§§ 30 I, 32 II) und SchiffsBankG (§§ 29 I, 31 II) enthalten sei.
[24] So hat nach *Arnold*, a. a. O., S. 172, der Th vom Vorstand fortlaufende Mitteilungen über erhebliche Wertänderungen von Bestandswerten zu beanspruchen wie darauf zu dringen, daß die Geschäftsleitung beizeiten die Anrechnungswerte korrigiert, etwa bei Kursverlusten von Aktien.

B. Rechtsstellung

Wenn wir die Rechtsstellung des DSt-Treuhänders in den Griff bekommen wollen, werden wir von den Beziehungen auszugehen haben, die sich aus den Funktionen der Aufsichtsperson einerseits und den Interessen am beaufsichtigten Sondervermögen[1] andererseits sowie aus den Beziehungen ergeben, die zwischen Treuhänder und den am Deckungsstock Beteiligten bestehen.

Die Befugnisse des Aufsichtführenden stützen sich auf Gesetz und Verwaltungsakt; außerdem wirkt der Eigentümer des Deckungsvermögens, die Versicherungsunternehmung, an seiner Bestellung mit. Die Bestellung indes trägt Wesenszüge, die sämtlich, einschließlich der Zuständigkeit des Bestellungsorgans des Versicherers, einen privatrechtsgestaltenden Verwaltungsakt vermuten lassen. Vor allem dadurch, daß § 70 VAG einen Treuhänder sowie dessen Stellvertreter zwingend vorschreibt, verkörpern beide einen öffentlich-rechtlichen Zwangsverwalter, zumindest aber einen Sachverwalter hoheitlicher Prägung. Denn die Versicherungsunternehmung muß die Benennung einer Kontrollperson vornehmen und dadurch eine Bestellung erwirken. Die von einer Verfügung der Aufsichtsbehörde abhängige Bestellung (R 3/56 III 1, 5 B; § 71 II, III VAG) enthält offenbar einen Verwaltungsakt und ververleiht dem Amtsträger möglicherweise auch aufsichtsbehördliche Kompetenz.

§ 4. Rechtsdogmatischer Standpunkt

Wir werden nicht umhin können, den Begriff des Treuhänders wortgetreu zu untersuchen und zuvorderst privatrechtlich im Sinne des Fiduziars, d. h. unter dem Aspekt eines Verwalters fremden Vermögens

---

[1] Sondervermögen heißt, es ist von anderen Rechtssubjekten als dem Eigentümer verwaltet oder in anderer Weise für Schulden haftbar wie das übrige Betriebsvermögen.

[2] Vgl. KO (Konkursverwalter), VerglO (Vergleichsverwalter), GBO (Zwangsverwalter), SchuldverschreibungsG (Gläubigervertreter), HypBankG (Treuhänder), kurzum gesetzliche Th verschiedener Art, ohne notwendig diese Bezeichnung im Gesetz (vgl. auch Testamentsvollstrecker, Nachlaßverwalter, Pfleger, Liquidator u. a. m.).

[3] Etwa Custodian nach MRG 52 und Verwaltungs-Th nach KRG Nr. 54. Im folgenden benutzen wir in Analogie zum Deckungsstock-Treuhänder außerdem noch die Beispiele der Treuhänder nach Hypothekenbankgesetz und Aufwertungsgesetz sowie nach Folgegesetzen der Militärregierungsgesetze (vgl. unten § 8 II).

zu betrachten, dessen Befugnisse freilich entweder öffentlich-rechtlich[2] geregelt oder im öffentlichen Interesse erteilt[3] sind. Erschwerend tritt hinzu, daß unser Recht jeglicher gesetzlichen Vorschrift entbehrt, die eine Definition dessen enthält, was „Treuhänder" eigentlich bedeutet.

Die Vielgestaltigkeit dieses Sammelbegriffes, seine verschiedenen Erscheinungsformen lassen eine einheitliche Begriffsbestimmung augenscheinlich nicht zu. Es sind fiduziarische und wirtschaftliche Treuhand zu unterscheiden; sodann weichen rechtsgeschäftliche und gesetzliche Treuhandschaft erheblich voneinander ab.

I. Treuhand im allgemeinen

Privatrechtlich ist Treuhänder im strengen Sinne, wer eine fremde Sache oder ein fremdes Recht in der Weise übereignet bzw. übertragen erhält, daß er im eigenen Namen wie der Eigentümer über den Gegenstand verfügen bzw. ganz wie der Berechtigte das Recht (vgl. Berechtigung, Forderung) ausüben kann, doch nicht zu eigenem Nutzen[4].

Das Treugut scheidet formal-rechtlich aus dem Vermögen des Treugebers aus. Der Treugeber aber behält dem Treuhänder gegenüber Weisungsbefugnis, was letzteren in seinen Rechten obligatorisch beschränkt. Durch die Weisungsgebundenheit des Treuhänders verbleibt das Verfügungsrecht in der wirtschaftlichen Wirkung beim Treugeber[5].

Auf diese Weise fiele das rechtliche und das wirtschaftliche Eigentum auseinander[6], während es juristisch einen einheitlichen Begriff des Eigentums geben sollte. Deshalb muß Treuhandschaft als ein dem Eigentum gegenüber verselbständigtes Recht zur Verfügung und Verwaltung verstanden werden, welches den Treuhänder materiell-rechtlich über Sachen oder Rechte zu verfügen berechtigt und ihren Nutzen dem Treugeber beläßt[7]. Die Treuhand erwirbt kein unbeschränktes oder (dingliches) Vollrecht, sondern ein durch die Interessen des Treugebers zweckbeschränktes Recht und nur soweit dieser sich dessen begeben hat[8].

Tatsächlich läßt sich die Treuhandschaft unterschiedlich in der Intensität ihrer Befugnisse ausgestalten. Nach gradueller Abstufung der Rechtsmacht[9] sind denkbar: a) Dingliches Vollrecht des Treuhänders (Fiduziar) mit schuldrechtlicher Bindung gegenüber dem Treugeber (Verpflichtungsvertrag); b) dinglich abgeschwächte Rechtsmacht in Form eines auflösend bedingten Vollrechts des Treuhänders (Bedingungskonstruktion) oder c) in Form der gemeinsamen Berechtigung von Treugeber

---
[4] Vgl. WP 1948, 36 mit Hinweis auf *Ertel*, Treuhandbuch 1927.
[5] RGZ 84, 217; 91, 12 (16); 92, 341; 94, 308; 127, 344; 131, 66; 133, 87.
[6] RGZ 45, 85; RFH 18, 90; 19, 113 (126).
[7] Vgl. *Nord*, Treuhänder, S. 6 ff.
[8] Vgl. *Michael*, Öffentliche Treuhand, S. 5.
[9] Vgl. *Siebert*, Treuhandverhältnis, S. 22, 102 ff.

und Treuhänder; d) Ermächtigung des Treuhänders (nach § 185 I BGB) ohne dingliche Berechtigung, doch Handlungsbefugnis im eigenen Namen (eigenrechtliche Verfügungsmacht); e) bloße Vollmacht oder lediglich Besitz des Treuhänders; f) ausschließlich Aufsichtsbefugnisse des Treuhänders ohne eigene Rechtsmacht.

Allen Gestaltungsformen gemeinsam ist lediglich, daß das übertragene Recht eigenständig, d. h. vom Treuhänder im eigenen Namen, indes im fremden Interesse ausgeübt wird[10]. Demnach übt dieser ein Amt ähnlich wie der Testamentsvollstrecker, Nachlaßverwalter, Konkurs- oder Zwangsverwalter aus und verwaltet oder kontrolliert eine zweckbestimmte Sondervermögensmasse[11]. Der treuhänderischen Rechtsmacht können dabei Vertrag, Auftrag oder Gesetz zugrunde liegen.

II. Merkmale einer gesetzlichen Treuhandschaft

Aus den Vorschriften des VAG resultiert eine gesetzliche Treuhandschaft. In der Gesetzgebung taucht die Bezeichnung „Treuhänder" erstmalig im Hypothekenbankgesetz von 1899 auf, und gerade auf dessen Befugnisse bezieht sich die Novelle zum VAG von 1931. Anscheinend meint auch sie keinen Treuhänder im privatrechtlich strengen Sinne mit Eigentum am Sondervermögen nach außen und einer schuldrechtlich dem Treugeber gegenüber beschränkten Verfügungsmacht nach innen, vielmehr ein Kontrollsicherungsorgan mit einem im Interesse Dritter wirksamen Mitverfügungsrecht. Der VAG-Treuhänder übt neben der Kontrolle eine Verwahrung (§ 72 II) am Deckungsvermögen aus, insofern in erster Linie eine Mitverwaltung (§ 72 I). Demnach käme von den oben angeführten Treuhandformen (§ 4 I) die unter Ziff. f bezeichnete Gestaltung in Verbindung mit der unter Ziff. c in Betracht. Diese unsere Annahme ist noch näher zu untersuchen und zu begründen.

Darin, daß der Aufsichtführende für die Sicherstellung des Deckungsstocks Sorge zu tragen und zu diesem Zweck das Sondervermögen a) zu kontrollieren, b) zu überwachen und c) unter Mitwirkung der Unternehmung zu verwalten hat, äußern sich treuhänderische Merkmale einer Fürsorge für Dritte[12] und rechtssystematisch durchaus noch

---

[10] Vgl. *Schultze*, Treuhänder, S. 42; *Beyerle*, Treuhand, S. 7; *Hein*, Grundriß, S. 28 ff.

[11] §§ 2212 ff., 2222 ff., 2364 BGB i. V. m. §§ 327, 748 ZPO; RGZ 29, 29; 46, 298; 56, 330; 61, 145; 68, 10; 73, 315; 80, 311; 92, 20; fernerhin *Hein*, a. a. O., S. 182.

[12] Als Kennzeichen gemäß KG Beschl. v. 20. 10. 1922 (abgedr. bei *Hein*, a. a. O., S. 29, und *Goetz*, Treuhandwesen, S. 142) sowie KG Urt. v. 24. 8. 1931 (HRR 1932 Nr. 249). In der Mitverwaltung des Th nach VAG (vgl. außerdem Kontrollregisterführung bei vorübergehenden DSt-Entnahmen) darf eine Fürsorge für die Gläubiger, wie sie z. B. in der Pfandhalterschaft zutage tritt, gesehen werden.

III. Unterschiede zum üblichen Treuhandbegriff

weitere, die als Treuhändereigenschaften gelten können: „Treuhänder nennt man auch und sogar vorzugsweise gewisse nur zur Mitwirkung bei der Verwaltung fremder Rechte oder zur Verfügung über solche berechtigte Personen[13]."

An dieser Stelle können wir vorweg bereits die Feststellung treffen, daß im VAG durchaus eine Treuhandschaft zur Wahrnehmung fremder Vermögensinteressen, und zwar vorzugsweise jener der Versicherten geschaffen worden ist. Auch finden wir in praxi eine jener Treuhandschaften bestätigt, wo keineswegs notwendig materiell-rechtliches Eigentum am Sondervermögen erlangt und das Verfügungsrecht auch nicht aus den Händen eines Treugebers empfangen zu werden braucht. Diese Eigenart haftet nach herrschender Lehre insbesondere den gesetzlichen Treuhändern an[14].

Treuhand liegt stets auch dann vor, wenn eine anvertrauende Rechtsnorm und diese zur Wahrnehmung fremder Vermögensinteressen besteht.

III. Unterschiede zum üblichen Treuhandbegriff

Die Kontrollperson für den Deckungsstock kann und braucht kein Treuhänder im streng rechtsdogmatischen Sinne des Privatrechts zu sein; dazu müßte (1) eine Übereignung der Deckungsstock-Bestände stattgefunden haben und (2) das einem Treuhänder üblicherweise zustehende Recht, ausschließlich und in eigenem Namen verfügen zu dürfen, zuerkannt sein. Außerdem (3) wäre zu bedenken, daß, hätte man dem VAG-Treuhänder alleinige Verfügungsmacht am Sondervermögen eingeräumt, diese ausschließlich zum Vorteil eines Treugebers ausgeübt werden müßte. Treugeber aber könnte nur der Eigentümer des Deckungsvermögens sein, also die Unternehmung; sie nimmt jedoch keine Übereignung des Vermögens vor, sondern macht lediglich eine Person als Kontrollorgan namhaft, wie das Gesetz es fordert. Eine rechtsgeschäftliche Treuhand kommt demnach schon gar nicht in Betracht.

Für das Wesen und die Funktion der Aufsichtsperson nach §§ 70 ff. VAG haben wir erkannt: Der ‚Wächter' über die vorschriftsmäßige Verwaltung der Deckungswerte erhält seine Rechte aus dem Gesetz. An seiner Bestellung wirkt maßgeblich die Aufsichtsbehörde durch Genehmigung, einen Verwaltungsakt, mit. Der Versicherer ist lediglich durch

---

[13] *Enneccerus*, Bd. I, 29. Aufl., S. 364 Anm. 10.
[14] Die gesetzliche Treuhandschaft stellt sich in der Regel als eine solche im wirtschaftlichen Sinne dar. Eine Übertragung zu treuen Händen findet nicht statt; oft mangelt es dazu an einem Treugeber (so etwa in Gesetzen über die zwangsweise Verwaltung fremder oder beschlagnahmter Vermögen). Im weiteren wirtschaftlichen Sinne ist Th, wer entweder Vermögen zu treuen Händen übereignet erhält oder fremdes Vermögen im eigenen Namen anlegt oder es zumindest eigenberechtigt verwaltet.

Benennung eines ihm genehmen Kontrolleurs beteiligt. Darüber hinaus wird der DSt-Treuhänder ganz im Gegensatz zum rechtsgeschäftlichen Fiduziar, nämlich statt für einen Treugeber, der in Gestalt des Eigentümers am Deckungsstock denkbar wäre, im Interesse Dritter, d. h. zugunsten der Gesamtheit der Versicherten in ihrer Eigenschaft von Forderungsgläubigern, bestellt. Weiterhin sind Beschränkungen, wie sie beim fiduziarischen Rechtsverhältnis dem Treuhänder auferlegt sind, ganz im Gegenteil der Verfügungsmacht des Vermögensinhabers in Gestalt des Versicherers zugelastet. Es besteht die Funktion des DSt-Treuhänders gerade darin, die Rechtsmacht des Eigentümers am Sondervermögen dinglich wirksam einzuschränken.

§ 5. Rechtsstellung zu den Versicherten

Nach der amtlichen Begründung hat der Gesetzgeber die Aufsichtsperson für den Deckungsstock im Interesse der Versicherten geschaffen[1]. Wie sollte es auch anders sein, wenn die Deckungswerte dem Treuhänder nicht zu eigen übertragen werden, vielmehr unter Zweckbeschränkung in der Verfügungsmacht der Unternehmung verbleiben? Das Sondervermögen muß demnach notwendig für einen Berechtigten neben dem Eigentümer kontrolliert und verwahrt werden.

Tatsächlich liegen die Verhältnisse so, daß nach fast einhelliger Auffassung der befragten Treuhänder (91 vH) sich diese in erster Linie für die Belange der Versicherten tätig erachten.

Die Funktion des DSt-Treuhänders wird weiterhin maßgeblich durch die Tatsache begründet, daß das Gesetz dem Versicherten nicht ausdrücklich ein Forderungsrecht auf einen prämiengerechten Anteil am Deckungsvermögen eingeräumt hat. Für den Bedarfsfall einer bevorrechteten Befriedigung im Konkurs[2] trifft der VAG-Treuhänder dadurch Vorsorge, daß von ihm das Sondervermögen unter Kontrolle gehalten und in einer zur dauernden Erfüllbarkeit der Versicherungsverträge erforderlichen Höhe gewährleistet wird. Der mit der Beaufsichtigung Beauftragte hat alles zu tun, damit die Zweckbindung des Deckungsvermögens unangetastet und die zu seinem Bestande gehörenden Werte dem Zugriff der Versicherten erhalten bleiben.

I. Stellvertretung

Nach immerhin eindeutiger Auffassung der befragten Treuhänder (88 vH) steht der Deckungsstock als zweckgebundenes Vermögen des Unternehmens ausschließlich für Verpflichtungen gegenüber den Versicherten bereit. Derart und auf bereits genannte Weise wahrt die Aufsichtsperson sichtbar Versichertenbelange, und wir haben Grund zu prüfen, ob sie tatsächlich und gegebenenfalls wie sie für die Gläubiger aus Versicherungsvertrag handelt und demzufolge von ihnen ihre Befugnisse abzuleiten hätte.

---

[1] Unstrittig richtet sich die Tätigkeit des Aufsichtführenden in erster Linie darauf, daß die Rechte der Versicherten auf die Bestände des DSt nicht beeinträchtigt oder gar gefährdet werden.

[2] Vgl. § 77 IV VAG; die Zulassung von Absonderungsrechten, die außerhalb der KO (§§ 47—52, 221; EG KO §§ 11—13) nur durch Gesetz möglich ist, ist demnach erteilt.

1. Vertretung der Deckungsstock-Gläubiger

Die Ansicht, daß der Treuhänder für die aus Versicherungsvertrag Berechtigten handelt, wird gestützt von der amtlichen Begründung des Gesetzes und außerdem durch die Strafvorschrift des § 138 VAG, wo von Untreue „zum Nachteil der Versicherten" die Rede[3] ist. Die Aufsichtsperson übt darüber hinaus zum Teil Funktionen aus, die an sich den Versicherten zustehen könnten[4]. Schließlich bietet die im Gesetz bekundete Interessenwahrung Anlaß, den mit der Überwachung und Kontrolle des Deckungsvermögens Beauftragten als mit der Vertretung der Versicherten ausgestattet zu betrachten.

Indem der Treuhänder darüber zu wachen hat, daß die Anlagen des Deckungskapitals, d. h. die des Sondervermögens zur Gläubigerbefriedigung, den gesetzlichen und aufsichtsbehördlichen Vorschriften entsprechen, entscheidet und handelt er unter Umständen wie ein Vertreter für den Vertretenen in dessen Interesse. Die formelle Kontrolle über Anlage und Bestand des Deckungsstocks geschieht dem Grunde nach zugunsten der bevorrechteten Gläubiger und in den Rechtsfolgen möglicherweise auch zu deren Lasten. Treuhandschaft und Stellvertretung ließen sich insofern miteinander vergleichen; eine Gleichstellung gar wäre insoweit anzunehmen, als in beiden Fällen eine Person mit Wirkung auf die Rechtssphäre einer anderen Person tätig wird[5].

Will man die Rechtsstellung des Treuhänders gegenüber den Versicherten richtig beurteilen, so muß daran gedacht werden zu unterscheiden, daß der *rechtsgeschäftliche* Vertreter oder Bevollmächtigte den Weisungen seines Vollmachtgebers unterliegt, während der *gesetzliche* Vertreter unabhängig für den Vertretenen entscheidet und verfügt, allein aus dem Gesetz berechtigt und rechtswirksam für den anderen handelnd.

2. Vergleichbare Gläubigervertreter

Eine Stellvertretung der Versicherten ließe sich analog etwa einer solchen der Gläubiger durch den Treuhänder nach § 1189 BGB oder gemäß Schuldverschreibungsgesetz vermuten[6].

---

[3] Strafbar ist vor allem eine unzulässige Verminderung der Ist-Bestände und darüber hinaus jegliches Handeln des Th zum Nachteil der Versicherten.

[4] Denkbar wäre, daß der Gesetzgeber die dem Th zustehenden Rechte und Pflichten an sich hätte den Versicherten zuerkennen wollen, diese aber letztlich aus Zweckmäßigkeitsgründen auf eine Einzelperson unter staatlicher Mitwirkung übertragen hat, weil die Beschlußfassung über die Bestellung und Abberufung eines Th durch die Gesamtheit der Versicherten ein zu schwerfälliges Verfahren darstellen würde. Tatsächlich besteht kaum die Möglichkeit, die Gesamtheit der Versicherten a) kurzfristig einzuberufen, b) vollständig zu versammeln und c) anzunehmen, daß sie den Einblick hätte, welche zu wählende Person die Eignung zum DSt-Th besitzt.

[5] Vgl. *Fischbach*, Treuhänder, S. 252. Th wie auch Stellvertreter nehmen

Für die Hypothekengläubiger ist der Treuhänder gemäß BGB direkter Stellvertreter, denn er kann bestimmte Verfügungen über die Hypothek treffen und vertritt die Gläubiger bei der Geltendmachung von Rechten aus der Hypothek, wie wenn er selbst der Berechtigte wäre mit Wirkung für und gegen jeden späteren Gläubiger. Der Vertreter wird durch ein Rechtsgeschäft bestellt, deshalb ist er weisungsgebunden[7]. Seine Tätigkeit stellt eine Geschäftsbesorgung dar, und zwar für die Gläubiger auch dann, wenn er, wie zulässig, einseitig vom Grundstückseigentümer bestellt wird.

Nach Schuldverschreibungsgesetz wird nach Mehrheitsbeschluß der Obligationäre ein Vertreter bestellt[8], der mit Verfügungsgewalt[9] für und gegen alle Gläubiger, die eine Gemeinschaft zur gesamten Hand bilden, ausgestattet ist, und zwar mit Rechtswirkung auch für und gegen die ablehnende Minderheit. Die Verfügungsberechtigung beschränkt sich auf genau umgrenzte Handlungen, die das Gesetz festlegt, doch im Prozeß hat dieser rechtsgeschäftliche Vertreter sogar die Stellung eines gesetzlichen Vertreters.

Beide „treuhänderischen" Vertreter kennzeichnet ein auftragsähnliches Verhältnis zu den Gläubigern. Sie sind noch echte Stellvertreter und als solche lediglich zur Wahrung der privatrechtlichen Interessen der Beteiligten bestellt. Daraus ergibt sich ihre Pflicht zur Rechenschaftslegung und Entgegennahme von Weisungen und läßt sich ihre vertragliche Haftung ableiten.

II. Bevollmächtigter

Der DSt-Treuhänder könnte sodann unentgeltlich im Auftrage der Versicherten tätig sein. Auch das setzt eine Vollmacht voraus. Der Bevollmächtigte handelt in fremdem Namen. Daneben wäre eine Ermächtigung dergestalt denkbar, daß der Beauftragte in eigenem Namen über fremde Sachen und Rechte, insbesondere über ein Sondervermö-

---

fremde Interessen wahr mit Rechtswirkung unmittelbar für und wider den Treugeber bzw. den Vertretenen.
[6] Zum folgenden in dieser Hinsicht vgl. *v. d. Thüsen*, BankA XXXIV, 229 ff.; *Hein*, Grundriß, S. 77 ff., 94 ff.
[7] Rechtsgeschäftlicher Vertreter ist dieser Th insofern, als er gemäß § 1189 fakultativ bestellt werden kann. Zur Vertretung der Gläubiger ist er nur insoweit berechtigt, als ihm diese Befugnis bei der Bestellung eingeräumt wurde (Bayer. OLG Urt. v. 18. 10. 1902 — III 64/20; *Hein*, a. a. O., S. 78).
[8] Nach Gesetz v. 4. 12. 1899 (RGBl. S. 691) in der Fassung der Novelle vom 14. 5. 1914 (RGBl. S. 121) ist der Gläubigervertreter gemäß §§ 14, 15 gemeint. Bei Bestellung muß zugleich der Umfang seiner Befugnisse bestimmt werden.
[9] Beispielsweise Verzicht auf gemeinsame Pfänder, Stundung von Kapital und Zinsen, Ermäßigung des Zinsfußes.

gen verfügen soll¹⁰. In der Regel erzielt die Kontrollperson eine Vergütung. Wegen des Entgelts, das möglicherweise gegenüber den Versicherten beansprucht werden könnte, ließe sich eine Geschäftsbesorgung vermuten.

1. Keine Vollmacht der Versicherten

Eine Stellvertretung der Versicherten durch den Treuhänder für den Deckungsstock ist deshalb abzulehnen, weil a) jede rechtsgeschäftliche Vertretung die Erteilung einer Vollmacht voraussetzt, diese aber fehlt, und b) der Aufsichtführende nicht nur Willenserklärungen tätigt, und wenn solche, so nicht in fremdem Namen. Seine Rechte und Pflichten, insbesondere seine Kontrollfunktion schließen eine Anwendung der §§ 164 ff. BGB von vornherein aus. Es müßten ihn die Versicherten beauftragen oder bevollmächtigen, überhaupt mit seinem Amt betrauen. In Wahrheit erteilen ihm gesetzliche und behördliche Vorschriften die Befugnisse und Obliegenheiten, und auch bei der Bestellung wirken die Versicherten in keiner Weise mit.

2. Keine Geschäftsbesorgung

Gleichermaßen ausgeschlossen wie der Auftrag ist ein Rechtsgeschäft, das eine Geschäftsbesorgung zum Gegenstand hat, etwa ein Dienstvertrag des Treuhänders mit den Versicherten. Es fehlt dafür nicht allein an deren Mitwirkung bei Bestellung und Abberufung, sie vergüten ihn auch nicht.

Weiterhin schuldet der Treuhänder den Gläubigern am Deckungsstock keine Rechenschaft, er ist nicht an Weisungen gebunden und haftet den Versicherten für die Erfüllung seiner Obliegenheiten keineswegs aus Vertrag (vielmehr lediglich aus § 823 II BGB i. V. m. § 138 VAG).

Zu alledem existiert eine Gesamtheit von Versicherten lediglich versicherungstechnisch in Risikogruppen, nicht hingegen auch rechtlich in Gestalt einer realen Verbandspersönlichkeit, die zu bevollmächtigen bzw. zu bestellen imstande wäre.

III. Gesetzliche Vertretung

Es braucht nun nicht notwendig eine Vertretung, die eine Vollmachterteilung oder Ermächtigung voraussetzt, gegeben zu sein. Die dem DSt-Treuhänder verliehene Vertretungsmacht aus dem Gesetz, die kei-

---

[10] Vgl. *Enneccerus*, 29. Aufl., § 175; *Siebert*, Treuhand, S. 108 ff.; *Schless*, Mittelbare Stellvertretung, S. 14, 43. Bei Ermächtigung wird der Th zum Ausübungsberechtigten mit Handlungsbefugnis im eigenen Namen, während es Aufsichtsbefugnisse auch ohne jede eigene Rechtsmacht (fast nur oder ausschließlich in einem Auftragsverhältnis mit Innenwirkung) geben kann. Schließlich käme noch eine indirekte Stellvertretung in Betracht, weil herr-

nen Auftraggeber braucht, wird als solche näher zu untersuchen und auf gewisse Ähnlichkeiten mit anderen Rechtsinstitutionen gleicher Eigenschaft zu prüfen sein. Gebräuchliche Formen gesetzlicher Vertretung sind vor allem die organschaftliche Vertretung von Personengesamtheiten und die Pflegschaft.

1. Keine organschaftliche Vertretung

Die Tätigkeit des Aufsichtführenden nach VAG weicht erheblich von derjenigen des Vertreters der Hypothekengläubiger oder nach Schuldverschreibungsgesetz ab. Der DSt-Treuhänder vertritt einerseits nicht die Gläubiger bei Geltendmachung ihrer Ansprüche gegen die Unternehmung und nimmt andererseits auch keinen Einfluß auf ihre Geschäfte. Seine Aufgabe ist die Überwachung eines Vermögensbestandes zur Sicherstellung der Gläubigeransprüche und liegt dazwischen[11].

Organ der Versichertengemeinschaft kann der zur Diskussion stehende Treuhänder nicht sein, weil es ihr an der rechtlichen Selbständigkeit gebricht, damit an der Möglichkeit einer gesetzlichen Vertretung, wie sie die juristische Person kennt. Immerhin bliebe noch folgende Erwägung in Betracht zu ziehen. Die Zustimmungsbefugnis der Aufsichtsperson nach VAG hat etwa die gleiche Rechtswirkung wie die Genehmigung des Pflegers bei Besorgung bestimmter Angelegenheiten für Abwesende[12].

2. Keine Pflegschaft

Als gesetzliche Vertretung der Versicherten käme demnach noch die rechtliche Stellung eines Pflegers in Betracht[13]. Dabei wäre nicht an einen persönlichen Vertreter der Vormundschaft (§ 1915 I BGB) entsprechend, sondern an die Rechte und Pflichten eines sogenannten Güterpflegers zu denken, der ein bestimmtes Vermögensobjekt in getreuliche

---

schende Lehre und Rechtsprechung verlangen, daß der Th das Treugut unmittelbar von einem Treugeber aus dessen Vermögen erlangt. Indirekte Stellvertretung hieße handeln im eigenen Namen für fremde Rechnung; diesem Rechtsverhältnis müßte notwendig eine Geschäftsbesorgung zugrunde liegen.

[11] Schon das legt sein Verhältnis zu den Versicherten als das einer Art Pfandhalterschaft nahe.

[12] Der Abwesenheitspfleger bewahrt die Interessen nicht Anwesender, demnach solcher Berechtigter, deren Ansprüche sonst einer auslösenden Bedingung unterliegen, nämlich der Existenz ihrer Person, die ihre Ansprüche begründet. Die Versicherten können vor dem Konkurs der VU hinsichtlich ihrer DSt-Forderungen nicht als rechtlich relevant oder „anwesend" im Sinne rechtspersönlicher Handlungsfähigkeit gelten; erst konkursrechtlich werden ihre Forderungen realisiert und ihnen als Bevorrechteten Rechtspersönlichkeit verliehen.

[13] Pflegschaft bedeutet gewissermaßen eine begrenzte Vormundschaft, und insofern ist sie gesetzliche Vertretung.

Verwahrung übernimmt[14]. Derart könnte sich die Pflegschaft in Form einer Pfandhalterschaft äußern.

Zur Entstehung eines Pfandrechts am Deckungsvermögen wäre die Einigung zwischen dem Eigentümer der Bestände (Verpfänder) und dem Gläubiger (Pfandnehmer) in Gestalt der Versicherten sowie die Übergabe des Sondervermögens an diese Pfandgläubiger erforderlich (§ 1205 I BGB). Anstelle der Übergabe der Pfandsache würde die Einräumung des Mitbesitzes für die Versicherten genügen, etwa durch Mitverschluß der im Depot befindlichen oder sonstwie gesondert aufbewahrten DSt-Bestände (§ 1206 I BGB). Weil ein unmittelbarer Besitz für die Gesamtheit der aus Versicherungsvertrag Berechtigten nicht zu verwirklichen ist, macht das VAG von der anderen Möglichkeit der Inbesitznahme gemäß § 1206 BGB Gebrauch und verschafft einem Dritten, eben dem Treuhänder, den Besitz. Die Besitzübergabe wird dadurch ersetzt, daß der Treuhänder sozusagen als Pfandhalter den unmittelbaren Besitz auch für die Versicherten ausübt[15]. Die Pfandsache befindet sich in einem Behältnis oder verschlossenen Raum unter Mitverschluß[16] des Pfandhalters derart, daß ohne ihn die Unternehmung nicht an den Deckungsstock gelangen kann.

In der Versicherungspraxis vollziehen sich Vermögenskontrolle und Verfügung über den Deckungsstock tatsächlich, wie die weitaus überwiegende Mehrheit (86 vH) aller Befragten bekundet hat, durch unmittelbaren Mitbesitz des Aufsichtführenden an Wertpapieren, Hypothekenbriefen, Schuldurkunden und sonstigen Unterlagen zur Sicherung von Forderungen. Die unter Mitverschluß der Unternehmung sich vollziehende Verwahrung der DSt-Bestände stellt gewissermaßen eine Art Pfandrecht zugunsten der Versicherten dar.

Gemeinhin betätigt sich die Aufsichtsperson im gesetzlich begrenzten Rahmen ähnlich einem Pfandhalter, indes gewiß nicht als Pfleger[17]. Denn im Gegensatz zur Pfandhalterschaft, wo der Pfandhalter Gläubigerrechte vertritt, hat der Pfleger bürgerlich-rechtlich die Vertretung des

---

[14] Vorbild dafür ist weniger der Abwesenheitspfleger (§§ 1911, 1913 BGB) oder der Nachlaßpfleger (§§ 1960, 1961 BGB), vielmehr der Th nach § 1189 BGB; wohl ist dieser kein gesetzlicher Vertreter der Gläubiger, sondern von diesem zum Güterpfleger bestellt.

[15] Es gibt im Wirtschaftsverkehr zahlreiche Fälle, wo eine unmittelbare Übergabe an den Pfandnehmer nicht erfolgen kann, weil schon ein anderer unmittelbarer Besitzer seine Rechte wahrnimmt. So können sich beispielsweise zollpflichtige Waren zur Sicherstellung der Abgaben unter Verschluß der Finanzbehörde oder zur Lagerung oder Beförderung in Händen des Lagerhalters oder Spediteurs befinden.

[16] Komm. RGR, Anm. 3 zu § 1206 BGB. Entweder zwei Türen zur Stahlkammer oder zwei Verschlüsse am Safe, beides unter getrennter Aufbewahrung der (unterschiedlichen) Schlüssel.

[17] Der Pfleger ist Vermögensverwalter; er übernimmt die Verwaltung in Vermögensangelegenheiten, die einer besonderen Fürsorge bedürfen und vom Eigentümer nicht wahrgenommen werden können.

Eigentümers inne[18]. Auch im Sinne einer Güterpflegschaft müßte der DSt-Treuhänder gesetzlicher Vertreter der Versicherten sein. Weil die Ansprüche der Versicherten an die Deckungsmasse erst im Versicherungsfall realisierbar werden, hat das VAG zugunsten der Gläubiger eine spezifische Pflegschaft am Deckungsvermögen geschaffen, die sich auf den Konkurs des Versicherers beschränkt. Aber sie ist einer *besonderen Amtsperson* vorbehalten (§ 78 VAG), dem sogenannten „Pfleger". Die gesetzliche Vertretung der Versicherten in Form einer Pflegschaft fällt daher nicht dem DSt-Treuhänder zu.

IV. Quasi-Pfandhalterschaft eigenen Rechts

Die BGB-Vorschriften über das Pfandrecht unterscheiden sich indessen von der Rechtsstellung, die das Aufsichtsrecht dem DSt-Treuhänder zuteilt. Ihm werden seine Rechte und Pflichten weder von einem Verpfänder (Versicherer) noch von einem Pfandnehmer (Versicherte) übertragen, außerdem ist er nicht weisunggebunden.

1. Pfandhalter eigener Art

Die Bestellung eines Pfandrechts durch Einräumen des Mitbesitzes setzt voraus, daß entweder die Pfandsache unter Mitverschluß des Gläubigers — das wären die Versicherten — gelangt oder ein Pfandhalter die Sache in Verwahrung nimmt mit der Verpflichtung, sie nur an den Eigentümer und die Gläubiger gemeinschaftlich herauszugeben (§ 1206 BGB).

Im Falle eines bürgerlich-rechtlichen Pfandhalters stände das Verfügungsrecht über den Deckungsstock immerhin auch den Versicherten zu, und der Treuhänder hätte nach ihren Weisungen zu verfahren[19]. Doch die Tätigkeit des Aufsichtführenden nach VAG kennzeichnet viel-

---

[18] Der Pfleger vertritt gesetzlich den Berechtigten aus einer Zuwendung oder Erbschaft oder einem Nachlaß, demnach den Eigentümer des seiner Fürsorge unterstellten Vermögens. Die gesetzliche Vertretung ergibt sich aus § 1915 in Verbindung mit § 1793 BGB.
[19] Der DSt-Th müßte Beauftragter der Versicherten sein, der für diese als Pfandnehmer unmittelbaren Besitz zu ergreifen und des weiteren weisungsgemäß auszuüben hätte. Andererseits braucht der Pfandhalter nicht Vertreter der Gläubiger zu sein. Mit dieser Aufgabe kann auch, sofern kein Sonderrecht dawidersteht, ein Beauftragter des Eigentümers, etwa auch ein Angestellter des Verpfänders, betraut werden. Letzteres Verfahren dient als Ausweg, wenn ein starker Wechsel im Bestand und die ständige Herausgabe von Gegenständen sowie die Inbesitznahme neuer Sachen für den Pfandhalter mühevoll ist. Freilich hat dieses Verfahren sich in der Praxis nicht bewährt, „weil der Beauftragte sich den Einflüssen des Verpfänders nicht entziehen konnte und deshalb oder auch aus Bequemlichkeit nicht immer ordnungsgemäß den Besitz ergriffen oder aufrechterhalten hatte." *Herold-Hilgermann-Bernicken*, 12. Aufl., S. 255.

mehr einen Mitbesitz des ‚Pfandhalters', statt eines solchen von Pfandgläubigern, und überdies Eigenrechte ohne jegliche Verpflichtung den Versicherten gegenüber.

Mitverschluß und Verwahrung der DSt-Bestände übt der gesetzlich Beauftragte zwar in Wahrung der Belange der Versicherten aus und um die einwandfreie Identität und Sicherung der zum Sondervermögen gehörigen Deckungswerte zu gewährleisten. Dabei ist auch der unmittelbare Besitz gleich dem eines Pfandhalters beschaffen, nämlich derart, daß jede einseitige Verfügung des Eigentümers ausgeschlossen bleibt. Die Besonderheit im Vergleich zu bürgerlich-rechtlichen Formen der Pfandhalterschaft jedoch äußert sich darin, daß der DSt-Treuhänder nicht in jedem Falle die Herausgabe von Bestandswerten an den Eigentümer verweigern kann.

2. Keine übertragenen Rechte

Man könnte nun meinen, dem DSt-Treuhänder sei eine *gesetzliche* Vertretung der Versicherten aus Zweckmäßigkeitsgründen zugefallen. Wir nannten bereits Gesichtspunkte, weshalb die den Versicherten als Gesamtheit zuerkennbaren Ansprüche auf einen einzelnen in Person des Treuhänders hätten übertragen werden können.

Grundsätzlich stehen aber die der Kontrollperson erteilten Befugnisse nur ihr allein zu[20]; sie sind unverkennbar Eigenrechte und im Ursprung keineswegs solche der DSt-Gläubiger[21]. Es werden keine Rechte übertragen, die ihrer Natur nach den Versicherten zukämen. Solche bestehen weder dinglich am Deckungsvermögen noch persönlich als Ansprüche der Gläubiger aus Versicherungsvertrag, etwa in Form von Überwachungs- und Kontrollbefugnissen, die ausschließlich dem Aufsichtführenden gebühren.

Außerdem bietet das VAG, sofern es eine Vertretungsmacht gewollt hätte, keinen Anhalt dafür, daß der Treuhänder diese allein im Interesse der Versicherten wahrnehmen müßte. Wie noch näher darzulegen sein wird, findet vielmehr eine Rechtsausübung im Interesse aller am Deckungsstock Beteiligten statt. Aus dem Gesetz lassen sich jedenfalls weder für jeden einzelnen noch für die Gesamtheit der Versicherten dem Aufsichtführenden übertragene Gläubigerrechte ableiten.

---

[20] VerBAV 1957, 146 — R 13/57 B I: Die Befugnisse des Th sind nicht übertragbar und insofern originär. Sie können nur von ihm selbst oder seinem bestellten Stellvertreter (§§ 70, 76 VAG) ausgeübt werden.

[21] Versicherte sind schlichte Gläubiger der VU, die als solche grundsätzlich keine Ansprüche auf Einblick in den Geschäftsbetrieb des Schuldners oder auf Rechnungslegung geltend machen können. Niemand vermag mehr Rechte zu übertragen, als er selbst hat. Vor Konkurs des VU bestehen überhaupt keine Ansprüche an den DSt. Vgl. *v. d. Thüsen*, JRPV 1936, 146.

IV. Quasi-Pfandhalterschaft eigenen Rechts

Indem dem DSt-Treuhänder in Erfüllung seiner Obliegenheiten keine Rechte der Versicherten überlassen sind, kann er nicht in deren Stellvertretung handeln; eine solche Annahme scheitert überdies daran, daß die Treuhänderrechte unteilbar sind[22].

---

[22] Vgl. v. d. Thüsen, BankA XXXIV, S. 230; Ehrlichmann, a. a. O., S. 14; Dannenbaum, § 29 Anm. 3. A. M.: Kohler, BankA VI, 121; Hillig, HypBankG, § 29, 78. Im übrigen geht aus den Beratungen des Reichstages und insbesondere der Begründung deutlich die Anlehnung des DSt-Th an das Institut des HypBankTh hervor, was ursprüngliche Gläubigerrechte in den Befugnissen des Th ausschließt. Denn das Hypothekenbankgesetz, das bei der Einführung des DSt-Th Pate stand, läßt entgegen seinem Entwurf (StenBer. S. 2969) keine Wahl des „Vertreters" durch die Pfandbriefgläubiger zu. Der Gesetzgeber hat sodann dadurch, daß er die Bestellung des DSt-Th der Aufsichtsbehörde unter Mitwirkung des Aufsichtsrats zuerkennt, seinen Willen zum Ausdruck gebracht, jede Abhängigkeit des Th von den Versicherten vermieden zu wissen.

§ 6. Rechtsstellung zum Versicherungsunternehmen

Nachdem wir die Stellung des DSt-Treuhänders von der Warte eines Gläubigervertreters untersucht haben, der vermögensrechtliche Belange der Versicherten wahrt, indes ohne in ein auftragsähnliches oder gar Vertretungsverhältnis zu ihnen zu treten, haben wir zu erwägen, daß er als eine Art Pfandhalter für den Deckungsstock andererseits auch Beauftragter des Eigentümers sein könnte. Demnach wäre zu prüfen, ob die Position eines Schuldnervertreters oder eine ähnlich geartete Vertragsbeziehung zum Versicherer vorliegen kann.

I. Der Versicherungs-Treuhänder

Der Aufsichtführende nach VAG ist offenbar kein geschäftsführender Treuhänder, etwa dazu befugt, allein und im eigenen Namen anstelle der Verwaltungsorgane des Unternehmens zu handeln[1]. Bevor beantwortet werden kann, ob und gegebenenfalls inwieweit er einen Auftrag des Versicherers erfüllt bzw. vertraglich im Sinne einer Geschäftsbesorgung an diesen gebunden ist, wollen wesentliche Unterschiede beachtet sein, die diesen Treuhänder von der idealtypischen Rechtsfigur trennen.

Schwierigkeiten erkannten wir bereits darin, daß der Treuhänderbegriff weder eine gesetzliche Definition noch einen einheitlichen Gebrauch kennt. Auch das Versicherungswesen verwendet den Ausdruck unterschiedlich. So benannt sind auch der Treuhänder nach § 254 AktG, nach dem Aufwertungsgesetz[2] und für Konsortialdarlehen von Versicherungsunternehmen[3]. Jüngst hat die Bestellung eines Treuhänders für die Rückstellung von Beitragsrückerstattungen aus steuerlichen Gründen Bedeutung erlangt[4]. Wie diese Beispiele aus der Versicherungswirtschaft lehren, kann durchaus an eine Übertragung des Eigentums an den Treuhänder und dessen schuldrechtliche Beschränkung in der Verfügungsmacht gedacht sein.

---
[1] Vgl. unten § 7 II.
[2] Gesetz über die Aufwertung von Versicherungsansprüchen i. V. m. DVO v. 29. 11. 1925 (RGBl. S. 392). Vgl. unten § 8 II 2 b.
[3] Vgl. BAV Gesch.Ber. 1954/55, S. 11; 1956/57, S. 13.
[4] Seine Aufgabe wird meist dem DSt-Th mit übertragen. Vgl. *Vassel*, VW 1960, 631.

I. Der Versicherungs-Treuhänder 51

1. „Echte" Treuhandschaft[5] im Versicherungswesen

Treuhandschaft im Sinne eines fiduziarischen Eigentums liegt vor bei Übertragung des Vermögens einer Aktiengesellschaft (AG) auf einen Versicherungsverein auf Gegenseitigkeit (VVaG). Dieser Treuhänder[6] nach § 254 IV AktG wird vom Vorstand der AG durch Dienstvertrag und ohne jede staatliche Mitwirkung bestellt. Zwar ist auch er kraft Gesetzes und zum Schutz einer Interessengruppe, hier der Aktionäre, berufen und ‚Pfandhalter' ähnlich dem DSt-Treuhänder. Doch nach außen besitzt dieser Treuhänder nicht nur Vertretungsmacht zum Empfang des Entgelts, sondern auch die alleinige Verfügungsmacht zur Verteilung an die Aktionäre, während er im Innenverhältnis an Weisungen der übertragenden Unternehmung gebunden ist. Mit sachenrechtlicher Wirksamkeit kann er auch über Inhaberaktien verfügen und das Veräußerungsrecht ausüben.

Der Fall einer ‚echten' Treuhand, d. h. im klassischen Sinne des Privatrechts, tritt des weiteren bei Vergabe eines Großkredits durch mehrere Versicherungsunternehmungen ein, die eine von ihnen mit der Führung der Darlehensgeschäfte beauftragen und gegenüber dem Schuldner als alleinige Gläubigerin auftreten lassen[7]. Die dingliche Sicherung des Konsortialdarlehens geschieht zweckmäßig durch Bestellung einer Grundschuld (§ 1191 BGB) oder einer Höchsthypothek (§ 1190 BGB), die beide kein Bestehen einer Forderung voraussetzen und demnach eine Grundbucheintragung sämtlicher beteiligten Gläubiger nicht erforderlich machen, sondern statt dessen die Eintragung eines einzigen Gläubigers, des führenden, ermöglicht. Der Konsortialführer wird auf diese Weise zum fiduziarischen Treuhänder[8], welcher der Inhaber des dinglichen Rechts ist[9]. Neben diesem Treuhänder bleibt

---
[5] „Echte" Treuhand heißt fiduziarisches Eigentum des Th am Treugut durch Übertragung, wobei ihn ein Verpflichtungsvertrag bindet, das übertragene und im eigenen Namen ausgeübte Recht nur im Interesse des Treugebers zu gebrauchen. Vgl. oben § 4 I Anm. 5.
[6] Vgl. *Baumbach-Hueck*, AktG, Anm. 2 zu § 240, Anm. 2 zu Anh. § 62.
[7] Schuldrechtlich kann die Sicherung auch durch Errichtung einer Darlehensurkunde vonstatten gehen, die sämtliche Gläubiger sowie deren Darlehensteilbeträge genau bezeichnet und im offenen Depot eines Kreditinstituts zu hinterlegen ist mit dem Sperrvermerk, daß die Herausgabe der Urkunde nur mit Zustimmung der Vorstände aller beteiligten VUen und sämtlicher für ihre DSt-Anlagen bestellten Th erfolgen darf.
[8] *Arnold*, VerBAV 1953, 273, empfiehlt eine Eintragung des Konsortialführers in Eigenschaft des alleinigen Gläubigers mit dem Zusatz „als Th" und dem Hinweis, daß dieser nicht Bevollmächtigter der anderen Gläubiger, also nicht ihr Vertreter, sondern hinsichtlich des dinglichen Rechts Inhaber sei. Auf diese Weise ließe sich die Identität zwischen Forderung und dinglichem Recht leichter nachweisen.
[9] Deshalb kann nach Auffassung der Aufsichtsbehörde die Gläubigerstellung der am Darlehen beteiligten VUen nur dann gewahrt bleiben, wenn der für das Konsortium fungierende Th, für den eine dingliche Sicherung in das Grundbuch eingetragen worden ist, neben der Darlehensforderung auch die

4*

die Aufsichtsperson für den Deckungsstock voll in Funktion. Das heißt, falls sich Beteiligungen an Konsortialdarlehen im Deckungsstock befinden, kann darüber nur mit Zustimmung des DSt-Treuhänders i. S. der §§ 70 ff. VAG verfügt werden[9a].

Besondere Aktualität gewinnt die Rechtsnatur des DSt-Treuhänders in der Weise, als dieser gesetzlichen Aufsichtsperson nicht selten auch die Stellung eines ‚echten' Treuhänders zuteil wird. Aus steuerlichen Gründen, u. a. um der Abzugsfähigkeit bei Ermittlung der Körperschaftsteuer willen, wird häufig die Rückstellung für Beitragsrückerstattungen, die als Dauerschuld gegenüber den Versicherten zu gelten hat und sichergestellt sein soll, einem vertraglich bestellten Treuhänder unterstellt. Gemäß der geschäftsplanmäßigen Erklärung vieler Unternehmungen der Lebens-, Kranken-, Haftpflicht- und Unfallversicherung soll nur mit Zustimmung dieses Treuhänders über jene Rückstellung verfügt werden. Weil dabei die Bestimmung des § 72 VAG sinngemäß gelten soll, liegt es nahe, mit der Sicherstellung den Aufsichtsführenden nach §§ 70 ff. VAG zu beauftragen.

2. Aufsichtsperson ohne fiduziarische Bindung

Beim Deckungsvermögen verbleibt das Eigentum — ganz im Gegensatz zu einer Übertragung des dinglichen Rechts an einen fiduziarischen Treuhänder — in Händen des Versicherers[10]. Außerdem ist der DSt-Treuhänder entgegen dem rechtsgeschäftlich bestellten Treuhän-

---

Teilgrundschuld in Höhe des Beteiligungsbeitrages an jeden der Gläubiger abtritt, mithin das Eigentum überträgt. Vgl. BAV Gesch.Ber. 1954/55, S. 11.

[9a] Vgl. BAV Gesch.Ber. 1961, 24; *Arnold*, in: VerBAV 1954, 17.

[10] Weder die in Rückstellung genommenen Prämienanteile noch das Deckungsvermögen, d. h. weder die nach versicherungstechnischen Grundsätzen angesammelten Einzelreserven noch die Vermögenswerte, die zur Erfüllung künftig fälliger Verpflichtungen gegenüber den Versicherten bereitstehen, überträgt der Versicherer. Die DRSt ist zwar ein Garantiefonds *für* die Versicherten, woraus nicht ohne weiteres folgt, daß sie auch Garantiefonds *der* Versicherten ist. Die gezahlte Prämie geht in das Eigentum der VU über, wobei die konstante Prämie zunächst höher und mit zunehmendem Alter infolge steigender Sterbewahrscheinlichkeit niedriger ist als die natürliche (dem tatsächlichen Risiko entsprechende) Prämie. Die anfangs zuviel gezahlten Prämienteile werden als Reserve zurückgelegt, die später die Minderprämie bezuschussen und deshalb ständig abnehmen. Bestünde eine Einzelreserve und wollte der Versicherte daran Eigentum beanspruchen, so hätte er bei Kündigung im hohen Alter eine weitaus geringere Reserve zu beanspruchen als viele Jahre zuvor. Deshalb wird mit Gruppenreserven gerechnet, wobei sich der Bestand auf die lebenden Gruppenmitglieder verteilt und deren Anteil stärker zunimmt als ihr Zuschußbedarf. Die Gesamtprämienreserve (Soll-DRSt) verbleibt zweckgebunden im Eigentum der VU und wird als ein besonders schutzwürdiges Sparguthaben der Gesamtheit der Versicherten behandelt, dessen Deckungsvermögen ein „dieser Gemeinschaft verfangenes Sondervermögen" darstellt. Vgl. *Wiedemann*, ZVRW Bd. I, S. 589 ff.; *Kisch*, KVR, S. 5; *Bruck*, VersArch 1956, S. 17; *Ehrenzweig*, Vers.recht, S. 422. Das Eigentum der VU am DSt läßt sich im übrigen aus R 13/57 A I Abs. 3 ableiten: „Die für den DSt vorgesehenen Versicherungswerte sind sofort in das DSt-Verzeichnis einzutragen, sobald *das VU das Eigentum daran* erworben hat."

der, der für einen Treugeber in dessen Interesse tätig wird, vom Gesetz zwingend vorgeschrieben und maßgeblich durch Verwaltungsakt bestellt. Wir erinnern uns: Nicht die Rechtsmacht des VAG-Treuhänders gegenüber dem Versicherer ist (etwa durch Verpflichtungsvertrag) beschränkt; im Gegenteil, die Verfügungsmacht des für das Deckungskapital zuständigen Unternehmungsorgans wird durch die Aufsichtsperson begrenzt.

Ein Vertrag zwischen DSt-Treuhänder und Unternehmung des Inhalts, daß jener die DSt-Bestände zu Verwaltungs- oder Sicherungszwecken übertragen erhält[10] in Form eines unbeschränkten Vollrechts der dinglichen Verfügungsmacht[11], liegt offensichtlich nicht vor. Des weiteren schließen die am Deckungsstock Beteiligten keinen Vertrag, der dem Treuhänder die Verpflichtung auferlegt, die Berechtigung am Sondervermögen, insbesondere seine Befugnisse der Verwahrung und Überwachung in Grenzen auszuüben, die ein vermeintliches Versichererinteresse gebietet, und entsprechenden Weisungen der Unternehmungsorgane zu folgen. Eine solche Vereinbarung widerspräche dem Sinn des Treuhandinstituts nach VAG völlig, wo vordringlich die Interessen der Versicherten am Deckungsvermögen gewahrt werden sollen.

De facto erhält der DSt-Treuhänder weder ein volles noch ein (um die Interessenssphäre des Versicherers) vertraglich eingeschränktes Verfügungsrecht. Vielmehr sind Versicherer und Kontrollperson gleichberechtigt, sie haben eine gemeinsame Berechtigung[12] am DSt-Vermögen. Während die Verfügung des Vorstandes der schriftlichen Zustimmung des Aufsichtführenden bedarf, kann umgekehrt dessen Verfügung immer nur unter Mitwirkung des Vorstandes wirksam werden, wobei dieser den Mitverschluß öffnen bzw. die Eintragung (Grundbuch, Schuldbuch, Depotbuch), die das Verfügungsrecht der Unternehmung begründet, aufheben muß.

II. Beauftragter

Den Treuhänder bestellt der Aufsichtsrat (§ 71 I VAG), was unbeschadet der staatlichen Genehmigung (§ 71 II) auf einen Dienstvertrag zu schließen erlauben würde[13]. Gegenstand eines solchen wäre eine Geschäftsbesorgung (§ 675 BGB) mit dem Auftrag, die Bestände des Deckungsstocks zu verwahren, Kontrollverzeichnisse zu bestätigen so-

---
[11] Dazu vgl. oben § 4 I.
[12] Über die Bestände können sie nur gemeinschaftlich verfügen. *Siebert*, Treuhand, S. 102 ff., sieht in dieser Form der Treuhandschaft eine geteilte Rechtszuständigkeit.
[13] So *Berliner-Fromm*, § 71 Anm. 1 c; *Kisch*, Recht VVaG, S. 231; *Koenige-Petersen-Wirth*, § 71 Anm. 4; *Prölss*, § 71 Anm. 3. Dagegen *Spohr*, JRPV 1934, 370; *Schmitz*, HansRGZ 1936 A 33; *v. d. Thüsen*, BankA XXXIV, 231; JRPV 1936, 146; *Lobscheid*, VersR 1956, 463.

wie solche selbst zu führen und die vorschriftsmäßige Anlage des Deckungskapitals einschließlich der fristgerechten Zuführungen zu überwachen.

1. Kein Angestellter

Diese Obliegenheiten ließen sich auf dem Wege eines privaten Dienstvertrages erfüllen. Dabei müssen wir den selbständigen Dienstvertrag vom Arbeitsverhältnis unterscheiden. Der ‚Bestallungsvertrag' käme zunächst als Anstellungsvertrag (im Sinne des § 611 BGB) in Betracht[14]. Gegen eine solche Möglichkeit steht allein schon die aufsichtsbehördliche Bestimmung, die Angestellte des Versicherers grundsätzlich von der Bestellung zum Treuhänder ausschließt[15]. In Umkehr kann daher die Aufsichtsperson nicht in die Stellung eines Angestellten[16] gebracht werden. Das Ergebnis in Gestalt eines Treuhänders, der aus einem Dienstvertrag an Weisungen der Unternehmensführung oder des Aufsichtsrates gebunden wäre, kann das Gesetz nicht gewollt haben[17]. Was mangels eines fiduziarischen Verpflichtungsvertrages vermieden ist, wäre im Wege eines Anstellungsverhältnisses erreicht. Tatsächlich herrscht unter den befragten Amtsträgern Einmütigkeit darüber, daß niemand von ihnen als Angestellter gelten kann.

2. Keine Geschäftsbesorgung

Wenn nicht als Angestellter, so wäre der DSt-Treuhänder gleichwohl mit einer Geschäftsbesorgung beauftragt denkbar, etwa wie sie die Unternehmung dem Abschlußprüfer (§ 58 I VAG) erteilt[18]. Es entstünde

---

[14] Der Gedanke daran ist insofern nicht ganz abwegig, als eine regelmäßige Anwesenheit des Th vereinbart und ihm ein Raum als eigener Arbeitsplatz angewiesen werden kann.

[15] Zur Wahrung der Unabhängigkeit sind in ständiger Übung der Aufsichtsbehörde Organe und Angestellte der VU nicht zugelassen. (Heute entgegen zur Begründung der Novelle von 1931 und der anfänglichen Aufsichtspraxis. So noch VA 1932, 112; anders bereits VA 1934, 109).

[16] Ein ‚angestellter' Th im Sinne des Arbeitsrechts müßte sich außer in wirtschaftlicher auch in einer persönlichen Abhängigkeit derart befinden, daß er den Weisungen des Auftraggebers in Bezug auf Zeit, Dauer und Art der Arbeit und *in Bezug auf die Arbeitsweise* Folge zu leisten hätte. Dazu wäre eine gewollte Einordnung mit Arbeitsauftrag und Arbeitsleitung der VU erforderlich, was insbesondere genaue Anweisungen über die Ausführung der Dienste hieße. Vgl. *Siebert*, BB 1949; 747; ArbRSlg. 5, 27; 15, 505; 27, 7; 30, 40; 31, 265; 31, 381; 34, 45; 42, 84.

[17] Einen Dienstvertrag des Th anzunehmen, zwänge geradezu zur Vermutung einer Treuepflicht gegenüber der Unternehmung. Das Gegenteil ist gewollt, wie es *v. d. Thüsen*, JRPV 1936, 146, treffend formuliert: „Das Charakteristische an der Tätigkeit des Th ist aber gerade dies, daß er bei Fehlern und Verstößen eingreifen und seine abweichende Auffassung durchstehen soll, auch wenn die Unternehmung anderer Ansicht ist. Wirklich in Erscheinung tritt der Th übrigens erst dann, wenn etwas nicht in Ordnung ist, und hier soll und muß er sich gegebenenfalls mit den Maßnahmen der Geschäftsleitung in Widerspruch setzen."

[18] Daß indes der Prüfer vom Vorstand nach Anweisung des Aufsichtsrats bestellt wird, macht eine gegenüber dem Th anders geartete Stellung deut-

ein Vertragsverhältnis, dem bei unentgeltlicher Tätigkeit ein Auftrag (§ 662 BGB), sonst ein Vertrag auf Besorgung bestimmter Geschäfte (§ 675 BGB) zugrunde läge[19]. Es hätten die Vorschriften über den Auftrag Geltung. Diesen Auftrag indes erteilt das Gesetz, nicht die Unternehmung, die zur Bestellung verpflichtet ist (§ 70 VAG).

Entgegenstehende Auffassungen sind außerdem faktisch nicht begründet: Von den befragten Treuhändern besitzen nur 7 vH einen Bestellungsvertrag[20]. In der Regel ist ein solcher nicht vorhanden und durchaus nicht üblich.

Wollte man dessen ungeachtet eine Beauftragung durch die Unternehmung nur aus dem Grunde unterstellen, weil der Aufsichtsrat den Treuhänder bestellt und ihn über den Weg der aufsichtsbehördlichen Zustimmung immerhin mittelbar beauftragt, so müßte der wie der Vorstand Berufene in gleicher Weise Geschäfte ausüben, zumindest beschränkt solche gleicher Art. Er hätte im Bereich der Vermögensverwaltung mehr als die mit den zu sichernden Deckungswerten verbundene Verwaltungsarbeit, demnach auch dispositive Verwaltungsgeschäfte zu übernehmen. Das ist weder die Absicht des Gesetzgebers noch die Vorstellung der Praxis.

Nach fast einstimmiger Auffassung (95 vH) der wegen ihrer Rechtsstellung befragten Amtsträger besitzen sie nur die Überwachung über das Deckungsvermögen ohne jede eigene Verfügungsmacht. Völlig einstimmig sind sie außerdem der Meinung, daß sie nicht über die Vermögensanlage sollen entscheiden können. Dem Wesen wie den faktischen Verhältnissen nach nimmt die Aufsichtsperson für den Deckungsstock weder unternehmerische noch Verwaltungsfunktionen des Vorstandes, sondern eigenberechtigt eine Kontrollfunktion wahr.

Fernerhin muß eine Geschäftsbesorgung[21] in Diensten des Versicherers auch deshalb verneint werden, weil der Treuhänder (entge-

---

lich. Die Regelung des § 58 II Hs. 1 VAG ergibt eine Beauftragung durch die VU, für die und als deren gesetzlicher Vertreter der Vorstand handelt und hervortritt.
[19] Ein solcher Geschäftsbesorgungsvertrag liegt immer dann vor, wenn der zur Dienstleistung Verpflichtete Ort, Zeit und Dauer seiner Tätigkeit im weitesten Umfang selbst bestimmen kann, vor allem aber in der Erledigung der ihm übertragenen Aufgaben selbständig ist. Der DSt-Th hat die ihm erteilten Befugnisse als eigene Rechte, wenn es auch der Geschäftsbetrieb einer VU notwendig mit sich bringt, die Kontrolle der DSt-Bestände und ihre Verwahrung oder Herausgabe während bestimmter Zeiten in bestimmten Räumen vorzunehmen. Letzteres beeinträchtigt die rechtliche Selbständigkeit des zu Diensten Verpflichteten keineswegs.
[20] Die Rede etwa von einem „Bestallungsvertrag" geht dabei in zweifacher Hinsicht fehl: In der Praxis mangelt es durchweg an der *schriftlichen* Vereinbarung, während für Dienstverhältnisse auf die Dauer diese Vertragsform gebräuchlich ist, und im übrigen heißt „Bestallung" Anstellung als Beamter durch Urkunde.
[21] Davon unabhängig besteht gleichwohl ein gesetzliches Schuldverhältnis zwischen Th und VU, und zwar die Verpflichtung des Th zu einer

gen dem Prüfer) seine Befugnisse nicht übertragen kann (VA 1936, 47; VerBAV 1957, 146). Seine Rechte sind höchstpersönlicher Natur. Er kann sich keines Erfüllungsgehilfen bedienen, und im Verhinderungsfalle müssen die Obliegenheiten von seinem Stellvertreter, der dieselben Rechte hat (§§ 70 I, 76 VAG), erfüllt werden.

3. Gesetzlich bestellter Treuhänder

Wenn auch die Bestellung des Aufsichtführenden die darauf gerichtete Willenserklärung des Versicherers enthält, so ist diese nicht Ausdruck eigenen Entschlusses. Das Bestellungsorgan der Versicherungsunternehmung handelt in Erfüllung einer vom Gesetz auferlegten Pflicht[22]. Schließlich erfordert die Bestellung die Genehmigung der Aufsichtsbehörde, die erteilt sein muß, bevor die zuständige organschaftliche Vertretung des Unternehmens den Treuhänder in sein Amt einsetzen kann. Diese Bedingung ist rechtserheblich, das heißt, wesentlich an der ‚Bestellung' ist die behördliche Zustimmung[23], nicht der privatrechtliche ‚Anstellungsvertrag', der, soweit überhaupt vorhanden und üblich, lediglich Arbeits- bzw. Anwesenheitszeiten[24], Vergütung[25], Vertragsdauer[26] und dergleichen Vereinbarungen im Sinne eines geregelten Dienstverkehrs regeln kann, nie aber die eigentlichen Aufgaben des Treuhänders, deren Inhalt das Gesetz zwingend vorschreibt.

---

ordentlichen Verwaltung im Rahmen seiner Befugnisse (BGH Urt. v. 24. 6. 1957 — VII ZR 310/56), wie das namentlich für Konkurs-, Zwangs-, Vergleichs-, Nachlaßverwalter und andere Pfleger gilt (§ 82 KO, § 154 ZVG, § 42 VerglO, §§ 1833, 1915, 1975 BGB). Insofern gelangt eine ihrer Natur nach ähnliche Verpflichtung zur Entstehung, wie sie die vertragliche Übernahme einer Geschäftsbesorgung verlangt (BGHZ 21, 291). Daraus ergibt sich eine Haftung des Th nach Grundsätzen des bürgerlichen Rechts, nämlich aufgrund der Tatsache, daß er verantwortlich zur Tätigkeit in fremdem Interessenkreis bestellt ist (JR 1958, 145). Diese Haftung für Pflichtverletzung gegenüber dem Vr, der an der Bestellung des Th zwar mitwirkt, bedeutet nicht notwendig das Vorhandensein eines vertraglichen Dienstverhältnisses.

[22] § 70 VAG bedeutet eine Rechtspflicht zum Handeln: „Zur Überwachung des Deckungsstocks *sind* ein Treuhänder und ein Stellvertreter für ihn zu bestellen."

[23] *v. d. Thüsen*, BankA XXXIV, 231, betrachtet diese als eine behördliche Einweisung in das Amt des Th.

[24] Diese Vereinbarung bedeutet bei weitem noch keine persönliche Abhängigkeit, die einen Arbeitnehmer kennzeichnet, aber auch keine Weisung, wie sie der Auftraggeber dem Geschäftsbesorger hinsichtlich Inhalt und Umfang seiner Tätigkeit erteilt. Vielmehr muß der Th auf den Geschäftsbetrieb der VU Rücksicht nehmen und im Rahmen der üblichen Arbeitszeit wegen Unterlagen, Belegen und Auskünften einkommen.

[25] Die Vergütung z. B. ist ebensowenig wie eine Vereinbarung, die den Th mit seinen Funktionen in den Betriebsablauf eingliedert, dazu imstande, das Wesen der Rechtsmacht des Th zu trüben. Vgl. *Schultze*, Treuhänder, S. 3.

[26] Das häufig nicht einmal. In fast allen Befragungsfällen (95 vH) enthält die Mitteilung des Vr, die dem Th in der Regel anstelle eines Vertrages zugeht, keine Amtsdauer, auch keine Weisung, wie sie ein Auftraggeber üblicherweise dem Geschäftsbesorger hinsichtlich Inhalt und Umfang seiner Tätigkeit erteilt.

Abschließend wäre noch das häufig vorgebrachte Argument zu prüfen, die Vergütung der Unternehmung begründe einen Dienstvertrag. Die entgeltliche Tätigkeit der Aufsichtsperson zu Lasten des Versicherers zwingt keineswegs zu der Folgerung einer rechtsgeschäftlichen Beziehung. Auch in dieser Hinsicht steht der Annahme eines Dienstvertrages entgegen:

a) Vergleichbare Aufsichtspersonen werden ebenfalls aus dem Deckungsstock vergütet[27]. So erhalten z. B. der Konkurs- und der Zwangsverwalter ihr Entgelt aus dem verwalteten Vermögen; den gleichen Anspruch hat der Testamentsvollstrecker.

b) Offensichtlich wird die Vergütung der Kontrollperson zunächst aus dem Vermögen der Versicherungsunternehmung getragen, die das Eigentum am Deckungsstock hat. Aber die Forderungsrechte der Versicherten (Anwartschaften), denen während ihrer Laufzeit zinsbringend angelegte DSt-Bestände gegenüberstehen, werden mit Verwaltungskosten anteilig belastet, wozu auch die Vergütung des Treuhänders gehört. Auf diese Weise sind dem Sondervermögen Verwaltungskosten zugerechnet, und im Ergebnis wird die Aufsichtsperson gleich den unter a) Genannten aus der Deckungsmasse entgolten.

c) Selbst der Einwand, der Treuhänder werde aus dem Deckungsstock nicht erkennbar vergütet und zunächst aus dem allgemeinen Verwaltungsetat getragen, ließe sich mit dem Hinweis entkräften, daß mangels Dienstvertrags ein Amt (vgl. § 71 III VAG) verwaltet wird, nämlich das einer besonderen Aufsichtsperson, wie es ein Vergleich mit Konkurs-, Vergleichs- oder Zwangsverwalter zuläßt, und daß im besonderen die Aufwendungen für die gesetzliche Aufsicht gemeinhin den beaufsichtigten Unternehmungen in Form von Gebühren auferlegt sind[28]. Die Vergütung für den DSt-Treuhänder kann als eine Art Gebühr gelten[29].

III. Gesetzlicher Vertreter

In den Geschäftsberichten etlicher Lebens-, Kranken- und Unfallversicherer werden der Treuhänder und sein Stellvertreter gemeinsam mit den Unternehmensorganen (Vorstand, Aufsichtsrat, Mitgliederver-

---

[27] Vgl. NJW 1952, 1022; WPJahrb. 1954, 1209. Dabei kann nicht ausschlaggebend sein, daß meist die Aufsichtsbehörde, z. B. das Konkursgericht, die Höhe der Vergütung festsetzt, während diese beim VAG-Th einer Vereinbarung mit der VU anheimgestellt ist. Der Th kann übrigens das BAV um Feststellung eines angemessenen Entgelts ersuchen.
[28] Neun Zehntel der Abgaben an das Bundesaufsichtsamt für das Versicherungs- und Bausparwesen haben die beaufsichtigten Unternehmungen nach Maßgabe ihrer Prämieneinnahmen aufzubringen (§ 101 I, II VAG).
[29] Diese Auffassung wird noch näher zu begründen sein. Vgl. unten § 8 III 2 b.

tretung bei VVaG) aufgeführt und diesen gleichsam zugeordnet[30]. Vereinzelt hat die versicherungsrechtliche Literatur dem Aufsichtführenden die Eigenschaft eines „weiteren notwendigen Organs" speziell für die Lebensversicherung zuerkannt[31], jedoch ohne nähere Begründung. Wir wollen auch diese Ansicht einer Prüfung unterziehen.

1. Kein Organ der Versicherungsunternehmung

Man muß verneinen, daß die Kontrollperson, die vom Aufsichtsrat bestimmt und auf dem Beschußwege gleichsam wie das Vertretungsorgan Vorstand gewählt wird, deshalb eine diesem ähnliche Rechtsstellung bezieht[32]. Doch verbleibt die systematische Stellung im Gesetz, das die Vorschriften über die Treuhandschaft dem IV. Abschnitt „Geschäftsführung der Versicherungsunternehmen" zuordnet (§§ 54 ff. VAG)[32a] und die Beaufsichtigung der Unternehmung darauf folgend im V. Abschnitt (§§ 81 ff. VAG) regelt.

Gleichwohl sprechen gewichtige Argumente gegen eine Organschaft:
a) Die Satzung bzw. der Gesellschaftsvertrag privater Versicherungsunternehmungen enthält das Institut des DSt-Treuhänders nicht[33]. Ausschließlich die Satzung aber bestimmt die verfassungsmäßigen Organe (§ 29 VAG; §§ 16 III, 32 II, 92 I, 103 I AktG).
b) Der Treuhänder müßte für die Unternehmung verbindlich handeln und ohne Mitwirkung des Vorstandes über den Deckungsstock verfügen können. Es fehlt ihm jedoch jegliche Vertretungsmacht, und die Deckungswerte verwahrt er stets unter Mitverschluß der Unternehmung.
c) Wäre die Aufsichtsperson körperschaftliches Organ, so müßte sie aus der Delikthaftung befreit sein (§§ 278, 31, 89 BGB)[34]. Statt dessen haftet sie ausdrücklich für jede schuldhafte Verletzung ihrer Pflichten (§ 138 VAG, § 823 II BGB)[35].

---

[30] Ausdrücklich als Verwaltungsorgane bezeichnen den Th beispielsweise: Alte Leipziger Lebensversicherung aG, Central Krankenversicherung AG, Concordia Feuerversicherung a. G., Deutsche Lloyd Lebensversicherung AG, Gilde Deutsche Versicherungs-AG, Gothaer Allgemeine Versicherung AG, Iduna-Germania Allgemeine Versicherungs-AG, Landeskrankenhilfe VVaG, Leipziger Verein Barmenia Krankenversicherung a. G., Nothilfe Krankenversicherungsverein, Rheinland Feuerversicherungs-AG, Signal Unfallversicherungsverein, Witwen- und Waisenkasse Lebensversicherungsanstalt a. G.
[31] *David*, ZVersWiss 1936, 62; *v. Gierke*, Bd. II, S. 26, 62, nennt außerdem den Prüfer.
[32] Ebensowenig kann der gleichfalls dort genannte und vom Aufsichtsrat bestimmte Prüfer (§ 58 I VAG) Organ im Sinne des Korporationsrechts sein.
[32a] Vgl. auch unten § 11 I 3.
[33] Ausgenommen öffentlich-rechtliche VUen, die auf diesem Wege den für sie nicht vorgeschriebenen DSt-Th fakultativ einsetzen.
[34] Die juristische Person handelt durch ihre Organe, deren Handlungen innerhalb der ihnen zustehenden Verrichtungen als Handlungen der juristischen Person selbst gelten; diese haftet wie die natürliche Person aus eigenem Willen.
[35] Diese Verschuldenshaftung schließt gleichermaßen einen Dienstvertrag des Th aus und ergänzt die Argumente unter II 1.

2. Keine gesetzliche Vertretung

Im übrigen bedeuten Verwahrung und Kontrolle der DSt-Bestände keine Verwaltung im Sinne von Verfügungsrechten, wie sie einer organschaftlichen Vertretung eigen sind.

Organschaft könnte nur noch — und das zudem bedingt[36] — bei einem öffentlich-rechtlichen Treuhänder mit Geschäftsführungsbefugnissen unterstellt werden, dem sogenannten „geschäftsführenden Treuhänder", wie ihn vergleichsweise[37] das MRG 52 vom beaufsichtigenden Treuhänder unterscheidet. Doch selbst die behördlich (z. B. von der Militärregierung) eingesetzte Aufsichtsperson für die Vermögenskontrolle gilt nicht als gesetzlicher Vertreter[38], sondern als Verwalter fremden Eigentums kraft Amtes[39]. Auch entsteht keine dem Pfleger vergleichbare Stellung.

Nach alledem kommt eine gesetzliche Vertretung des Versicherers durch den DSt-Treuhänder nicht in Betracht. Wohl sieht das VAG eine solche Vertretung durch behördliche Einsetzung einer *besonderen Aufsichtsperson* vor, ausgestattet mit allen Rechten und Befugnissen eines Organs der Unternehmung, doch in Gestalt des Sonderbeauftragten (Art. 3 DVO/VAG)[40].

IV. Gesetzliches Schuldverhältnis

Demgegenüber kennzeichnet die Rechtsstellung des DSt-Treuhänders zum Versicherungsunternehmen ein gesetzliches Schuldverhältnis. Dieses ergibt sich aus der Haftung des gesetzlich Beauftragten gegenüber dem Vermögensinhaber[41]. Die von uns befragten Treuhänder stehen in der Mehrheit (79 vH) auf dem Standpunkt, daß sie bei unberechtigter Herausgabe von DSt-Beständen, wollte der Vorstand das verlangen, zum Schadenersatz verpflichtet sind. Ihre Haftung beschränkt sich zum anderen keineswegs auf eine solche gegenüber den Versicher-

---

[36] Nur bei ausdrücklich eingeräumter Verfügungsbefugnis; indes strittig. Vgl. dazu: Rechte und Pflichten der Th und Abschlußprüfer, S. 11 ff.
[37] Näheres zum Th nach MRG Nr. 52 vgl. unten § 8 II 1 a.
[38] BGHZ 12, 380 u. 386; 21, 285 u. 291; BGH Urt. NJW 1954, 918; 1955, 339.
[39] Vgl. BGH Urt. v. 16. 2. 54 — VZR 135, 52; BGH Urt. v. 24. 6. 57, JR 1958, 145.
[40] Vgl. dazu unten § 9 I 3.
[41] Die rechtliche Grundlage indessen ist sehr umstritten. Unterschiedliche Rechtsprechung und Lehrmeinungen hierzu z. B. OLG Kiel Urt. BB 1947, 350; OLG München Urt. SJZ 1950, 906; OLG Ffm. Urt. NJW 1953, 548; *Becker*, DRZ 1950, 101; *Dölle-Zweigert*, Komm. MRG 52, S. 223; *Heiland*, DRZ 1950, 102; *Michael*, Öffentliche Treuhand, S. 29; *Palandt*, Einf. v. § 164 Anm. 3; WP Handb. 1959, 1396.

ten. Vielmehr können auch umgekehrt, wie die Befragung des weiteren bestätigt (72 vH), aus einer unbefugten Zurückhaltung von Deckungswerten Forderungen der Versicherungsunternehmung gegen den Aufsichtführenden entstehen.

1. Die Verantwortlichkeit des DSt-Treuhänders

Zunächst hat der DSt-Treuhänder jedes schuldhafte Verhalten zum Nachteil der Versicherten (§ 138 VAG) zu vertreten[42], d. h. jede Handlung oder Unterlassung, die wider die Bestimmungen der §§ 72, 73 VAG oder gegen die gemäß § 72 I Hs. 2 VAG erlassenen Vorschriften des Bundesaufsichtsamtes verstößt. Das gilt immer schon dann, wenn infolgedessen der Vorstand gesetzwidrig über den Deckungsstock mit dem Ergebnis hat verfügen können, daß dadurch Deckungswerte entgegen § 77 I VAG entsichert werden oder die Versicherten ihr Konkursvorrecht aus § 77 IV VAG einbüßen[43]. Gegenüber der Unternehmung muß eine Delikthaftung des Aufsichtführenden indessen abgelehnt werden, als sondergesetzlich lediglich die Vermögensgefährdung zu Lasten der Versicherten geschützt ist, gemäß § 823 I BGB nicht aber das Betriebsvermögen. Nur bei vorsätzlicher Amtspflichtverletzung (etwa § 139 II VAG) hat die Unternehmung einen Deliktanspruch (§ 826 BGB). Jeder sonstige schuldrechtliche Anspruch setzt voraus, daß ein gesetzliches Schuldverhältnis unterstellt werden kann.

Hier hilft die Analogie zu Kontrollpersonen, die ihrem Wesen nach dem DSt-Treuhänder ähnlich sind.

2. Vergleich mit anderen Kontrollpersonen

Grundsätzlich haften öffentlich bestellte Vermögensverwalter auch dem Vermögensinhaber, nicht nur dem staatlichen Auftraggeber[44] für die sorgfältige und gewissenhafte Ausführung der ihm obliegenden Verrichtung nach der Grundregel des § 276 BGB. Statt aus Vertrag ist die Amtsperson Schuldner eines gesetzlichen Schuldverhältnisses. Wo das Gesetz diese Haftung im einzelnen nicht ausdrücklich bestimmt und

---

[42] Die Versicherten können sich auf § 823 II BGB i. V. m. §§ 138, 72, 73 VAG berufen, weiterhin auf § 266 StGB und § 139 II VAG, die als Schutzgesetze zu betrachten sind.
[43] Vgl. *Prölss*, Anm. 5 zu § 71, Anm. 1 zu § 138; *Koenige-Petersen-Wirth*, Anm. 6 c zu § 71. Es liegt ein Sonderfall gegenüber der strafrechtlichen Untreue vor mit dem Tatbestand einer verschärften Verantwortlichkeit des DSt-Th.
[44] Soweit der Th gegenüber der Aufsichtsbehörde pflichtmäßig handelt, entfällt seine Haftung gegenüber dem Vermögensinhaber. Vgl. OLG Ffm. Urt. NJW 1953, 548. Dagegen bedeutet etwa die aufsichtsbehördliche Genehmigung eines Rechtsgeschäfts keine Anweisung an den Vermögensverwalter, sondern erschöpft sich in der bloßen Befugnis, das behördlich gebilligte Geschäft unter eigener Verantwortung abzuschließen. Vgl. OLG München Urt. Bayr. JMBl. 1955, 58.

IV. Gesetzliches Schuldverhältnis

auch kein Treuhandvertrag vorliegt, wird die Rechtsübertragung an den Sachwalter nach den Regeln des Auftrages (§ 662 ff. BGB) zu beurteilen sein.

Nach der Rechtsprechung handelte beispielsweise der Treuhänder nach MRG 52 zwar kraft Amtes und ohne den Willen, für den Eigentümer tätig zu werden, und war diesem gleichwohl zum Schadenersatz wie ein Beauftragter verpflichtet, wenn er die ihm obliegenden Pflichten schuldhaft (Art. III Nr. 4a Abs. 2) verletzte. Das gleiche galt sinngemäß für sonstige, außerhalb des MRG 52 bestellte Verwaltungsbeauftragte der Besatzungsmacht[45].

Solche öffentlichen Kontrollpersonen üben die ihnen übertragenen Verfügungs- und Verwaltungsbefugnisse kraft ihres Amtes und im eigenen Namen aus. Doch für das Innenverhältnis zum Vermögensinhaber kommt es darauf nicht an. Entscheidend ist hier nur, daß der Sachwalter das Eigentumsrecht des Eigentümers hinsichtlich der Verfügungsmacht beschränkt und insofern Rechte des Vermögensinhabers verwaltet bzw. Herrschaftsrechte wahrnimmt, die diesem nach Fortfall der Ausübungsschranke wieder vollauf zustehen. Der Eigentümer behält seine Stellung als Rechtsträger; seine Rechte werden ihm durch die Einsetzung einer Amtsperson, die das Vermögen kontrolliert oder sämtliche Eigentumsrechte zu einem verwalteten Vermögen zusammenfaßt, nicht entzogen[46].

Eine aus diesem Sachverhalt begründete Haftung des Vermögensverwalters gegenüber dem Eigentümer gilt namentlich für Zwangs-, Konkurs- und Vergleichsverwalter (§ 154 ZVG, § 82 KO, § 42 VerglO), weiterhin für den Nachlaßverwalter. Zugrunde liegt eine öffentlichrechtliche Beschlagnahme, die für die Dauer der Zwangsverwaltung und des Konkurses das Herrschaftsrecht des Eigentümers einer Beschränkung unterwirft, es indessen nicht aufhebt[47]. Das verpflichtet den Vermögensverwalter bzw. die Kontrollperson, die übertragenen Rechte nie entgegen der Substanzerhaltung und Ertragsförderung einzusetzen, die Sinn und Zweck des Eigentums sind und insoweit stets dem Eigentümerinteresse entsprechen.

Beispielsweise der Zwangsverwalter hat das Recht und die Pflicht, vergleichbar anderen öffentlichen Verwaltern alle erforderlichen Maßnahmen zu treffen, um das Grundstück in seinem wirtschaftlichen Bestande zu sichern und eine ordnungsmäßige Nutzung zu gewährleisten. Für die Erfüllung der ihm obliegenden Verpflichtungen ist er allen Beteiligten, demnach auch dem Grundstückseigentümer, verpflichtet. Der

---

[45] OLG Celle Urt. NJW 1954, 368 = NdsRpfl 1954, 104; BB 1954, 117; Betrieb 1954, 41; GWW 1954, 74 L; HW 1954, 91.
[46] BGH Urt. JR 1958, 145.
[47] Vgl. v. *Spreckelsen*, Begriff, S. 56 ff. 91, 93; *Hirsch*, Übertragung, S. 30 ff., 171 ff.

Konkursverwalter ist nach herrschender Meinung ein mit selbständigen Befugnissen ausgestatteter Treuhänder, der nicht nur das Interesse sämtlicher Konkursgläubiger, sondern auch das des Gemeinschuldners wahrzunehmen hat und demgemäß auch ihm für die gewissenhafte und ordnungsgemäße Erfüllung der Amtspflichten verantwortlich ist. Gleichermaßen hat der Vergleichsverwalter, der die wirtschaftlichen Verhältnisse sowie Geschäfts- und Lebensführung des Schuldners zu prüfen hat, diesem wie alle übrigen Beteiligten gegenüber die sorgfältige Erfüllung seiner Amtspflichten zu verantworten. Der Nachlaßverwalter hat in weitgehender Anpassung an das Konkursrecht und dem Zweck einer jeden Zwangsvollstreckung gemäß die Gläubiger zu befriedigen und die Nachlaßverbindlichkeit des Privatvermögens des Erben zu regeln. Auch er ist ein amtliches Organ und kein Vertreter, in diesem Falle der Erben (RGZ 150, 190). Der Verwalter haftet den Nachlaßgläubigern unmittelbar wie ein Beauftragter (§ 1978 I BGB) für jeden Schaden, der durch eine schuldhafte Pflichtverletzung (§ 1985 II BGB) entsteht[48], und aus der gesetzlich durch die Bestellung geschaffenen Rechtsbeziehung gleichfalls den Erben für Verschulden.

In den angeführten Haftungsbestimmungen findet folgende Regel ihren Niederschlag: „Es ist ein Grundsatz des deutschen Rechts, daß ein durch Hoheitsakt bestellter Verwalter fremden Vermögens auch gegenüber dem Inhaber des Vermögens zu einer ordentlichen Verwaltung verpflichtet ist und für die schuldhafte Verletzung dieser Verpflichtung dem Inhaber des Vermögens haftet" (BGH Urt. JR 1958, 145). Im besonderen erkennen landesgesetzliche Vorschriften[49] die Haftung öffentlicher Verwalter gegenüber dem Vermögensinhaber ausdrücklich an[50].

Die Tatsachen sprechen dafür, daß, wo weder eine staatliche noch eine vertragliche Haftung für Versäumnisse und Schäden aus der Amtsführung der behördlich eingesetzten Aufsichtsperson eintritt und der Geschädigte seiner Rechte nicht verlustig gehen soll, ein gesetzliches Schuldverhältnis vorauszusetzen ist.

---

[48] KG Urt. DJZ 1950, 652; *Erman*, Komm. 2. Aufl., Anm. 3 zu § 1958 BGB; *Weimar*, VP 1958, 104.

[49] Bayern: G Nr. 47 v. 19. 6. 1947 (GVBl. S. 143) §§ 5 II, 12; Bremen: G v. 25. 10. 1948 (GBl. S. 195) § 11; Württbg.-Baden: G v. 4. 3. 1948 (RegBl. S. 89) § 5 I i. V. m. §§ 1915 I, 1833 BGB.

[50] Daß derartige landesgesetzliche Vorschriften geschaffen worden sind, rechtfertigt keineswegs den Schluß, daß zur Begründung einer Haftung des Vermögensverwalters erforderlich gewesen seien und daß dort, wo solche Vorschriften fehlen, eine Haftung, abgesehen von den Bestimmungen über unerlaubte Handlungen, nicht bestehe. Diese Gesetze haben die Haftung nicht erst geschaffen, sondern nur klargestellt. BGH Urt. JR 1958, 144.

§ 7. Analogie zum privatrechtlichen Amt

Gewisse Schwierigkeiten für die Beurteilung dessen, welche Amtseigenschaft dem DSt-Treuhänder eigentlich zufällt, ergeben sich wohl daraus, daß bei öffentlich bestellten Kontrollpersonen in nicht wenigen Fällen ähnliche Verpflichtungen gegenüber dem Vermögensinhaber erzeugt werden, wie sie bei der vertraglichen Übernahme einer Geschäftsbesorgung entstehen (BGHZ 21, 285 u. 291). Wir haben im vorstehenden etliche Beispiele angeführt. Eine solche Verantwortlichkeit der Amtsperson selbst kann unter Umständen aus den Vorschriften des Auftrags (§§ 675, 662 BGB)[1] bzw. aus einem Geschäftsbesorgungsverhältnis[2] abgeleitet werden[3].

I. Bedingte Privatamtsmerkmale

Dieser Sachverhalt könnte prima facie geeignet erscheinen, jene Auffassung zu stützen, die geneigt ist, zwischen Aufsichtführenden nach VAG und Versicherungsunternehmen ein Geschäftsbesorgungsverhältnis zu vermuten.

1. Obrigkeitliche Bestellung

Amtliche Bestellung schließt denn auch eine Geschäftsbesorgung in der Regel nicht aus (BGHZ 24, 393). Das wäre bei der Amtsperson für den Deckungsstock um so weniger anzunehmen, als diese unter Mitwirkung der Unternehmung bestellt wird. So ist auch zu verstehen, daß die befragten Treuhänder immerhin dem Willen des für die Bestellung zuständigen Unternehmensorgans gegenüber der aufsichtsbehördlichen Zustimmung maßgebliche Bedeutung beimessen[4]. Gleichwohl besteht unter den Befragten geteilte Meinung insofern, als bei einer Stimmenthaltung sich die eine Hälfte als Geschäftsbesorger im entgeltlichen Auftrag der Unternehmung betrachtet, genau die andere Hälfte dagegen nicht.

---
[1] BGH Urt. NJW 1952, 931.
[2] BGH Urt. NJW 1957, 1361.
[3] Das gilt insbesondere dann, wenn eine über die Sorgfaltspflicht bei der Auswahl und Überwachung des behördlich eingesetzten Sachwalters hinausgehende Haftung des Staates fraglich erscheint. BGH Urt. NJW 1955, 142; Urt. NJW 1955, 986.
[4] Nach Ansicht von 84 vH der Befragten werden die Th-Rechte nicht durch staatlichen Verwaltungsakt empfangen, sondern nach Meinung von 93 vH begründet erst die Bestellung durch die VU die gesetzliche Thschaft.

Sicherlich kann nicht geleugnet werden, daß auch der Unternehmung an einer ordnungsmäßigen Verwaltung des Sondervermögens und der Tätigkeit des Aufsichtführenden gelegen ist, weil davon Aufrechterhaltung und Fortbestand des Geschäftsbetriebs maßgeblich abhängen[5]. Gleichwohl stimmt es uns bedenklich[6], entscheidend darauf die rechtliche Zuordnung des DSt-Treuhänders abzustellen, der im übrigen Geschäfte einer Vermögensverwaltung stets nur mittelbar und beschränkt besorgt. Vielmehr sollte allemal beachtet werden, daß de facto in jeder Befugnis dieser Aufsichtsperson das öffentliche Interesse durchschlägt und sich zumindest gleichwertig neben das private Interesse des Versicherers stellt und die Staats- und die Unternehmensinteressen einander zugunsten der Versicherten darin entsprechen[7], daß die Tätigkeit einer Amtsperson für das Deckungskapital das Vertrauen in die Solidität und Leistungsfähigkeit jeder einzelnen Versicherungsunternehmung und damit in das gesamte Versicherungswesen festigt.

2. Fürsorge für privates Vermögen

Freilich muß zugestanden werden, daß es keineswegs notwendig ein öffentliches Amt bedeutet, wenn privates Vermögen durch Kontrollpersonen beaufsichtigt oder verwaltet wird, die von Gesetzes wegen einzusetzen sind und behördlich oder gerichtlich bestellt und ihrerseits staatlich beaufsichtigt werden. Wieder erleichtert uns ein Vergleich mit verschiedenen öffentlich-rechtlichen Aufsichtspersonen die rechtliche Beurteilung.

Das Verhältnis einer Geschäftsbesorgung gegenüber dem Vermögensinhaber ist für die Kontrollperson nach MRG 52 positiv entschieden[8]. Als behördlich bestellter Verwalter ist sie gleichzusetzen mit Testamentvollstrecker[9], Nachlaß-, Konkurs-, Vergleichs- und Zwangsver-

---

[5] Vgl. z. B. *Ehrlichmann*, a. a. O., S. 6, 12, 15, 17; *David*, ZVersWiss 1936, 59: Dem Unternehmen kommt eine sorgsame Handhabung der Vermögensverwaltung eines bestimmten Bereiches unter Kontrolle einer Amtsperson schon deswegen zugute, weil betriebseigene Institutionen bereits vom psychologischen Standpunkt aus nicht mit gleichem Erfolg eingesetzt werden könnten.

[6] Schon aus den oben § 6 II 2 ausgeführten Erwägungen halten wir ein Geschäftsbesorgungsverhältnis gegenüber der Unternehmung für bedenklich.

[7] Wenn die befragten Th ihrer Tätigkeit auch eine Geschäftsbesorgung zugrunde legen, indem sie mit 77 vH eine Interessenswahrung für die Unternehmung bejahen, so gelten ihnen im Vergleich dazu die Interessen der Vten immerhin als bedeutsamer, die 90 vH der Befragten gewahrt wissen wollen.

[8] Vgl. oben § 6 III 2, Anm. 38. BGH Urt. JR 1958, 145; BGHZ 24, 339; NJW 1957, 1361; LM Nr. 4 Art. III MRG 52; MDR 1957, 734; BB 1957, 877 L; Betrieb 1957, 917; KTS 1957, 186;VersR 1956, 717 L; WM IV B 57, 1002; ZMR 1957, 349. Dieses zivilrechtliche Geschäftsbesorgungsverhältnis ergibt die Verschuldenshaftung des Th nach Grundsätzen des bürgerlichen Rechts. Vgl. insb. BGH Urt. v. 24. 6. 1957 — VII ZR 241/56, WM IV B 57, 1313.

[9] BGH Urt. NJW 1955, 339 = BB 1955, 10; BB 1956, 63; OLG Celle Urt. NJW 1954, 368 = BB 1954, 117.

I. Bedingte Privatamtsmerkmale

walter[10], die nach herrschender Lehre alle aus Quasi-Auftrag haften[11]. Gleiches gilt für andere amtlich zur Vermögenskontrolle eingesetzte Treuhänder, wie z. B. nach bayerischem[12] und hessischem[13] Th-Gesetz, AHK-Gesetz Nr. 27[14], Aufwertungsgesetz[15] und die Treuhandschaft für NSDAP-Vermögen. Viele dieser Sachwalter üben die ihnen übertragene Verfügungs- und Verwaltungsbefugnis kraft privaten Amtes aus[16].

Es erhebt sich die Frage, ob demgegenüber der DSt-Treuhänder sich grundsätzlich abhebt und eine besondere Rechtsfigur ergibt. Hilfestellung leistet hier die Argumentation für den privatrechtlichen Amtscharakter der genannten öffentlich bestellten Treuhänder, die wie folgt lautet: Die den öffentlichen Sachwaltern eingeräumte Kontrolle dient in erster Linie der Fürsorge eines privaten Vermögens, das letztlich dem Eigentümer rückerstattet und wieder seiner vollen Verfügungsmacht überantwortet wird. Den Aufsichtspersonen werden keine Rechte gewährt, die neben einer Vermögensfürsorge zugunsten des Eigentümers liegen[17], etwa allein im Interesse des Staates. Es ist nicht richtig zu meinen, eine Vermögenssperre oder die Einsetzung einer öffentlich-rechtlichen Kontrollperson richte sich in jedem Falle gegen den Vermögensinhaber[18].

In der Tat hat jeder dieser Treuhänder, wie Gesetz oder Rechtsprechung deutlich werden lassen, für die pflegliche Behandlung des verwalteten Vermögens Sorge zu tragen und weitgehend Rücksicht auf die Belange des Eigentümers zu nehmen (es wäre denn, dem Sachwalter werden behördliche Weisungen erteilt, die vollkommen den öffentlichen Interessen entgegen den Belangen des Eigentümers bindend den Vorrang verschaffen).

Immerhin obliegt auch dem DSt-Treuhänder letzten Endes die Fürsorge für privates Vermögen, wenn auch das öffentliche Interesse an

---

[10] BGHZ 12, 380; BGHZ 21, 285 u. 291; BGH Urt. BB 1956, 53; KG Urt. JR 1950, 536; KG Urt. BB 1954, 518 L; OLG München Urt. NJW 1947, 48 u. 479 (Dankelmann); OLG Celle Urt. NJW 1954, 368; KG Urt. JR 1955, 420; *Leiss*, NJW 1955, 986; NJW 1956, 1181. LG Heidelberg Urt. NJW 1952, 1022.
[11] Die Folgerung indessen, daß deswegen in jedem Falle ein privates Amt vorliegen müsse, ist nicht zulässig. Vgl. unten § 11 II 1.
[12] Vgl. BB 1947, 283; OVA v. 24. 4. 1947, SV 1947, 150.
[13] Vgl. BB 1950, 607.
[14] Vgl. *Flume*, Betrieb Nr. 3 1952, 55.
[15] Vgl. *Berliner*, VuG 1926, 35.
[16] Vgl. BGH Urt. JR 1958, 145; BGHZ 12, 380 u. 386; BGH Urt. NJW 1955, 339; BGHZ 21, 285 u. 291; NJW 1956, 1958; BGH Urt. v. 26. 2. 1954 — V ZR 135/52, NJW 1954, 918; OGH Urt. v. 10. 2. 1949 — I ZS 84/48, OGHZ 2, 1 = NJW 1949, 546; LG Mannheim v. 15. 7. 1952 — 2 O 94/52, BB 1953, 76; KG Urt. v. 29. 1. 1949 — 3U 331/48, JR 1950, 536.
[17] Vgl. LAG Berlin Urt. v. 10. 12. 1951 — I 381/51, HW 1952, 273.
[18] So nicht einmal notwendig bei Vermögenssperre wegen politischer Belastung.

einer funktionsfähigen Versicherungswirtschaft hinzukommt. Privatversicherung im Gegensatz zur Sozialversicherung heißt, daß eigenverantwortliche Vorsorge betrieben wird, ohne hoheitlichen Zwang und staatlichen Beitrag. Demnach kann hier nur privates Vermögen Gegenstand staatlicher Fürsorge und gesetzlicher Treuhandschaft gemäß Aufsichtsgesetz sein.

Wir sind deswegen gehalten, die Eigenart des Privatamtes in diesem Zusammenhang vollauf zu berücksichtigen. Denn nicht schon deshalb stellt sich die Tätigkeit eines gesetzlichen Treuhänders als die eines öffentlichen Amtes dar, weil sie irgendwelcher Einwirkung seitens des Staates unterliegt[19]. Allein hoheitliche Bestellung mit der Folge einer Verschuldenshaftung des Aufsichtführenden gegenüber dem Inhaber des kontrollierten Vermögens bringt zunächst einmal ein

3. Amt privatrechtlicher Natur

zur Entstehung (BGHZ 24, 339). In dieser Hinsicht könnte durchaus auch von einer privatrechtlichen Tätigkeit des DSt-Treuhänders gesprochen werden[20]. Verschiedenen Amtspersonen ähnlich, die der Sicherung und Abwicklung von Gläubigeransprüchen zu dienen und dabei das Interesse aller Beteiligten wahrzunehmen haben, vertritt der Aufsichtführende für den Deckungsstock in erster Linie Interessen bestimmter Personenkreise, nämlich der Gläubiger in bezug auf das Sondervermögen, und erst mittelbar Gemeininteressen. Somit wäre die Analogie zu Testamentsvollstrecker, Nachlaß-, Konkurs-, Vergleichs- u. Zwangsverwalter[21] zulässig. Gleichermaßen haben zahlreiche andere Treuhänder öffentlichen Rechts, soweit die Kontrolle und Beschlagnahme von Vermögen in Betracht kommt, Ähnlichkeit mit den zivilrechtlichen Amtspersonen einer Vermögensverwaltung. Auch ihnen ist, wie festzustellen war, trotz Wahrnehmung betont öffentlicher Interessen das Wesen eines privatrechtlichen Amtes eigen, zumindest dominierend[22].

---

[19] Vgl. *Jellinek*, HDStR Bd. II, S. 26.
[20] Vgl. *Arnold*, VerBAV 1954, 173, in Anlehnung an *Berliner-Fromm*, 3. Aufl., Anm. 1 c zu § 71; ähnlich *David*, a. a. O., S. 66.
[21] Vgl. z. B. *Ehrlichmann*, a. a. O., S. 26; *Gunz*, Treuhänder, S. 123; *Nord*, Treuhänder, S. 36; *Spohr*, a. a. O., S. 371; *v. d. Thüsen*, BankA XXXIV, 230. Insbesondere *v. d. Thüsen* führt dazu aus, daß bei dieser Betrachtungsweise die Argumente, die für ein öffentliches Amt sprechen, zurücktreten, wenn auch nicht zu verkennen sei, daß der DSt-Th mittelbar allgemeinwirtschaftliche und damit öffentliche Belange wahrnimmt.
[22] Sogar der Th für beschlagnahmtes Vermögen nach WStrVO § 24 I AusfBest. ähnelt nach Auffassung des Obersten Gerichts der DDR weitgehend der Stellung des Konkursverwalters im Sinne eines privaten Amtes. Vgl. OG Urt. v. 15. 11. 1950, NJ 1951, 88; *Klar*, NJ 1954, 50; NJ 1954, 197. An anderer Stelle wird ein Geschäftsbesorgungsverhältnis dahingehend anerkannt, daß §§ 164 ff. BGB auf die verwaltungsrechtliche Thschaft anzuwenden seien. OG Urt. v. 19. 3. 1952 — i Zz 117/51, NJ 1952, 227.

I. Bedingte Privatamtsmerkmale

Zur Prüfung dieser Auffassung seien zusammenfassend sämtliche Merkmale aufgezählt[23], die ein *privat*rechtliches Amt als solches kennzeichnen: Dieses vom öffentlichen Amt zu unterscheidende Rechtsinstitut hat eine (1) aufgrund gesetzlicher Ermächtigung und (2) meist auf öffentlichem Beschlagnahmerecht beruhende (3) Verwaltung eines (4) Sondervermögens zum Gegenstand, wobei (5) der öffentlich bestellte Verwalter (6) einer besonderen strafrechtlichen Verantwortlichkeit sowie (7) eigenverantwortlich der Verschuldenshaftung gegenüber dem Vermögensinhaber und dabei (8) hinsichtlich seiner Obliegenheiten einer hoheitlichen Entscheidungsgewalt untersteht. Die (9) ausdrücklich als „Amt" bezeichnete Tätigkeit ist (10) in öffentliche und zu Zwecken des Interessenschutzes errichtete Register einzutragen und wird (11) stets uneigennützig und unparteiisch (12) im Interesse mehrerer am Sondervermögen Beteiligter ausgeübt; sie stellt (13) ein Herrschaftsrecht in tatsächlicher und rechtlicher Hinsicht dar (14) mit Prozeßbefugnis der Amtsperson und (15) Wirkung ihrer auf das Sondervermögen bezogenen Rechtsgeschäfte für und wider den Grundberechtigten. Dem absoluten Herrschaftsrecht der Amtsperson, das dieser (16) einen Herausgabeanspruch gegen jeden Dritten und sogar gegen den Grundberechtigten einräumt, entspricht (17) ein Herrschaftsverlust des Grundberechtigten in einer ihm gegenüber errichteten Ausübungsschranke. Diese hindert z. B. den Eigentümer an der tatsächlichen und rechtlichen Ausübung seiner Rechtsmacht über das Sondervermögen[24].

Diese Aufzählung läßt bereits in Verbindung mit dem vorstehend unter §§ 4, 6 III Gesagten erkennen, daß manches auf den DSt-Treuhänder *nicht zutrifft*, weil er entweder maßgeblicher Merkmale völlig entbehrt oder andere nicht in gleicher Weise aufweist[25].

Schließlich muß, wie schon angedeutet, ein nicht geringes öffentliches Interesse an der Bestandssicherung des Deckungsvermögens privater Unternehmungen der Personenversicherung zugestanden werden[26]. Für die Rechtsstellung der Amtsperson dürfte ausschlaggebend sein, wie weit das eine oder das andere Interesse, die private oder die öffentliche Schutzfunktion in den Vordergrund rückt. Sichtlich zeichnen sich Ten-

---

[23] Zum folgenden vgl. *v. Spreckelsen*, Begriff, S. 95 ff.
[24] Der Grundberechtigte kann auf das der amtlichen Verwaltung unterworfene Sondergut tatsächlich nicht einwirken (z. B. Besitz ergreifen oder überlassen) und Rechtsgeschäfte nicht vornehmen (sondern es verpflichtet ihn die Amtsperson rechtsgeschäftlich oder gemäß § 278 BGB) sowie über zum Sondergut gehörende Rechte vollwirksam nicht verfügen.
[25] Weiteres dazu sei unten § 9 II, III (Analogie zum öffentlichen Amt) näher dargelegt.
[26] Näheres vgl. unten § 9 II 2, 3.
[27] Wie bereits dargetan, kann dabei der Schutz einer bestimmten Interessengruppe, so der Vten, im Interesse aller Beteiligten und des Gemeinwohls liegen. Es wäre deshalb kaum damit zu argumentieren, der DSt-Th könne primär immer nur im privaten Interesse der Vten und der VUen tätig sein, solange die Versicherungsbetriebe weder sozialisiert noch verstaatlicht seien.

denzen ab, die von einem privaten Amt mit der Eigenschaft eines öffentlich bestellten Unparteiischen, der die Belange aller Beteiligten wahrt, hinleiten zu einem stärker im öffentlichen Interesse wirkenden Amt[27].

II. Unterschiede gegenüber üblichen Privatämtern

Von allen genannten Merkmalen genügen schon zwei wesentliche, um bereits herauszufinden, daß sich der *Aufsichtführende nach VAG erheblich vom typischen Privatamt entfernt* hat.

1. Keine Amtsgewalt über das Sondervermögen

Er besitzt weder ein absolutes Herrschaftsrecht noch ein auftragsbeschränktes Eigenrecht mit der Befugnis, das seiner Kontrolle und Verwahrung unterworfene Vermögen unter Ausschluß der Rechtsmacht des Eigentümers zu verpflichten. Geschweige denn ist die Macht erteilt, im eigenen Namen mit dinglicher Wirkung über das fremde Vermögen verfügen zu können, ganz im Gegensatz zum üblichen Recht zivilrechtlicher Zweckpersonen (z. B. Konkursverwalter) und der Mehrzahl öffentlich-rechtlicher Verwalter (z. B. Th nach MRG 52).

Dem Konkursverwalter wird beispielsweise das Verfügungsrecht über das kontrollierte Vermögen nach außen hin sichtbar übertragen (§ 6 II KO); seine Rechtshandlungen im Rahmen dieser Befugnis wirken unmittelbar für und wider den Vermögensinhaber[28].

Der DSt-Treuhänder hingegen kann nicht ohne weiteres auf das seiner Kontrolle unterliegende Vermögen einwirken. Sämtliche Verfügungen über die dem Sondervermögen zugeführten und daraus entlassenen Bestände trifft allein der Vorstand. Die Aufsichtsperson kann Deckungswerte weder erwerben noch veräußern noch belasten, Rechte daran weder abändern noch aufheben[29].

Das eigentliche Verfügungsrecht mit dinglicher Wirkung[30] hat bei Erwerb und Veräußerung von Bestandswerten die rechtliche Vertre-

---

[28] D. h. im eigenen Namen in einer zu einem Verwaltungsrecht abgeschwächten Rechtsstellung, nämlich stets im wirtschaftlichen Interesse des Grundberechtigten zu handeln, immerhin in Ausübung eines belastenden Vollrechts. Vgl. oben § 6 I. Vgl. *Böhle-Stamschräder*, Anm. 3 zu § 6 KO.

[29] Vergleichsweise gegenüber dem Gläubigervertreter nach Schuldverschreibungsgesetz (§ 14 III) kann der Th nach VAG auf Vermögensansprüche nicht verzichten.

[30] Auch die Registereintragung der Thschaft, etwa bei Grundstücken, gestattet nicht, eine dingliche Wirkung der Thmacht anzunehmen. Der eingetragene Sperrvermerk in Verbindung mit dem öffentlichen Glauben des Grundbuchs macht wohl jede Verfügung ohne Zustimmung des Th unwirksam (§ 135 BGB), indessen diese Rechtsfolge ergibt sich erst aus der Eintragung der Sperrklausel, die durch die Unternehmung zu veranlassen ist. Wird diese versäumt, was theoretisch immerhin denkbar wäre, und übersieht der Th das Versäumnis, so haben alle das Grundstück betreffenden Vereinbarungen des Vorstandes mit gutgläubigen Dritten Geltung. Diesen Hinweis verdankt d. Verf. der Zuschrift eines der befragten Th, Herrn Gustav *Wendt*, Hamburg.

tung der Unternehmung, allerdings in dessen Ausübung durch die Kontrolle und Mitwirkung der Aufsichtsperson beschränkt. Die Mitwirkung des Aufsichtführenden bei Verwahrung des Deckungsstocks durch Büchereinsicht, Auskunftsrecht und Bestätigungsvermerk[31] aber bedeutet keine Beherrschung des Sondervermögens[32], sondern lediglich eine Überwachung.

Demnach stellen wir als gewichtiges Argument *gegen* eine privatamtliche Stellung fest: Der Aufsichtführende hat weder Gewalt über das Sondervermögen mit sachenrechtlicher Wirksamkeit gegenüber Dritten noch über die Entscheidungen der Unternehmensleitung. Ebensowenig liegt ein Privatamt im Sinne eines Gläubigervertreters vor, etwa dem zur Befriedigung von Gläubigeransprüchen eingesetzten Konkursverwalter vergleichbar. Gemäß der oben (§§ 5 und 6) vorgetragenen Wesenszüge, wonach der DSt-Treuhänder weder gesetzlicher noch rechtsgeschäftlicher Vertreter noch Fiduziar eines der am Deckungsstock Beteiligten sein kann, fehlt ihm auch die Handlungsbefugnis eines privaten Amtsträgers.

2. Keine Prozeßbefugnis eines Verwalters

Aber nicht nur die Vermögenskontrolle ohne eigentliche Verwaltungsbefugnis widerspricht dem Amtscharakter der bekannten Zweckverwalter privatrechtlicher[33] Prägung.

Dem Amtsträger nach §§ 70 ff. VAG stehen ausschließlich Befugnisse zu, die sich aus einer Kontrolltätigkeit ergeben. Daher stehen ihm auch keine prozessualen Befugnisse zu, d. h. der lediglich Aufsichtführende ist nicht befugt, Prozesse vor ordentlichen Gerichten anzustrengen, weder im Interesse der Versicherten noch der Unternehmung. Im Gegensatz zu allen privatrechtlichen Amtsträgern ist er nicht Partei kraft Amtes. Aktiv und passiv legitimiert ist für sämtliche das Vermögen betreffenden Klagen, auch soweit sie sich auf Gegenstände des Deckungsstocks beziehen, die Unternehmung[34]. Verweigert der Treuhänder die durch Zustimmung notwendige Mitwirkung im Prozeß- oder Zwangsversteigerungsverfahren, so hat gemäß § 75 VAG die Aufsichtsbehörde zu entscheiden.

---
[31] Der das verantwortliche Unternehmensorgan nicht einmal entlastet (§ 73 VAG).
[32] Vgl. *Schmitz*, a. a. O., Sp. 31 ff.
[33] Privater Zweckverwalter ist der DSt-Th schon deshalb nicht, weil ein solcher a) mit dem Besitz zugleich die Verfügungsmacht über das fremde Vermögen, b) durch Vertrag in Form eines zweckgebundenen Eigenrechts unter Ausschluß der Rechtsmacht des Eigentümers übertragen erhält, was c) den Verwalter mit einem abgeleiteten Verfügungsrecht ausstattet und zum Interessenvertreter des Grundberechtigten macht. Vgl. *Rhode*, Treuhand, S. 89 ff.; *Ehrlichmann*, a. a. O., S. 29.
[34] Vgl. *Berliner-Fromm*, Anm. 3 zu § 72; *Schmitz*, a. a. O., Sp. 37.

In dieser Hinsicht erscheint ein weiterer Umstand bedeutsam, der den DSt-Treuhänder merklich von privatrechtlichen Amtspersonen unterscheidet. Vor der Aufsichtsbehörde ausgetragene Verfahren gehen in jedem Falle zu Lasten der Unternehmung, d. h. die Kosten dafür sind aus den sämtlichen beaufsichtigten Versicherungsunternehmen anteilig auferlegten Gebühren aufzubringen (§ 101 I 1 VAG)[35]. Im Gegensatz dazu werden alle privaten Amtspersonen, wie z. B. Konkurs- und Zwangsverwalter, aber auch öffentliche Verwalter (so nach MRG 52) in ihrer Eigenschaft als Partei zu den Kosten verurteilt.

Zu alledem darf nicht vergessen werden, daß mit Konkurseintritt auf Antrag des Bundesaufsichtsamtes die Tätigkeit des Aufsichtführenden endet und an Pfleger und Konkursverwalter übergeht. Mit ihnen erst treten typische Privatämter in Erscheinung. Zumal die Existenz beider Ämter bedenklich stimmen muß, die Rechtsstellung des DSt-Treuhänders ganz in Analogie zu diesen abzuleiten. Denn weshalb sollte er bei Konkurs sonst abtreten müssen? Doch wohl kaum, um einer gleichgearteten Rechtsperson Platz zu machen.

III. Ergebnis in privatrechtlicher Sicht

Einen Anhalt für den dogmatischen Standort des DSt-Treuhänders geben im grundsätzlichen seine Aufgaben; im Falle umstrittener Zuständigkeit wären die Befugnisse aus seiner Rechtsstellung abzuleiten. Wir gelangen zum ersten Teilergebnis, jenem aus privatrechtlicher Sicht:

Eingangs haben wir versucht, die privatrechtliche Betrachtungsweise der Treuhandschaft auf die Aufsichtsperson nach VAG anzuwenden und für die Beurteilung ihrer Rechtsstellung nutzbar zu machen. Alle aufgewiesenen Gesichtspunkte wie auch der Vergleich mit ähnlichen Rechtsinstituten machen deutlich, daß dieser Treuhänder keine bürgerlich-rechtliche Vertretung, sondern private Vermögensinteressen zugunsten der Versicherten, vor allem im öffentlichen Interesse, wahrnimmt, indes dabei weder eindeutig die Stellung eines öffentlichen noch die eines privaten Amtsträgers einnimmt.

Zunächst ergeben sich Folgerungen aus der Kontrollfunktion und den Verfügungsrechten gegenüber dem Deckungsstock. Verfügungen über Deckungswerte, die der Vorstand vornimmt, sind erst mit schriftlicher Zustimmung des Aufsichtführenden wirksam, wodurch das Vorzugsrecht der Versicherten für den Konkursfall jeglicher Einwirkung des Schuld-

---

[35] Dem DSt-Th können als Antragsteller lediglich, wie *Ehrlichmann* (a. a. O., S. 30) näher darlegt, die baren Auslagen für ein Beweisverfahren ganz oder teilweise auferlegt werden, soweit sie durch einen unbegründeten Antrag veranlaßt worden sind (§ 102 VAG).

III. Ergebnis in privatrechtlicher Sicht

ners oder seiner sonstigen Gläubiger von vornherein entzogen ist. Offenbar beschränkt die Aufsichtsperson mit ihren Befugnissen die Rechte des Eigentümers am Sondervermögen, nämlich die des Versicherers, jedoch ohne selbst Eigentum zu erwerben[36].

Dem VAG-Treuhänder fehlt das dingliche Vollrecht, das den fiduziarischen Treuhänder kennzeichnet. Desgleichen fehlt es im Innenverhältnis an einer vertraglichen Bindung, die eine Weisungsbefugnis des beaufsichtigten Unternehmens an den Amtsträger zur Folge hätte. Deshalb geht die Bezeichnung „Treuhänder" fehl.

Der DSt-Treuhänder hat gesetzliche Eigenrechte, keine abgeleiteten; soweit seine Rechtsmacht beschränkt ist, so durch Gesetz, nicht durch Vertrag[37]. Weil die Befugnisse sich nicht vom Eigentümer des Sondervermögens ableiten lassen, kann ihr Träger keiner vertraglichen Bindung unterworfen sein.

Auch die Befragung der Praxis deutet auf dieses Ergebnis hin. Nach Aussage der befragten Treuhänder sehen diese a) einhellig (100 vH) ihre Rechte keineswegs durch Übertragung des Deckungsstocks erteilt, die nach den Antworten (98 vH) überhaupt nicht stattgefunden haben kann, b) in fast allen Fällen (93 vH) fehlt ein Anstellungsvertrag, geschweige gibt es einen ihre Befugnisse einschränkenden Verpflichtungsvertrag, und c) annähernd alle (95 vH) vertreten die Meinung, keine fiduziarischen Treuhänder zu sein.

Eine Geschäftsbesorgung im Auftrage der Unternehmung kann insofern nicht vorliegen, als die Amtsführung obligatorisch und keineswegs vorwiegend im Interesse des Versicherers geschaffen ist, vielmehr die Pflichten gegenüber dem Deckungsvermögen kontrolliert, die Verfügungsrechte des Inhabers einschränkt und die Vermögensanlage sichert. Ein Dienstverhältnis kommt nicht in Betracht; es verlangte ein Treueverhältnis und damit einen Verzicht auf die Unabhängigkeit gegenüber der Unternehmung.

An eine Rechtsvertretung des Unternehmens kann schon deshalb nicht gedacht sein, weil gerade die Ansprüche der Versicherten gegenüber dem Sondervermögen nachhaltig gesichert werden sollen. Zumal der Aufsichtführende Eigenrechte unmittelbar aus dem Gesetz

---

[36] Demgemäß verteilt das Treuhandrecht das Vollrecht an der zweckgebundenen Vermögensanlage in Höhe der Deckungsrückstellung auf den Versicherer und den Treuhänder und die Versicherten als Grundbeteiligte. Der Begünstigte in Gestalt der Vten-Gemeinschaft erwirbt eine Anwartschaft, der Th erhält die Handlungsbefugnis zur Wahrnehmung seiner Obliegenheiten, die VU behält die Substanz des Vermögensrechts, das, sobald die Beschränkung entfällt, in ihrer Hand wieder voll auflebt, etwa bei einem Lebensversicherungsvertrag durch Rückkauf.
[37] Die Zweckbeschränkung liegt bei fiduziarischer Treuhand *neben* dem Eigenrecht, nämlich durch besondere obligatorische Vereinbarung, hier liegt sie *im* Eigenrecht.

besitzt und stets im eigenen Namen handelt, erscheint eine Stellvertretung im Verhältnis zum Versicherer von vornherein ausgeschlossen.

Desgleichen kann eine Rechtsvertretung der Versicherten nicht gegeben sein, weder rechtsgeschäftlich, weil die Versichertengemeinschaft keine eigene Rechtspersönlichkeit besitzt, noch gesetzlich, weil die Gläubiger aus Versicherungsvertrag als einzelne immer erst im Versicherungsfall und in Gemeinschaft nie vor Konkurs des Schuldners Rechte am Deckungsvermögen haben, die sie übertragen könnten.

Die herrschende Lehre erkennt an, daß die das Sondervermögen „Deckungsstock" kontrollierende Amtsperson zu keinem der Beteiligten in einem Vertragsverhältnis steht[38]. Wir haben uns immer wieder zu vergegenwärtigen, daß dieser Aufsichtführende eine gesetzliche Treuhand ohne einen besonderen Treuhandvertrag[39] ausübt, und auf das Fehlen jeglicher Vertragsbeziehung deutet auch die spezifische strafrechtliche Verantwortlichkeit (§ 138 VAG) hin.

Die Annahme eines privatrechtlichen Amtes stützt sich auf gewisse Merkmale im Vergleich zu anderen Kontrollpersonen; vor allem scheint die Verschuldenshaftung gegenüber dem Vermögensinhaber darauf hinzudeuten. Dem entgegen entscheidet, daß dem DSt-Treuhänder viele der übrigen privaten Amtsmerkmale fehlen, darunter im wesentlichen die Verfügungsmacht über das Sondervermögen und die Vertretungsbefugnisse eines Verwalters.

Die Rechtsnatur des DSt-Treuhänders findet ihre Grundlage darin, daß bereits vor einem Konkurs gesetzliche Verpflichtungen der Unternehmung und anhand dessen Befugnisse des Aufsichtführenden zur Entstehung gelangen. Während mangels einer Übertragung des Sondervermögens auf die Kontrollperson eine materiell-rechtliche Treuhandschaft nicht vorliegt, gelangt eine Art Pfandhalterschaft zur Entstehung. Deutlich treten Kennzeichen einer gesetzlichen Treuhandschaft (§ 70 VAG) in Verbindung mit behördlichem Auftrag (§ 71 II) und rechtsgeschäftlicher Ermächtigung (§ 71 I) in Erscheinung, wobei auf die Haftung dieser Amtsperson zwar Vorschriften über den Auftrag Anwendung finden, deswegen jedoch keine auftragähnlichen Bindungen entstehen. Weil sich mit der Wirkung der Verschuldenshaftung[40] Regeln über die Geschäftsbesorgung anwenden lassen und die Unter-

---

[38] *Schmitz*, a. a. O., Sp. 32, geht soweit, daraus zu folgern, daß der Th deshalb von niemandem wegen schlechter Ausübung seines Amtes verantwortlich gemacht werden könne.

[39] Die übliche schriftliche Mitteilung der VU an den Th über seine Bestellung stellt keinen Vertrag dar, sondern bestätigt lediglich die Zustimmung der Aufsichtsbehörde und das erklärte Einverständnis des Bestellten, hat also nur deklaratorische Bedeutung.

[40] Die Haftung des gesetzlichen Th gegenüber dem Vermögensinhaber indessen ist hinsichtlich ihrer rechtlichen Grundlage umstritten. Vgl. OLG Ffm. Urt. NJW 1953, 548; WP Handb. 1959, 1396. Hierzu unterschiedliche Rechtspre-

III. Ergebnis in privatrechtlicher Sicht

nehmung erkennbar an der Bestellung des Treuhänders mitwirkt, sind Neigungen insbesondere der Praxis spürbar und verständlich, den privatrechtlichen Gehalt der Rechtsstellung hervorzuheben oder gar überzubewerten.

In der Rechtsfigur unserer Betrachtung begegnet uns der Sachverhalt, daß eine anvertrauende Rechtsnorm in den Vorschriften des VAG vorliegt. Im Rahmen der Anordnungen, die von der gesetzlich ermächtigten Aufsichtsbehörde erlassen werden, führt die Kontrollperson gewissermaßen einen öffentlich-rechtlichen Auftrag aus, während der noch denkbare Fall, daß die gesetzlich erteilten Aufgaben und Befugnisse vermittels eines rechtsgeschäftlichen Auftrags wahrgenommen werden könnten, wie dargetan, die wenigsten Anhaltspunkte aufweist.

Zugestanden werden muß andererseits, daß jemand öffentlich-rechtlich zu einer Tätigkeit berufen werden kann[41], ohne daß deshalb eine hoheitliche Funktion wahrgenommen wird[42]. Selbst wenn der öffentlich Bestellte Weisungen der Behörde unterworfen sowie dieser zur Berichterstattung und Rechnungslegung verpflichtet ist, schließt das eine bürgerlich-rechtliche Tätigkeit nicht aus[43].

---

chung und Lehrmeinungen beispielsweise OLG Kiel Urt. BB 1947, 350; OLG München Urt. SJZ 1950, 906; *Palandt*, Einf. vor § 164 A 3; *Dölle-Zweigert*, Komm. MRG 52, S. 223; *Michael*, Öffentliche Treuhand, S. 29; *Becker*, DRZ 1950, 101; *Heiland*, DRZ 1950, 102.

[41] So z. B. Vormund, Pfleger, Konkurs-, Vergleichsverwalter.
[42] Demnach muß entscheidend ein anderer Gesichtspunkt hinzukommen. Vgl. unten §§ 8 I, 9 II.
[43] Insbesondere dann nicht, wenn gemäß Bestellung die Sorgfalt eines ordentlichen Kaufmanns oder die Wahrnehmung des Amtes nach kaufmännischen Grundsätzen obliegt. Vgl. BGH Urt. v. 10. 12. 1952 — II ZR 100/52; BGH Urt. v. 18. 3. 1953 — VI ZR 15/52; KG Urt. JR 1954, 102; OLG München Urt. SJZ 1950, 906; *Palandt*, Anm. 15 zu § 839. Demgegenüber hat der DSt-Th *nicht* die Funktion eines Verwalters.

§ 8. Öffentlich-rechtliche Stellung

Man möchte versucht sein zu glauben, daß die gegen ein Privatamt gerichteten Argumente nicht vollends überzeugen. Doch auch weitere Gründe sprechen für die Annäherung des VAG-Treuhänders an ein öffentliches Amt.

I. Treuhand als öffentliches Amt

Es kann nicht bestritten werden, daß der Amtsübernahme und Tätigkeit des DSt-Treuhänders kraft Zustimmung oder Ablehnung der Aufsichtsbehörde ein öffentlicher Verwaltungsakt eingegeben ist. Ein durch Verwaltungsakt bestellter Treuhänder aber übt nach höchstrichterlicher Entscheidung[1] öffentliche Gewalt aus. *Öffentliche Gewalt* ist nicht nur im engen Sinne der Anwendung hoheitlicher Zwangsmittel zu verstehen, sondern auch als Ausübung einer fürsorgerischen Tätigkeit im Zuständigkeitsbereich staatlicher Daseinsvorosorge[2]. Der Aufsichtführende für den Deckungsstock bekleidet — so entwickelt es die finanzgerichtliche Rechtsprechung — ein öffentlich-rechtliches Amt[3], weil er „mit der Erledigung gewisser zur Durchführung öffentlich-rechtlicher Aufgaben erforderlicher Aufträge beauftragt worden" sei[4]. Ein öffentlich-rechtliches Dienstverhältnis läßt sich dergestalt vermuten, daß der Beauftragte für das Sondervermögen entweder ein öffentlich bestelltes Organ der Aufsichtsbehörde[5] oder neben dieser ein selbständiges Staatsorgan darstellt[6].

1. „Gehilfe" der Staatsaufsicht

Eine öffentliche Funktion liegt auch dann vor, wenn die Erfüllung öffentlicher Aufgaben nicht in Formen und mit Mitteln des öffentlichen, sondern des privaten Rechts geschieht. Das gilt ohne Zweifel für ein Rechtsinstitut, das ein *geeignetes Mittel* darstellt, um das verständige

---

[1] BGH Urt. v. 10. 12. 1952 — ZR 100/52.
[2] RGZ 121, 254; JW 1927, 1994 Nr. 6; RG Urt. v. 2. 4. 1935-III 249/34; RGZ 147, 248; JW 1935, 2195; *Forsthoff*, Bd. I, 7. Aufl., S. 242.
[3] BFH Urt. v. 10. 10. 1957— V 213/56 U, BStBl. 1957 III, 430.
[4] RFH Urt. v. 10. 12. 1941 — V 128/41, RStBl. 1942, S. 88. Dabei sei die Stellung des DSt-Th nach Gesetz (§ 72 II 2 VAG) und Begründung (Drucks. Nr. 848) der des HypBank-Th gleichzuachten.
[5] Vgl. unten § 9 III 2.
[6] Vgl. unten § 9 III 3.

I. Treuhand als öffentliches Amt

Verhalten Privater nachhelfend[7] zu erzwingen. So ist der Aufsichtführende für den Deckungsstock aufgrund einer öffentlichen Rechtsnorm und unabhängig von seiner öffentlich- oder privatrechtlichen Konstruktion für die Versicherungsunternehmung unabweisbar und mit dem Auftrag tätig, sie zur Erfüllung ihrer Obliegenheiten gegenüber dem Sondervermögen anzuhalten.

Ein dafür geschaffenes Amt ist gleichwohl erst dann ein öffentliches, wenn es offenbar den einseitigen Gebrauch einer Rechtsmacht steuern soll und die *rechtlichen Beziehungen*, die hier der Staat gestaltet, *Inhalt, Umfang und Zweck in einem öffentlichen Interesse* haben[8].

Demnach hätte der DSt-Treuhänder, wollte er faktisch eine öffentlich-rechtliche Stellung einnehmen, jedem einseitigen Gebrauch der Verfügungsmacht des Versicherers im Interesse aller am Deckungsstock Beteiligten entgegenzuwirken und im Gemeininteresse entweder sozusagen als Unparteiischer oder aber im ordnungspolitischen Sinne zugunsten einer schutzbedürftigen Gruppe tätig zu werden[9].

Amt im öffentlichen Sinne[10] hieße die Ausstattung der Aufsichtsperson mit dem Recht, hoheitliche Befugnisse auszuüben, nämlich im Bereich der ihr übertragenen Zuständigkeit. Die Kompetenz wird durch Gesetz oder Dienstanweisung übertragen und gibt dem Beliehenen das Recht und auch die Pflicht, von den übertragenen Befugnissen in Erfüllung staatlicher Obliegenheiten Gebrauch zu machen. Das öffentliche Amt ist nicht notwendig verbunden mit einer öffentlichen Dienstpflicht, die den Beamten kennzeichnet[11]. Als Ausübung eines öffentlichen Amtes muß in Grenzen der anvertrauten Tätigkeit jede Handlung gesehen werden, die sich nicht als Wahrnehmung bürgerlich-rechtlicher Belange darstellt[12]. Tatsächlich betrachten sich die befragten Treuhänder in entscheidender Mehrheit (79 vH) auch zur Wahrung der von der Aufsichtsbehörde wahrzunehmenden öffentlichen Interessen eingesetzt[13].

Die weitere Frage, ob in der Tat eine Ausübung öffentlicher Gewalt vorliegt, wäre mit dem Vorhandensein einer fürsorgerischen Tätigkeit, die im Kompetenzbereich öffentlicher Daseinssicherung liegt, beantwortet.

---

[7] Vgl. *Michael*, Öffentliche Treuhand, S. 82.
[8] Das Tätigwerden eines staatlichen Organs oder ein öffentlich-rechtliches Amt setzen immer das Wohl der Allgemeinheit, das gewahrt werden soll, voraus.
[9] Näheres dazu unten § 9 II.
[10] Vgl. *Forsthoff*, Bd. I, 7. Aufl., S. 391 ff.; *v. Rheinbaben*, Art. Amt, in: WStVR Bd. I, S. 102; *Landshut-Gaebler*, Wörterbuch, S. 14.
[11] Vgl. auch unten § 9 II.
[12] Beschl. KG v. 23. 10. 1953, JR 1954, 102; RGZ 144, 267; 147, 278; *Jess*, in: KGG, Anm. 3 zu Art. 34.
[13] Dieses Ergebnis wirkt noch überzeugender, wenn die von der Aufsichtsbehörde wahrgenommenen Interessen die eines schutzbedürftigen Personenkreises, nämlich die der Vten, sind. Dazu vgl. unten § 9 II 1.

Zunächst wenden wir uns der Betrachtung zu, inwieweit der mit der Überwachung und Kontrolle des Sondervermögens Beauftragte für den Staat Dienste leistet. Denkbar wäre die Eigenschaft eines aufsichtsbehördlichen „Gehilfen".

2. Aufsichtsamtliche Tendenz

Etliche Gründe sprechen dafür, den DSt-Treuhänder als „Gehilfen" der Staatsaufsicht anzusehen:

a) Bei der Beurteilung der öffentlich-rechtlichen Stellung des Aufsichtführenden wird man davon ausgehen müssen, daß er kraft seiner Befugnisse Aufgaben erfüllt, die ursprünglich die Aufsichtsbehörde selbst wahrzunehmen hatte[14].

b) Die Verfügungsbeschränkung über die Bestände des Deckungsstocks erfolgt für ausländische Versicherungsunternehmen noch heute in der Weise, daß statt eines Treuhänders die Aufsichtsbehörde die Sicherstellung kontrolliert und überwacht und auch Verfügungen unmittelbar genehmigen muß (§ 110 II VAG).

c) Gewisse Befugnisse des DSt-Treuhänders sind mit solchen der Bundesaufsicht vergleichbar (§§ 73 zu 83 I, §§ 74 zu 83 II). Bestimmte der Staatsaufsicht zuerkannte Rechte begegnen uns gleichermaßen in Treuhänder-Befugnissen. Darüber hinaus obliegen dem Aufsichtführenden auf das Sondervermögen beschränkte Aufgaben, die den auf Beseitigung von Mißständen gerichteten Maßnahmen der Staatsaufsicht entsprechen (§ 72 I Hs. 2 zu § 81 II 1).

d) Daß im beschränkten Umfang gewisse Funktionen des Treuhänders identisch sind mit denen der Aufsichtsbehörde allgemein, beweist auch seine Tätigkeit bis zum Amtsantritt von Konkursverwalter und Pfleger, also genau bis zu dem Zeitpunkt, wenn das Tätigwerden der Aufsichtsbehörde durch Konkursantrag einsetzt (vgl. unten §§ 9 Vorbem., 10 I 4).

e) Die das Sondervermögen beaufsichtigende Amtsperson kann ihre Tätigkeit letzten Endes nur mit Einwilligung der Aufsichtsbehörde ausüben (§ 71 II und III). Mit der Bestellung verbinden sich einige Umstände, die an ein öffentlich-rechtliches Dienstverhältnis erinnern.

---

[14] Vgl. Begründung zur Novelle VAG 1931, Reichstagsverhandlungen V. Wahlperiode 1930, Bd. 450, Drucks. Nr. 848, S. 18; *Berliner-Fromm*, Vorbem. 1 zu §§ 70—76. Vor Einführung des Th lag die Nachprüfung darüber, ob der DSt ordnungsgemäß angelegt und aufbewahrt wurde, allein in Händen der Aufsichtsbehörde. Sie konnte keineswegs in jedem Einzelfall die Bestände kontinuierlich und immer nachdrücklich kontrollieren. Der Verwaltungsaufwand wäre untragbar gewesen. Aus verständlichen Gründen mußte sich das Gesetz darauf beschränken, die materielle Prüfung durch die Aufsichtsbehörde nicht alljährlich vorzusehen (§ 84 I 1) und eine obligatorische Jahresprüfung durch freiberufliche Prüfer (§ 58) statt durch das Aufsichtsamt selbst, das über einen begrenzten Personalbestand verfügt, einzuführen.

I. Treuhand als öffentliches Amt

f) Die Aufsichtsbehörde kann dem Treuhänder, der von ihr gebilligt werden muß, für die Ausübung seiner Befugnisse Weisungen erteilen. Die aufsichtsbehördlichen Vorschriften über die Sicherstellung des Deckungsstocks (§§ 72 I, 81 II 1) sind, da sie auf einer gesetzlichen Ermächtigung beruhen, dem Gesetz in der Wirkung gleichgesetzte, die Amtsperson wie die Unternehmung bindende Rechtsnormen.

g) Streitigkeiten zwischen dem Treuhänder und der Unternehmung über seine Obliegenheiten entscheidet die Aufsichtsbehörde (§ 75), was zum Ausdruck bringt, daß der Aufsichtsführende ihr unterworfen ist.

h) Die Einsetzung der Aufsichtsperson für das Sondervermögen geschieht unter Mitwirkung der Unternehmung, indes ohne daß die Unternehmensorgane Bedenken der Behörde gegen die Bestellung für nicht stichhaltig erklären und anfechten könnten[15]. Gleichermaßen wird der Treuhänder ohne Beteiligung der Versicherten, obwohl in deren Interesse tätig, in sein Amt berufen. Es wird nach zwei Seiten hin öffentliche Gewalt ausgeübt, einmal in der Betätigung eines staatlichen Eingriffs, zum anderen in der Ausübung einer Fürsorge in Wahrung berechtigter Interessen der Begünstigten.

i) Soweit die Einsetzung maßgeblich auf dem Wege eines gestaltenden Verwaltungsaktes durch den Staat zustande kommt, muß auch ein dem Gruppeninteresse der Versicherten übergeordnetes allgemeines Interesse vorhanden und bedacht sein. Insofern betätigt sich die staatliche Aufsicht nicht allein zur Wahrung der Versichertenbelange, sondern in der Sorge um eine dauernde Erfüllbarkeit der Verträge auch zur Wahrung der Struktur des Versicherungswesens[16]. Das Gesetz überträgt diese Tätigkeit zum Teil, nämlich für den Bereich des Deckungsstocks, dem Treuhänder.

Daß der Aufsichtführende kein Beamter[17] im staatsrechtlichen Sinne ist, braucht nicht näher dargelegt zu werden. Er bezieht keine Besoldung und ist weder durch staatliche Urkunde ernannt noch den straf-

---

[15] Gegen die Gründe, die zur Ablehnung geführt haben, sind keine Rechtsmittel gegeben, auch keine Beschwerde. Daraus ist nicht zu folgern, die Th-Bestellung sei ein Verwaltungsakt, der keine richterliche Nachprüfung zulasse. Vielmehr schafft der Genehmigungsakt keine Rechtsbeziehungen zwischen Behörde und VU, sondern solche unmittelbar zwischen BAV und Th. Unabhängig davon ist der VU stets die Anfechtungsklage gegen die Ablehnung als solche eingeräumt.
[16] Vgl. *Starke*, MVA Bd. III, S. 60, 68; *Arnold*, VW 1958, 552.
[17] Das schließt die Möglichkeit, ein öffentliches Amt zu bekleiden, keineswegs aus. Ein solches hat grundsätzlich derjenige inne, dem öffentliche Gewalt verliehen ist, unabhängig davon, ob ihm staatsrechtlich die Eigenschaft eines Beamten zukommt oder nicht. Maßgeblich ist daneben, daß die Amtsperson durch einen öffentlich-rechtlichen Akt zu Diensten berufen worden ist, die aus der Staatsgewalt abgeleitet sind und staatlichen Zwecken dienen. Vgl. RGZ 142, 192; 155, 363; 158, 95; MSW 1947/48, 51; BGH Urt. v. 8.11.55 — 5 StR 348/55, NJW 1956, 389. Näheres vgl. unten §§ 8 I 3, 9 I 1 a.

rechtlichen Vorschriften über Amtsvergehen (§§ 331 ff. StGB) unterworfen, führt keine Amtsbezeichnung und findet keine besondere gesetzliche Regelung im Sinne eines öffentlich-rechtlichen Dienst- und Treueverhältnisses. Dagegen bedarf es einer genauen Prüfung, ob der zur Aufsicht über das Deckungsvermögen Bestellte ein ihm anvertrautes öffentliches Amt ausübt.

3. Die verwaltungsrechtliche Situation

Wenn wir die fragliche Rechtsfigur nunmehr von der Warte eines öffentlichen Amtes her beurteilen wollen, so müssen wir auch solche Gründe bedenken, von denen anzunehmen ist, daß erst sie zu einer besonderen Aufsichtsperson geführt haben. Letztlich haben wir uns in diesem Zusammenhang zu fragen, was eigentlich die Bestellung durch den Aufsichtsrat der Unternehmung rechtfertigt, einen Tatbestand, der die Vermutung für eine öffentlich-rechtliche Amtsstellung prima facie erschwert. Zweifellos war die ursprüngliche Überwachung des Deckungsstocks derart, daß die Überwachung und Kontrolle der Bestände der Aufsichtsbehörde selbst zufiel und ihr zusätzliche Verwaltungsarbeit brachte, immerhin ein Anlaß dafür, die Unternehmen zu verpflichten, den Aufsichtführenden und seinen Stellvertreter zu bestellen. Wollte der Gesetzgeber einerseits eine verstärkte Aufsicht über das Sondervermögen der Unternehmungen veranlassen, doch andererseits eine Erhöhung staatlicher Verwaltungskosten vermeiden, so konnte das nur auf einem Wege geschehen, der die schutzbedürftigen Versicherten nicht belastet.

Indem das VAG dem Aufsichtsamt die Wahrung der Belange der Versicherten und den beaufsichtigten Unternehmen die Verpflichtung auferlegt, die dauernde Erfüllbarkeit der Versicherungsverträge zu gewährleisten, können belastende Verwaltungsakte keineswegs an die Versicherten gerichtet werden. Denn verpflichtet und der Staatsaufsicht unterstellt sind die Versicherungsunternehmen. Die Versicherten ließen sich beispielsweise nicht mit Verfügungen des Inhalts beschweren, um die Wahl einer geeigneten Aufsichtsperson besorgt zu sein und sie zu vergüten. Das Gesetz mußte die Bestellung des Treuhänders deshalb statt unter einer Mitwirkung der Versicherten dem Versicherer allein überantworten. Der mit der Amtseinsetzung verbundene Verwaltungsakt privatrechtsgestaltender Wirkung kann stets nur vermöge der Anordnungsgewalt der Aufsichtsbehörde gegenüber dem Beaufsichtigten vollzogen werden.

Die verwaltungsrechtliche Situation stellt sich demnach wie **folgt** dar:

I. Treuhand als öffentliches Amt

Das VAG als spezialisiertes Polizeirecht[18] verleiht der Aufsichtsbehörde hoheitliche Gewalt, jedoch von geringerer Intensität im Vergleich zu den Befugnissen der allgemeinen Polizei[19]. Nach § 81 II 1 VAG kann das Bundesaufsichtsamt die einzelne Unternehmung anweisen, privatrechtliche Verhältnisse in bestimmter Weise zu gestalten (so etwa einen bestehenden Vertrag zu beenden oder inhaltlich abzuändern bzw. einen Vertrag abzuschließen oder zu unterlassen). Indessen kann sich eine solche Anordnung immer nur an den Beaufsichtigten richten, nicht hingegen an sonstige Beteiligte, wie die Versicherten, und unmittelbar für sie belastend in bestehende Rechtsverhältnisse eingreifen. Des weiteren kann die Aufsichtsbehörde, stellt sich ein Unvermögen des Unternehmens[20] heraus, die Anordnung zu befolgen, nicht denjenigen als Polizeipflichtigen unter den Beteiligten auswählen, der den behördlich verfügten Zustand herbeizuführen befähigt wäre. Deshalb war die *Bestellung* des Treuhänders von Gesetzes wegen dem Versicherer aufzuerlegen.

4. Formelle Merkmale öffentlicher Gewalt

Neben den dargelegten materiellen Gründen sind auch formelle verwaltungsrechtliche Voraussetzungen für das Vorhandensein eines öffentlichen Amtes vorhanden. Zunächst und in der Regel kann ein öffentliches Amt vermutet werden, wo eine behördliche Bestellung entweder vorgenommen wird oder das Gesetz eine solche vorschreibt, kurzum eine Einsetzung kraft öffentlicher Gewalt erfolgt.

a) Der Aufsichtführende für den Deckungsstock besitzt wesentliche solcher Merkmale in der Eigenschaft eines gesetzlichen Treuhänders und dadurch, daß die aufsichtsbehördliche Einwilligung auf dem Wege der Präsidialverfügung erfolgt und dergestalt die Amtseinsetzung bestätigt wird[21]. Die Erklärung des BAV durch seinen Präsidenten stellt einen gestaltenden Verwaltungsakt dar, wobei der Treuhänderbenennung durch das dafür zuständige Unternehmensorgan entweder die Einwilligung zuteil wird, was einen den Versicherer begünstigenden Verwaltungsakt bedeutet, oder dawider Bedenken erhoben werden mit dem

---

[18] OLG Bremen Urt. NJW 1953, 585; *Prölss*, VAG, Vorbem. IV, 3; *Schmidt*, VersR 1954, 441; *Weber*, MVA Bd. I, S. 49.
[19] Vgl. *Sasse*, RIV, S. 241.
[20] Am rechtlichen Vermögen des Pflichtigen findet das Verwaltungshandeln seine Schranken. Vgl. *Forsthoff*, 6. Aufl., S. 219; *Schmidt*, VersR 1954, 443; PreußOVG 24, 384; 64, 476; 70, 419; 86, 258; VGH Stuttgart Urt. NJW 1957, 1375.
[21] R 3/56 III 5 B — VerBAV 1956, 38; § 7 I 3. DVO zum BAG v. 25. 3. 1953 (BGBl. S. 75). Die Genehmigung gemäß § 71 II u. III VAG, richtiger die Einwilligung, kann in jedem Falle nur als Einzelakt und nicht etwa durch Sammelverfügung ergehen. Vgl. *Weber*, MVA Bd. I, S. 54.

Anheimgeben, eine andere Person für das Amt zu benennen[22]. Letzteres wie die Ernennung eines Treuhänders unmittelbar durch die Aufsichtsbehörde, wenn die Unternehmung niemand anderen benennt oder gegen den neuen Vorschlag wiederum Bedenken bestehen, sind Ausdruck eines belastenden Verwaltungsaktes[23].

Bei der Regelung der Berufung gemäß § 71 I VAG hat der Gesetzgeber auch aus Zweckmäßigkeitsgründen[24] das Verfahren nachgebildet, das sich in der Praxis des Hypothekenbank-Treuhänders, dem Vorbild des DSt-Treuhänders, ergeben hat, wo zwar die Aufsichtsbehörde die Bestellung vornimmt, indes gewohnt ist, zuvor bei den beaufsichtigten Unternehmen wegen geeigneter Persönlichkeiten nachzufragen. Ein weiterer Grund dafür, die beim VAG-Treuhänder angewandte Verfahrensweise zur Gesetzesnorm zu erheben, dürfte die Überlegung gewesen sein, nach Möglichkeit einen belastenden Verwaltungsakt zu vermeiden und den Staatseingriff auf das *Maß des Notwendigen* zu beschränken. Weder notwendig noch erwünscht im Interesse aller Beteiligten wären Spannungen bereits mit Amtsantritt der Kontrollperson[25], während sich Aufsichtführender und Unternehmensorgan, wenn dieses jenen selbst in Vorschlag bringt und gutheißt, nie fremd und unpersönlich gegenüberstehen werden[26].

---

[22] Die Zustimmung des BAV muß für jede neue Bestellung wiederholt werden; ein Generalkonsens ist unzulässig und wäre mit dem Wesen der Staatsaufsicht nicht vereinbar.

[23] Die Versagung einer Genehmigung hat belastenden Charakter. Daß ein belastender Verwaltungsakt vorliegt, ist keineswegs daran prüfbar, ob die VU gegen die behördliche Ablehnung Einspruch oder vor dem Verwaltungsgericht Klage erheben kann. Verwaltungsakte, die einen Individualtatbestand zum Gegenstand haben, können grundsätzlich von jedem Betroffenen angefochten werden, und zwar nach Maßgabe der verwaltungsrechtlichen Generalklausel (soweit nicht kraft Gesetzes oder Herkommens die zivilrechtliche Anfechtungsklage eröffnet ist), darüber hinaus vermittels der subsidiären Rechtswegklausel des Art. 19 IV GG und letztlich auf dem Wege der Verfassungsbeschwerde, wenn sich der Betroffene in einem seiner Grund- oder verfassungsmäßigen Rechte verletzt fühlt (§ 90 BVerfGG). Vgl. *Huber*, Bd. I, S. 61 ff. (§ 6, 2); *Weber*, MVA Bd. I, S. 53.

[24] Wir können hier nicht ausschließlich jener Auffassung folgen, wie sie u. a. *v. d. Thüsen*, BankA, XXXIV, 229, 230, und *Ehrlichmann*, a. a. O., S. 13, 14, 24, vertreten, daß die Vorschrift des § 71 I VAG bezwecke, einen alleinigen Einfluß der VU auf die Wahl des Th und damit eine Gefahr für die Vten-Rechte zu vermeiden sowie wegen der großen Zahl und räumlich weiten Verteilung der Vten eine Vereinfachung des Geschäftsbetriebes dadurch zu erreichen, daß die Befugnisse der Beteiligten einer Einzelperson und deren Bestellung maßgeblich der Aufsichtsbehörde zuteil werden.

[25] Gerade mit der Sonderstellung eines staatlichen Organs, das auch die Interessen der VU wie die der Vten im Sinne des Gemeinwohls wahrzunehmen hätte, wäre eine Disharmonie zwischen Th und VU etwa deswegen, daß die Aufsichtsperson als aufoktroyiert empfunden würde, von Anbeginn an unterbunden. Danach aber trachtet die geltende Regelung.

[26] Das soll keineswegs heißen, daß die Bundesaufsicht allzu enge Beziehungen zwischen Aufsichtsperson und Unternehmen gutheißt. VerBAV 1956, 38 (III 2 D Abs. 2).

I. Treuhand als öffentliches Amt

b) Damit aber entfällt keineswegs das Wesensmerkmal einer im maßgeblichen staatlichen Treuhänderbestellung[27]. Denn nicht allein die Vereinbarung zwischen der Unternehmung und einer für das Amt in Aussicht genommenen Person entscheidet über die Amtseinsetzung, sondern dem maßgeblichen Einfluß hat die Aufsichtsbehörde, die gegebenenfalls gegen den Willen der Unternehmung jemand zum Treuhänder bestellen und auch abberufen kann[28].

Streng genommen ‚bestellt' die Unternehmung überhaupt nicht, d. h. es kommt kein privatrechtlicher Anstellungsvertrag zustande; vielmehr wird die auf die Wahl einer Aufsichtsperson gerichtete Willenserklärung des zuständigen Unternehmensorgans dadurch, daß sie *vor* jeglicher Rechtswirkung der Behörde zu melden und genehmigungspflichtig ist, verwaltungsrechtlich gewissermaßen als eine Art *Antrag auf Gewährung* aufzufassen sein. Jedenfalls geht dem Wirksamwerden der Willenshandlung, die auf die Treuhänderbestellung gerichtet ist, notwendig die Zustimmung der Aufsichtsbehörde und damit maßgeblich ein begünstigender Verwaltungsakt voran.

Das ‚Bestellungs'organ der Unternehmung kann des weiteren seinen Willen gegenüber dem von ihm Gewählten nur unter Verzicht auf privatrechtlich verbindliche Vereinbarungen zur Wirkung bringen. An die Stelle eines Anstellungsvertrages zwischen Unternehmung und Treuhänder tritt der gestaltende Verwaltungsakt der Aufsichtsbehörde, dem gewissermaßen ein subordinationsrechtlicher Verwaltungsvertrag zwischen Versicherer und Bundesaufsichtsamt vorausgeht[29]. Die Erklärung des Unternehmens, die in Aussicht genommene Kontrollperson solle in ihrer Amtsausübung vollkommen unabhängig von Weisungen oder Aufträgen sein (VerBAV 1956, 37 — R 3/56 III 1), ist überhaupt eine der Voraussetzungen für die aufsichtsbehördliche Zustimmung.

c) Insofern tritt der Charakter einer öffentlich-rechtlichen Amtsausübung durchaus in den Vordergrund. Bei der Bestellung entscheidet

---

[27] Bedenken dawider vgl. § 8 III 2 a.
[28] § 71 II u. III VAG. Die Aufsichtsbehörde ist bei der Bestellung insofern maßgeblicher Faktor, als der Th a) nicht gegen ihren Willen bestellt werden kann, b) sie ihn im Falle fehlenden oder fehlerhaften Vorschlags der VU von sich aus einsetzt, c) einen schon bestellten Th absetzen kann, d) das Th-Amt im Zweifel mit dem behördlichen „Exequatur" beginnt. Vgl. *Ehrlichmann*, a. a. O., S. 18, 19, 24; *v. d. Thüsen*, a. a. O., S. 230. Daran ändert auch nichts der Umstand, daß in der Praxis VUen wiederholt gegen die Vorschrift des § 71 II 1 verstoßen haben und aufsichtsbehördlich erinnert werden mußten.
[29] Vgl. *Huber*, 2. Aufl. Bd. I, S. 57 ff. (§ 6, 2). Indem die VU durch ihre Willensbekundung die Verwaltungstätigkeit auslöst und an ihrem Zustandekommen mitwirkt, liegt ein mitwirkungsbedürftiger Verwaltungsakt vor. Th-Benennung und Unabhängigkeitserklärung des Unternehmens verhindern eine einseitige Verfügung der Aufsichtsbehörde, doch sie bedeuten die Unterwerfung unter das mit dem Verwaltungsakt in Wirkung tretende Gewaltverhältnis. Vgl. *Forsthoff*, 7. Aufl., Bd. I, S. 194 ff. (§ 11, 4); *Mayer*, Deutsches Verwaltungsrecht, Bd. I, S. 98, Bd. II, S. 221 ff.

der mit überlegener Gewalt handelnde Staat; es gelangt ein der öffentlich-rechtlichen Anstellung ähnliches Dienstverhältnis zur Entstehung. Dessen sind sich die Versicherer anscheinend bewußt; ihr schriftlicher Bescheid an den Treuhänder über die Bestellung enthält einen Hinweis auf die aufsichtsbehördliche Genehmigung, was unsere Befragung als durchaus gebräuchlich (84 vH der Fälle) nachweist. Auf diese Weise dürfte es gleichermaßen dem Bestellten offenbar sein, daß die Unternehmung lediglich ein Vorschlagsrecht ausübt und im übrigen einer gesetzlichen Verpflichtung Genüge leistet.

d) Ein weiterer Umstand könnte rein formell geeignet erscheinen, im Tätigwerden des Treuhänders hoheitliche Wesensmerkmale bestätigt zu finden und die Annahme eines öffentlichen Rechtsinstituts zu rechtfertigen: Mit der Abschrift des DSt-Verzeichnisses ist eine Bestätigung des Vorstandes der Aufsichtsbehörde vorzulegen, daß bei Beständen im offenen Depot das verwahrende Kreditinstitut auf ein Zurückbehaltungs-, Pfand- oder sonstiges Verwertungsrecht (R 13/57 A II h, B II 5) verzichtet[30]. Diese Bestätigung des Vorstandes ist gemäß R 13/57 A II h nicht für die vierteljährliche Berichterstattung über die Zuführungen verlangt; eine solche über das Vorliegen der nach R 13/57 B II 5 erforderlichen Erklärungen der Kreditinstitute ist nur bei der Jahresmeldung erforderlich[30a]. Das geschieht vermittels Begleitschreiben anläßlich der Übersendung der Verzeichnisabschrift und der D-7-Aufstellung. Doch die Aufsichtsbehörde begnügt sich bei Vorlage der Jahresübersicht nicht mit dieser Versicherung des Vorstandes darüber, bestimmten Voraussetzungen zur Sicherung der DSt-Bestände Genüge getan zu haben, sondern überprüft den Sachverhalt durch die Kontrollperson. Die ‚Bescheinigung' des Treuhänders garantiert das Vorhandensein der vorgeschriebenen Verzichtserklärung zugunsten deponierter DSt-Werte (R 13/57 A III h; B II 5). Hierin kommt ganz deutlich eine öffentlich-rechtliche Amtsfunktion zum Ausdruck. Es sollten der Wortlaut des Gesetzes sowie die aufsichtsbehördlichen Bestimmungen zu denken geben, wonach der Aufsichtführende die Vorschriftsmäßigkeit und Sicherstellung der Deckungswerte in der Jahresaufstellung ‚bescheinigt', während er sie in der Quartalsaufstellung und unter der Bilanz ‚bestätigt'[31].

Dieses Bescheinigen im Unterschied zur Bestätigung bringt ein verwaltungsrechtliches Auftragsverhältnis zum Ausdruck, das zur Annahme einer aufsichtsbehördlichen ‚Gehilfen'eigenschaft berechtigt. Im übri-

---

[30] Gemäß Bericht des Bundesaufsichtsamtes fehlte bisher in vielen Fällen die Bestätigung des Vorstandes über das Vorliegen der Verzichtserklärung der Kreditinstitute. Gesch.Ber. 1958/59, S. 16; 1960, S. 19, VII 3 — 2531/60.
[30a] Vgl. BAV Gesch.Ber. 1960, 19, Allgemeines Ziff. b zu R 13/57.
[31] Eine ‚Bestätigung' erteilt z. B. auch der Prüfer (§ 62 VAG) über die ordnungsgemäße Buchführung und Rechnungslegung; dabei steht der Abschlußprüfer im Rechtsverhältnis einer Geschäftsbesorgung für die VU.

II. Vergleichbare Aufsichtspersonen

gen tritt diese Funktion deutlich hervor, sofern sich die Aufsichtsbehörde im Rahmen ihres Ermessens mit der Überprüfung der Verzeichnisabschriften durch den zur Bestätigung und Bescheinigung verpflichteten DSt-Treuhänder zufriedengibt, und das wird sie in fast allen Fällen tun können.

II. Vergleichbare Aufsichtspersonen

Im Sinne der Analogie lassen sich ähnliche Rechtserscheinungen oder ältere Vorbilder[32] in Gestalt jener öffentlich-rechtlichen Sachwalter prüfen, die als Verrichtungsgehilfe des Staates gelten und über deren Stellung das Gesetz gleichermaßen schweigt[33].

Wenngleich herrschende Lehre und Rechtsprechung den schon genannten Treuhändern öffentlichen Rechts den Charakter eines privaten Amtes zuerkennen, sind ihre typischen Merkmale einer näheren Betrachtung wert, um festzustellen, was letztlich den DSt-Treuhänder davon *unterscheidet*. Es könnten weitere Anhaltspunkte auftreten, die, wie Inhalt und Zweck der VAG-Aufsichtsperson, zu einem öffentlichen Amt tendieren.

1. Treuhänder öffentlicher Verwaltung

Wesentliche Voraussetzungen für die Eigenschaft eines ‚Gehilfen' der Staatsgewalt sind die Bestallung durch die Behörde und die Weisungsgebundenheit ihr gegenüber[34]. Beides trifft auf verschiedene Verwaltungstreuhänder zu. Außerdem nehmen sie Obliegenheiten wahr, die notwendig von der öffentlichen Verwaltung wahrzunehmen sind, d. h. die obrigkeitliche Verwaltungsgeschäfte dem Wesen nach und eine hoheitliche Gestaltung der Sozialordnung im Wege des Eingriffs[35] darstellen zur Verwirklichung des öffentlichen Interesses innerhalb der Schranken des Rechts.

---

[32] Vgl. *Ehrenberg*, VVV H. 38, Teil I, 102 ff.
[33] Beispielsweise nach MRG 52 und AHK-Gesetz Nr. 27. Gleichermaßen z. B. nach Landesgesetzen (Bayern und Hessen) in Ergänzung zu MRG 52, Befehl Nr. 124 der Sowjetischen Militäradministration, Kontrollratsgesetz (KRG) Nr. 45 und DVO sowie Ausführungsbestimmungen dazu, § 15 I VO über den Haupt-Th für NSDAP-Vermögen, Aufwertungsgesetz von 1925 und DVO.
[34] Beim Beamten kommen noch die Gehorsamspflicht und die Unterstellung unter eine besondere Dienstgewalt hinzu.
[35] *Forsthoff*, 7. Aufl., Bd. I, S. 68, 457.

a) Der Treuhänder nach MRG 52

hatte Eigentum politisch belasteter Personen unter Kontrolle zu halten und in Verwaltung zu nehmen mit dem Ziel, „bis zur endgültigen Verfügung das unter Treuhänderschaft genommene Vermögen sicherzustellen und zu erhalten und eine wesentliche Wertminderung der Vermögensteile zu vermeiden"[36].

Der von den Alliierten behördlich Bestellte übte zwar, was die Begründung des von ihm wahrgenommenen Beschlagnahmerechts angeht, die Vermögenssperre nicht notwendig gegen den Eigentümer aus[37]. Insoweit war die auf ein privates Amt gerichtete Tendenz einzusehen. Der Sachverwalter erhielt eine von der Verwaltungsbehörde festgesetzte Vergütung aus dem der Kontrolle bzw. Verwaltung unterliegenden Vermögen[38], welche er auch nach Beendigung seines Amtes und der Vermögenskontrolle gegenüber der Behörde geltend machen konnte[39]. Soweit der Treuhänder im Rahmen der ihm übertragenen Befugnisse und pflichtgemäß gegenüber der Verwaltungsbehörde handelte, entfiel für ihn jegliche Haftung gegenüber dem Eigentümer des gesperrten Vermögens[40]. Soweit die Behörde ihre Pflicht zur sorgfältigen Auswahl und Überwachung des Treuhänders schuldhaft verletzte, haftete sie für den dem Vermögensinhaber dadurch entstehenden Schaden[41].

b) Nach AHK-Gesetz Nr. 27

waren — um ein weiteres Beispiel öffentlicher Verwaltungstreuhandschaft nachzuprüfen — für die der Beschlagnahme unterliegenden deutschen Unternehmen des Kohlenbergbaues sowie der Eisen- und Stahlindustrie Treuhänder zu ernennen[42]. Ihre Ernennung oder

---

[36] Military Government Regulations (in der revidierten Fassung v. 1. 9. 1946) Titel 17 Ziff. 100.1.
[37] Anderer Ansicht sind z. B. *Dölle-Zweigert*, Komm. MRG 52, 1947, Ziff. 206; *Engler*, DRZ 1947, 252; *Heiland*, DRZ 1949, 217; 1950, 102. Insofern ist das Vorliegen eines Privatamts durchaus strittig.
[38] Die Vergütung kann der Th nämlich während seines Amtes nur vom Eigentümer des von ihm verwalteten Vermögens in sinngemäßer Anwendung der §§ 1915, 1836 BGB verlangen. LG Heidelberg v. 8. 5. 52 — I S. 29/52, NJW 1952, 1022.
[39] OLG Saarbrücken v. 1. 6. 50 — 2U 190/49, DZR 1950, 543. Die Grundsätze und Bestimmungen, die für die Vergütung beispielsweise des Konkursverwalters gelten, seien nicht entsprechend anwendbar. Dieses Urteil verneint zugleich jegliche privatrechtliche Beziehung zwischen Sequesterverwalter und Vermögensinhaber.
[40] LdR II 56 b; OLG Ffm. v. 9. 12. 52 — 1 U 83/52, NJW 1953, 548.
[41] BGH Urt. v. 21. 4. 55 — III ZR 203/53, JR 1955, 296; JR 1954, 102 f. Wenn der Staat fremdes Vermögen einer Aufsichtsperson anvertraut, muß er es sich gefallen lassen, daß an seine Verpflichtung bei der Auswahl und Überwachung des von ihm Beauftragten besonders strenge Anforderungen gestellt werden.
[42] Gesetz Nr. 27 der Alliierten Hohen Kommission, AmtsBl. AHK 1950, S. 299.

Bestätigung war der Alliierten Hohen Kommission (AHK) vorbehalten, und zwar nach Anhörung dafür geeignet erscheinender deutscher Behörden und Organisationen (Art. 3 I)[43].

Die Treuhänder[44] hatten als Anteilseigner der Neugründung zu fungieren und die den Altgesellschaften entzogenen Vermögenswerte zu übernehmen. Sie waren an Weisungen der zuständigen Dienststellen der Alliierten gebunden; auch endete ihr Amt und erfolgte die Entlastung nach behördlichen Anordnungen. Die durch alliierten Hoheitsakt sanktionierte Eigentumsentziehung auf Zeit[45] schloß privatrechtliche Beziehungen der Amtsperson zu den bisherigen Eigentümern insofern aus, als der Wortlaut des MRG 75, wonach die Anteilsrechte ausdrücklich „für die Eigentümer" (on behalf of the owners) verwaltet werden sollten, nunmehr entfiel und die vordem zum Ausdruck gebrachte Bindung an die Rechte und Interessen der betroffenen Vermögensinhaber offensichtlich und bewußt aufgehoben erscheinen mußte[46].

2. Treuhänder öffentlicher Aufsicht

Es könnte der Einwand erhoben werden, die angeführten öffentlich-rechtlichen Treuhandschaften seien mit dem DSt-Treuhänder nicht vergleichbar, weil sie a) eine Vermögensverwaltung, indessen keine Aufsichtsfunktion im Sinne des VAG darstellen und außerdem b) das Versicherungswesen in keiner Weise berühren. Wir wollen uns deshalb vergleichbaren Aufsichtführenden öffentlichen Rechts zuwenden, zunächst unter dem erstgenannten Einwand:

a) Aufsichtführender nach Bayer. Th-Gesetz

Schon das MRG 52 unterscheidet zwischen einem geschäftsführenden oder Verwaltungstreuhänder (managing custodian) und einem (gewöhnlichen) Treuhänder mit Kontroll- und Überwachungsrechten

---

[43] Die deutsche Kohlenbergbau-Leitung und die Stahltreuhänder-Vereinigung wohl an erster Stelle, deren Aufgabe es war, für die betroffenen Industrien Pläne einer Neuordnung auszuarbeiten.
[44] Die Rechtsstellung des Th regelte für den Bergbau die DVO Nr. 10 (AmtsBl. AHK 1951, S. 1287) und für die Eisen- und Stahlindustrie die DVO Nr. 7 (AmtsBl. AHK 1951, S. 901).
[45] Die verwalteten Anteilsrechte sollten zu einem bestimmten Zeitpunkt auf diejenigen Personen übertragen werden, die eine künftige Anordnung der AHK bestimmt. Nach der Note der AHK v. 24. 5. 1951 an die Bundesregierung sollten die Aktien der neuen Gesellschaften gegen angemessene Entschädigung der bisherigen Eigentümer an Privatpersonen ausgegeben und die Verteilung so vorgenommen werden, daß eine Wiederherstellung übermäßiger wirtschaftlicher Machtballungen vermieden und dem Gesetz nach untragbare Personen ausgeschlossen bleiben. Vgl. WuW 1951/52, 181.
[46] Vgl. *Küster*, WuW 1951/62, 180. Die Verwaltung der zugeteilten Anteilsrechte mußte als bis zur anderweitigen endgültigen Regelung der Eigentumsverhältnisse andauernd gelten. Vgl. Wirtschaftsprüfer 1948, 340 (341).

(custodian)[47]. Bayern[48] und Hessen[49] haben im Anschluß daran besondere Landesgesetze erlassen, die einen speziellen Aufsichtführenden einsetzten. Wir beschränken uns auf eine kurze Betrachtung der bayerischen Regelung.

Diese sah neben dem Vermögensverwalter, der ermächtigt war, anstelle des Eigentümers — bei juristischen Personen anstelle ihrer Organe — zu handeln (§ 14 I 2), eine in ihren Befugnissen dem DSt-Treuhänder ähnliche Kontrollperson vor. Ihre Zuständigkeit war nicht darauf gerichtet, den Vermögensinhaber oder seinen Bevollmächtigten auszuschalten, ihn der Geschäftsführung oder der Vertretungsmacht zu entheben. Aber jede Handlung bedurfte der Zustimmung; des Treuhänders Einwilligung oder Genehmigung war Wirksamkeitsvoraussetzung für ein Rechtsgeschäft oder die Gültigkeit eines Beschlusses der Organe[50]. Darin äußerte sich eine Verfügungsbeschränkung des formellen Eigentümers bzw. eine dem gesetzlichen Veräußerungsverbot gemäße Rechtswirkung für das Sondervermögen.

Gleichermaßen war, wie nach VAG, die Aufsichtsbehörde nicht in der Lage, den Treuhänder anzuweisen, seine Zustimmung zu erteilen; ebenso konnte diese Zustimmung auch nicht von der Behörde ersetzt werden. Der Aufsichtführende nach bayerischem Gesetz konnte seinerseits den Vorstand des Unternehmens bzw. den Eigentümer zu bestimmten Maßnahmen oder Geschäften nicht anweisen und von der Erfüllung gesetzlicher Pflichten nicht entbinden. Auch das entsprach den Befugnissen des DSt-Treuhänders.

Die Auswahl, Bestellung und Abberufung der Aufsichtsperson geschahen durch die Aufsichtsbehörde[51], die eine Bestallungsurkunde

---

[47] *Froehlich* u. a., JR 1956, 81, erteilt ersterem die Vollmacht der Geschäftsleitung, letzterem lediglich eine Aufsichtsfunktion, wobei die Befugnisse der Geschäftsleitung bei den verfassungsmäßigen Organen des Unternehmens verbleiben. Nach *Engler*, DRZ 1947, 252 ff., hat der gewöhnliche Custodian die rechtliche Verantwortung für das Vermögen und kann dabei den Eigentümer weiter wirtschaften lassen, analog einer Vermögensaufsicht (financial supervision), während der „managing custodian" außer der rechtlichen die volle wirtschaftliche Verantwortung trägt. Bemerkenswert ist der Hinweis, daß das Gesetz in Art. I Abs. 2 von einem „Verwalter" spricht, nicht von einem Th (etwa „trustee" oder „nominee"), und tatsächlich ist der Verwalter dem rechtlichen Eigentümer in keiner Weise verpflichtet. Demnach sei die Bezeichnung ‚Th' sowohl dem Buchstaben als auch dem Sinne des Gesetzes nach irrig.
[48] Bayer. Gesetz Nr. 67 v. 19. 6. 1947, GVBl. Nr. 12, S. 143, gilt für unter Kontrolle gestelltes Vermögen gemäß KRG Nr. 2, 9, 10 sowie MRG Nr. 5, 52, 54, 77, 191 und BefreiungsG v. 5. 3. 1946 (§§ 1, 20).
[49] Hess. Gesetz v. 16. 8. 1950, GVBl. S. 131; BB 1950, S. 607. Es gilt ebenfalls für Vermögen, die aufgrund der Kontrollrats- und Militärregierungsgesetze sowie des Gesetzes zur Befreiung vom Nationalsozialismus und Militarismus der Kontrolle unterstehen (§ 1).
[50] Vgl. *v. Godin*, NJW 1947/48, 48.
[51] Bayer. Landesamt für Vermögensverwaltung und Wiedergutmachung.

II. Vergleichbare Aufsichtspersonen

aushändigte und die Amtsführung beaufsichtigte. Die Bestellung beruhte auf Hoheitsakt, unabhängig von den Betroffenen und auch gegen ihren Willen[52]. Doch weder mit Ernennung und Verpflichtung durch die Aufsichtsbehörde noch bereits mit dem Einverständnis des Bestellten war seine Amtseinsetzung wirksam vollzogen; das bayerische Gesetz legte besonderen Wert auf Aushändigung einer Bestallungsurkunde[53].

Etliche Ähnlichkeiten mit dem VAG-Treuhänder lassen sich nicht verleugnen. Nun könnte noch erwidert werden, daß alle diese Aufsichtführenden keinen unmittelbaren Bezug zur Versicherungswirtschaft aufweisen. Dem entgegen hatte das Rechtsinstitut eines öffentlichen Treuhänders schon vor Einführung des Änderungsgesetzes zur Versicherungsaufsicht Eingang in die Versicherungswirtschaft gefunden:

b) *Treuhänder nach Aufwertungsgesetz*

Durch die SteuerNotVO v. 14. 2. 1924 (RGBl. I S. 74) wurden Ansprüche aus Vermögensanlagen aufgewertet, soweit solche bis zur Inkraftsetzung dieser Verordnung begründet worden waren, darunter auch Ansprüche aus Lebensversicherungsverträgen, später[54] erweitert auf Ansprüche aus Verträgen der Kranken-, Unfall- und Haftpflichtversicherung, und sofern dafür ein Deckungsstock bereitgestellt sein mußte[55]. Die Aufwertung der Versicherungsansprüche sollte anhand

---

[52] *v. Godin*, a. a. O., S. 48, will öffentliche Interessen wahrgenommen wissen, zu denen er allerdings auch solche der Besatzungsmacht rechnet.

[53] § 4 erinnert an § 47 I 2 Dts. BeamtG: „Wer keine solche Urkunde erhalten hat, ist nicht Beamter im Sinne dieses Gesetzes." Bei Abberufung muß die Urkunde zurückgegeben werden, was im Verwaltungswege erzwungen werden kann; außerdem kann die Behörde bei vorsätzlicher Zurückbehaltung Strafantrag stellen. Die Unterwerfung unter ein öffentliches Gewaltverhältnis tritt ausgeprägt hervor. Vgl. BB 1947, 283 Anm. 6.

[54] 4. DVO zur 3. SteuerNotVO v. 28. 8. 1924, RGBl. I S. 694.

[55] Die weitere Regelung der Aufwertung durch Gesetz v. 16. 7. 1925 (§§ 59 bis 61), RGBl. I S. 117, sodann ergänzt durch DVO v. 29. 11. 1925 (Art. 96 bis 116), RGBl. I S. 392, stellte erneut auf solche Ansprüche ab, die aus einer Prämienreserve herrührten. Das Aufsichtsamt erklärte ausdrücklich, daß die Aufwertung immer nur in den Grenzen der bei den VUen vorhandenen Deckungsmittel erfolgen könne (VA 1925, 20). Damit wurde das Deckungskapital als Rechtsgrundlage der Aufwertungsansprüche von Vten deutlich und der Bezug der Thschaft zum Sondervermögen erhellt.

[56] Der Aufwertungsstock wurde an den von der zuständigen Aufsichtsbehörde ernannten Treuhänder überwiesen, der einen Plan zur Verteilung an die Berechtigten anzufertigen und während seiner Verwaltungstätigkeit periodisch Bericht zu erstatten hatte. Zunächst hatte der Th den Aufwertungsstock in Besitz zu nehmen und zu verwalten mit der Befugnis, im Rahmen der übertragenen Rechte darüber zu verfügen (RG Urt. v. 25. 1. 28 — V 300/27, VA 1928, 188). Während des Bestehens der Thschaft war der VU das Verwaltungsrecht entzogen und dem Th übertragen (RG Urt. v. 16. 5. 28 — V 577/27, VA 1928, 189). Doch nach der aufsichtsbehördlichen Genehmigung des Teilungsplanes war das Sondervermögen mit dem Aufwertungsstock auf die VU zurück zu übertragen, ein Sachverhalt, der wesentlich eine Verfügungsbeschränkung darstellte und die mehr überwachende Funktion des AufwertungsTh kennzeichnet in Analogie zum DSt-Th.

88 B. Rechtsstellung / § 8. Öffentlich-rechtliche Stellung

eines zu errichtenden Aufwertungsstocks[56], nämlich aus der Substanz des aufgewerteten Deckungsvermögens der Versicherungsunternehmen nebst einem aus dem sonstigen Vermögen des Schuldners zu leistenden, im Benehmen mit einem Treuhänder festzustellenden Betrag vorgenommen werden[57]. Diese Aufsichtsperson war unter einem weitreichenden Prüfungs- und Genehmigungsrecht der Behörde tätig, und zwar neben dieser als Organ für die unparteiische Durchführung der Aufwertung[58]. Auch der Aufwertungs-Treuhänder erhielt seine Legitimation zur Ausübung der ihm übertragenen Aufgaben unmittelbar aus dem Gesetz[59] und war weder Vertreter des Versicherungsunternehmens noch der Versicherten, sondern im öffentlichen Interesse geschaffen.

Die Bestallung erfolgte im Gegensatz zu den bisher genannten Amtsträgern öffentlichen Rechts durch die Aufsichtsbehörde in Verbindung mit einem der Unternehmung eingeräumten Vorschlagsrecht[60]. An Ähnlichkeiten mit dem DSt-Treuhänder wäre außerdem festzustellen, daß die Aufsichtsbehörde vermöge ihrer Entscheidung maßgeblich die Person des Aufsichtführenden bestimmte und neben seiner ständigen Beaufsichtigung zugleich die den Aufwertungsstock betreffenden Streitigkeiten zwischen ihm und der Unternehmung entschied[61].

c) Treuhänder nach Hypothekenbankgesetz

Vor allem hat der DSt-Treuhänder eine enge Anlehnung an den Hypothekenbank-Treuhänder erfahren[62], dessen Eigenschaft eines aufsichtsbehördlichen ‚Gehilfen' vielfach bejaht wird[63]. Im Gegensatz zum DSt-Treuhänder indes und gleich vielen anderen öffentlichen Treuhändern erfolgt die Bestellung ausschließlich durch die Aufsichtsbehörde,

---
[57] Vgl. *Fritz*, MVA Bd. I, S. 172 ff.
[58] Vgl. *Berliner*, VuG 1926, S. 34.
[59] Nach *Berliner* zwar vergleichbar: RGZ 29, 36; 65, 288; RGR Komm. BGB, Anm. 1 zu § 1985.
[60] VA 1925, 14.
[61] Weiterhin konnten, wie beim DSt-Treuhänder, ehemalige Angestellte der VU nur dann das Amt übernehmen, wenn sie einen Rechtsanspruch auf Ruhegeld hatten. Eine Umkehr der Situation nach §§ 70 ff. VAG indes lag darin, daß sich die Verfügungsmacht über das Sondervermögen beim Aufwertungs-Th befand (insofern also ein Verwaltungs-Th), während die VU seinen Verfügungen widersprechen konnte und dann die Entscheidung der Aufsichtsbehörde eingeholt werden mußte (RG Urt. v. 25.1.1928), andererseits der Vr auf Verlangen des Th den Aufwertungsstock aufzubewahren hatte. VA 1928, 188.
[62] Verh. Reichstag 1930, Bd. 450, Drucks. Nr. 848, S. 18: „In Anlehnung an die Bestimmungen in §§ 29 ff. des HypBankG vom 13. Juli 1899 (RGBl. S. 375) schreibt der Entwurf die Bestellung eines Treuhänders ... vor."
[63] In analoger Anwendung zum HypBankG vgl. *Göppert-Seydel-Friedländer*, Anm. 1 zu § 29; *Goldschmidt*, Verh. 36. Juristentag, Bd. II, S. 21; *Merzbacher*, BankA V, 260; *RGR* Komm. BGB, 9. Aufl., Anm. 1 zu 1189. A. M.: *Dannenbaum*, Anm. 5 zu § 29; *Ehrlichmann*, a. a. O., S. 23 ff.; *v. d. Thüsen*, BankA a. a. O., 230 f., 232; ders., JRPV 1936, 146.

II. Vergleichbare Aufsichtspersonen

die sie jederzeit widerrufen kann (§ 29 II). Ihre Entscheidungsbefugnis bei Streitigkeiten zwischen Treuhänder und Unternehmung (§ 33) beschränkt sich nicht nur auf die Obliegenheiten der Aufsichtsperson. Diese Umstände, so möchte man meinen, fördern typische Merkmale eines öffentlichen Amtes zutage.

Im Hinblick auf das VAG bemerken wir, daß der Treuhänder nach Hypothekenbankgesetz vollends Vorbild war: Der Aufsichtführende für Hypothekenbanken hat darauf zu achten, daß die zur Deckung der Pfandbriefe bestimmten Hypotheken und Wertpapiere in das Hypothekenregister eingetragen werden (§ 30 II) und die vorschriftsmäßige Deckung jederzeit vorhanden ist (§ 30 I). Urkunden und Wertpapiere über die eingetragenen Hypotheken sowie zur Deckung bestimmtes Geld hat er unter Mitverschluß der Bank zu verwahren (§ 31 I). Der Aufsichtführende bescheinigt auf den Hypothekenbriefen das Vorhandensein der vorschriftsmäßigen Deckung (§ 30 III), er kontrolliert die Registereintragung (§ 22 I), und eine Löschung ist nur mit seiner Zustimmung möglich (§ 30 IV). Er beglaubigt die der Aufsichtsbehörde einzureichende Abschrift der Eintragungen (§ 22 II) und ist befugt, jederzeit die Bücher und Schriften der Bank einzusehen, soweit diese sich auf die eingetragenen Werte und die Hypothekenpfandbriefe beziehen (§ 32 I).

Die im Hypothekenbankgesetz (RGBl. 1899, S. 375) erstmals gewählte Bezeichnung „Treuhänder" soll den Unterschied gegenüber dem Vertreter der Gläubiger nach SchVG betonen. Im Entwurf war noch von einem „Vertreter der Pfandbriefgläubiger" die Rede[64], der von den Gläubigern zur Wahrung ihrer Interessen bestellt werden sollte[65]. Das Gesetz hat statt des „Vertreters" die Bestellung einer Aufsichtsperson anderen Namens und durch die Aufsichtsbehörde statt durch die Gläubigerversammlung aufgenommen. Damit trat eine Änderung dieses Rechtsinstituts ein[66]. Zugleich in Annäherung an den ersten Gesetzentwurf[67] von 1879/80 will die im Gesetz gewählte (zwar nicht sonderlich treffende) Bezeichnung offenbar die Übertragung auch öffent-

---

[64] Reichstag Sten.Ber. 1898—1900, Drucks. Nr. 106, Anl. II, S. 924 ff. Die Bestellung dieses Vertreters sollte durch die Versammlung der Pfandbriefgläubiger erfolgen nach Vorschriften des Gesetzes über die gemeinsamen Rechte der Besitzer von Schuldverschreibungen. Vgl. Entwurf § 28, Anl. II, S. 928.
[65] Vgl. Entwurf, Anl. II, S. 932—948. Danach fiel ihm die Aufgabe zu, fortlaufend für die vorschriftsmäßige Deckung der Hypothekenpfandbriefe Sorge zu tragen und die zur Deckung dienenden Urkunden unter Mitverschluß der Bank zu verwahren.
[66] Vgl. *Ehrlichmann*, a. a. O., S. 5. A. M.: *Barlet-Karding*, Anm. 3 zu § 29. Aber diese Ansicht, wonach der Th ausschließlich die Interessen der Pfandbriefgläubiger wahrzunehmen habe, verkennt die Absicht des Gesetzgebers, die für die geltende Regelung entscheidend war.
[67] Der Entwurf von 1879/80 sah die Bestellung eines Pfandrechts an dem Gesamtbestand der Hypotheken, dem materiellen Fundus der von der Bank

licher Aufgaben auf die Aufsichtsperson ausdrücken und möglicherweise die Rechtsstellung eines öffentlichen Amtes kenntlich machen.

d) Aufsichtführender nach § 119 VAG

Das VAG schließlich enthält außer dem Aufsichtführenden für Versicherungsunternehmen einen solchen für Bausparkassen; beide gleichermaßen der materiellen Staatsaufsicht unterstellt. Ein Vertrauensmann (§ 119) überwacht die Zuteilung der Baudarlehen nach Maßgabe des Geschäftsplans (§ 116). Seine Amtseinsetzung erfolgt durch die Aufsichtsbehörde im Einvernehmen mit der zuständigen Landesbehörde nach Anhörung der Bausparkasse (§ 119 I) auf dem Wege der Präsidialverfügung. Die Bestellung unterscheidet sich gegenüber derjenigen des DSt-Treuhänders im Prinzip darin, daß die Unternehmung kein Vorschlagsrecht hat[68]. Es handelt sich um ein aufgrund der Einsetzung durch die Aufsichtsbehörde ausgeübtes staatliches Hoheitsrecht (VA 1934, 190).

In Tätigkeit und Befugnissen des Vertrauensmannes sind wiederum Parallelen zum DSt-Treuhänder sichtbar[69]. Der Amtsträger kann, soweit es seine Überwachungsfunktion erfordert, jederzeit die Bücher und Schriften der Bausparkassen einsehen (§ 119 II). Ebenso kann er eine angemessene Vergütung von der Unternehmung verlangen, die, wie beim Treuhänder, falls gegen ihre Höhe Bedenken bestehen oder eine Einigung nicht zustande kommt, die Aufsichtsbehörde festsetzt (§ 119 III). Streitigkeiten zwischen der Unternehmung und der Amtsperson über deren Obliegenheiten entscheidet hier die Aufsichtsbehörde (§ 119 IV) unter Ausschluß des ordentlichen Rechtsweges (VA 1934, 190). Der Vertrauensmann hat den Vorstand auf Verstöße gegen den Zuteilungsplan hinzuweisen und auf Einhaltung des Geschäftsplans zu dringen[70] sowie gegebenenfalls Meldung an das Bundesaufsichtsamt

---

ausgegebenen Pfandbriefe, zugunsten der Pfandbriefgläubiger vor. Dieses Recht auf ein Faustpfand sollte von einem von der Bank zu berufenden ‚Pfandhalter' wahrgenommen werden. Vgl. Sten.Ber. 1898—1900, Anl. II, S. 931. Der zweite Entwurf bevorzugte dann die Bestellung des Pfandhalters durch die Gläubigerversammlung anstelle der Unternehmung und statt der rechtlichen Sicherung durch ein Faustpfandrecht ein Vorrecht im Konkurs (Anl. II, S. 947), was indes dem Sinne nach die Stellung des Th als eine Art Pfandhalter keineswegs verändern konnte.

[68] VA 1933, 302. Das Amt des Aufsichtführenden beginnt mit der behördlichen Verfügung und endet mit dem jederzeit möglichen Widerruf des BAV. Seine Rechte leiten sich aus der aufsichtsbehördlichen Bestellung her (VA 1934, 191).

[69] So auch in der Vorschrift, daß der Vertrauensmann seinen Wohnsitz am Sitze des Unternehmens haben muß (VA 1938, 135) und für dieses Amt Vorstands- und Aufsichtsratsmitglieder, Angestellte der Unternehmung sowie juristische, wirtschaftliche, mathematische Berater (z. B. Notare, Steuerberater, mathematische Sachverständige), die ständig für das Unternehmen tätig sind oder bereits in seinen Diensten standen, nicht in Betracht kommen (VA 1933, 302; 1934, 190; 1949, 119).

[70] Vgl. *Prölss*, Anm. 6 zu § 119.

zu erstatten (VA 1937, 100). Sein Amt erlischt mit dem Antrag der Aufsichtsbehörde auf Eröffnung des Konkursverfahrens (VA 1934, 191). Wie beim Treuhänder nach §§ 70 ff. VAG wird die Tätigkeit der Aufsichtsbehörde durch die Amtsperson nach § 119 VAG unterstützt und ergänzt[71].

3. Beschränkt zulässige Analogie

Den meisten der von uns betrachteten Amtspersonen zur Verwaltung und Überwachung von öffentlich beaufsichtigten Vermögen sind folgende Merkmale gemeinsam: Sie sind a) weder Stellvertreter im Sinne der §§ 164 ff. BGB noch gesetzliche Vertreter[72] und b) aus dem Gesetz befugt, im eigenen Namen zu handeln, wobei sie c) von einer Behörde berufen und abberufen sowie d) von dieser beaufsichtigt werden und e) eine Bestallungsurkunde sowie f) im Rahmen der gesetzlichen Bestimmungen Weisungen erhalten, außerdem g) eine behördlich festgesetzte Vergütung aus dem verwalteten Vermögen beziehen und h) ihr Amt im allgemeinen oder staatlichen Interesse, das heißt nicht einseitig im Interesse einer Gruppe, ausüben und i) allen Beteiligten für die ordnungsgemäße Erfüllung der übertragenen Aufgaben haften.

Viel Ähnlichkeit liegt vor beim Amtsträger nach Aufwertungs-, nach Hypothekenbank- und nach Versicherungsaufsichtsgesetz § 119, teilweise auch nach bayerischem Treuhändergesetz in Ergänzung zu MRG 52. Soweit es sich um Treuhänder des Beschlagnahmerechts handelt, haben diese die Eigenschaft eines Privatamtes. Von hier aus erlangt die von uns gehegte Vermutung eines öffentlichen Amtes keine Bestätigung. Qualifiziert trifft überdies keine der vergleichsweise behandelten Rechtsfiguren auf den Aufsichtführenden für den Deckungsstock zu[73]. Die maßgeblichen Unterschiede gegenüber vergleichbaren Amtspersonen seien daher am Ende unserer Untersuchung (§ 10 II) näher behandelt.

III. Zweifelhafte Staatsorganschaft

Sicherlich lassen sich einige Argumente nicht übersehen, die gegen die Eigenschaft eines öffentlichen Amtes vorzubringen und im folgenden noch zu widerlegen wären. Der Weg unserer Untersuchung er-

---

[71] *Berliner-Fromm*, Anm. 1 zu § 119. Widersprochen werden muß indes der Ansicht dort in Anm. 2, daß ebenso wie beim DSt-Th ein Vertragsverhältnis angenommen werden könne.

[72] BGH Urt. JR 1958, 145; BGHZ 12, 380 u. 386; BGH Urt. NJW 1954, 918; BGH Urt. NJW 1955, 339; BGHZ 21, 285 u. 291; NJW 1956, 1958; BGH Urt. v. 26. 2. 54 — VZR 135/52; OGH Urt. v. 10. 2. 49 — I ZS 84/48, OGHZ 2, 1; NJW 1949, 546; LG Mannheim v. 15. 7. 52 — 2 O 94/52, BB 1953, 76; KG (West) v. 29. 1. 49 — 3 U 331/48, JR 1950, 536. Vgl. auch oben § 6 Anm. 39.

[73] Unter anderem Aspekt werden wir unten (§ 9 I) die Analogie mit Einschränkungen verwenden.

hellt bei aller Beschwernis, wie strittig der numerus clausus für die Wesensmerkmale einer typischen Rechtsfigur sein kann.

1. Materielle Gegengründe

Unerheblich ist, daß die Rechtsprechung für bestimmte Verwaltungstreuhänder, so für jene nach MRG 52, die private Amtseigenschaft entschieden hat. Weiterhin wird eingewandt, den Befugnissen der strittigen Rechtsperson sei

a) keine öffentliche Gewalt

eigen, wenn auch eine öffentlich-rechtliche Tätigkeit ausgeübt werde[74]. Die nähere Begründung dieser höchstrichterlichen Auffassung fehlt. Diese Ansicht nähert sich in etwa derjenigen, die dem Aufsichtführenden nach VAG jede aufsichtsbehördliche Funktion deshalb absprechen will, weil die Staatsaufsicht eine materielle Prüfung des gesamten Geschäftsbetriebs der Versicherungsunternehmen darstelle, während der Treuhänder lediglich die Aufgabe einer formellen Prüfung und zudem die eines Teilbereiches habe, die des Prämienreservefonds nämlich.

Es sei daran erinnert, daß öffentliche Gewalt jede von Obrigkeits wegen entfaltete dienstliche Betätigung ist, die staatliche Zwecke und dabei auch eine Fürsorge — etwa durch Versorgungsleistungen oder öffentliche Daseinssicherung — zum Ziel hat, erst recht, wenn amtliche Mittel dabei eingesetzt werden, aber auch, wenn darauf verzichtet wird[75]. Gewisse Akte der Daseinsvorsorge[76], wie die Sorge für bestimmte schutzbedürftige Bevölkerungskreise, sind letztlich hoheitlich, weil sie dem Wesen des Staates immanent sind.

Eine andere Frage wäre die, ob die Tätigkeit des DSt-Treuhänders den Tätigkeiten einer öffentlichen Daseinsvorsorge gleichkommt, was den Charakter eines öffentlichen Amtes bestätigen würde[77].

Des weiteren sei erneut darauf hingewiesen, daß die Verwaltung des Deckungsstocks vor Einführung einer besonderen Amtsperson in den Händen der Aufsichtsbehörde lag[78] und diese noch heute das Sondervermögen ausländischer Niederlassungen im Bundesgebiet selbst in

---

[74] BFH Urt. v. 10. 10. 57, BStBl. 1957 III, 430.
[75] RGZ 144, 257; 146, 373; 147, 278, 154, 185; Des weiteren RGZ 156, 220 (229); 164, 15 (19); 165, 91 (97 f.).
[76] Im weitesten Sinne aufzufassen, also über den Forsthoffschen Begriff hinaus. Die Lehrmeinungen dazu erläutert eingehend *Weidner*, ZVersWiss 1961, 141 ff.
[77] Dazu unten §§ 9 II 3, 11 III 1.
[78] Die Eigenschaft der Aufsichtsbehörde dürfte kaum als Treuhand in Ausübung öffentlicher Gewalt bezweifelt worden sein. Weshalb sollte die mit der 3. Novelle zum VAG eingeführte Thschaft einen wesentlich anderen Grundgedanken verkörpern?

III. Zweifelhafte Staatsorganschaft

Mitbesitz nimmt (§ 110 II VAG)[79]. Wollen wir schließlich der amtlichen Begründung zum ÄndG VAG den Sinn und Zweck der Treuhandschaft authentisch entnehmen (Drucks. Nr. 848, S. 18; zu Art. I Nr. 6), so haben Erfahrungen[80] „die Notwendigkeit erwiesen, gesetzliche Grundlagen für eine *Verschärfung der staatlichen Aufsicht* zu schaffen"[81]. Eben dies sollte durch die Befugnisse des neu eingeführten Amtsträgers erreicht werden können.

Wie „nachdrücklich" dabei Abhilfe geschaffen werden will, beweist die Vorschrift, die mit dem Treuhänder zugleich die Ernennung eines Stellvertreters obligatorisch macht. Darin äußert sich zweifellos eine wesentliche Erweiterung und Vertiefung der materiellen Staatsaufsicht[82], ganz abgesehen von merklichen Ähnlichkeiten der Aufgaben und Befugnisse gemäß §§ 81—89 und §§ 70—76 sowie vor allem im Vergleich der §§ 83 I zu 73, 83 II zu 74 VAG[83].

Nach verschiedentlich geäußerter Ansicht[84] sodann sei der Aufsichtführende

b) kein behördlich Beauftragter

aus dem Grunde, weil er vordringlich als Interessenvertreter der Versicherten fungiere, während die Aufsichtsbehörde in gleicher Weise die Interessen der Unternehmung zu beachten habe. Die vom Treuhänder einseitig wahrgenommene Amtsstellung[85] widerspreche den Aufgaben eines staatlichen Organs.

In Wahrheit werden vom Aufsichtführenden dadurch, daß er die Unternehmung zur Wahrnehmung ihrer Obliegenheiten gegenüber dem Sondervermögen anhält, keineswegs bloß Versichertenbelange gewahrt. Auch ist es nicht richtig, anzunehmen, daß eine Vermögenssperre oder

---

[79] Mitbesitz und Mitverfügung außer der Überwachung kennzeichnen nach *Palandt*, Einf. zu § 164 BGB, die echte Treuhandschaft. Hierin liegt eine Abschwächung des strengen Th-Begriffs. Andererseits sind es die ansonsten vom DSt-Th ausgeübten Befugnisse.

[80] Vornehmlich der Zusammenbruch der Frankfurter Allgemeinen Versicherungs-AG im Jahre 1929. Vgl. Amtliche Begründung, MVA Bd. I, S. 25; VA 1930, 82, 85 ff. Diesen Anlaß betrachten auch sehr viele Th gemäß Befragung (72 vH) als ausschlaggebend.

[81] Vgl. Nachweis bei *Büchner*, MVA Bd. I, S. 25 (kursiv v. Verf.).

[82] Vgl. *Büchner*, MVA Bd. I, S. 26.

[83] In diesem Zusammenhang erscheint der Einwand von *Ehrlichmann*, a. a. O., S. 23, und *Schmitz*, HansRGZ 1936, Sp. 35, nicht stichhaltig, wonach ein Unterschied der Tätigkeit und Aufgaben darin liege, daß den Th zwingende Vorschriften verpflichten, während die Aufsichtsbehörde ihre Befugnisse nach Belieben ausüben kann, der gesetzlichen Pflicht zur Ausübung also ein Ermessen gegenüberstehe.

[84] Vgl. *Ehrlichmann*, a. a. O., S. 22; *Schmitz*, a. a. O., Sp. 34.

[85] Eine solche etwa aus dem Wortlaut der Gesetzesbegründung ableiten zu wollen, steht nicht an. Denn demgegenüber nennt das Gesetz selbst an zahlreichen Stellen (§§ 8 I Ziff. 2, III, 14, 66 III, 67 III, 80, 81 II, 87 I, 89 I, 115, 138; Art. 3 DVO) die Belange der Vten ausdrücklich. Daraus hat die Literatur keineswegs eine einseitige Interessenwahrung der Aufsichtsbehörde abgeleitet. Weshalb sollte das beim DSt-Th anders sein?

die Einsetzung einer Kontrollperson in jedem Falle gegen den Vermögensinhaber gerichtet sein muß[86]. Schließlich die Tatsache, daß öffentlich bestellte Aufsichts- oder Kontrollpersonen außerdem auch Interessen des Betroffenen wahrzunehmen haben, weil das Gemeinwohl solche möglicherweise impliziert, widerspricht keineswegs dem Wesen eines öffentlichen Amtes.

Eine solche Ansicht läßt entweder die faktische Wahrnehmung öffentlicher Interessen durch den Aufsichtführenden ganz außer Betracht[87] oder sieht im Gemeinwohl einen Gegensatz zu den Interessen einer schutzbedürftigen Gruppe[88].

Es wird unter § 9 II noch ausführlich darzulegen sein, daß der Schutz einer bestimmten Personengruppe im Staat gleichwohl als Wahrnehmung des öffentlichen Interesses verstanden werden kann. Im übrigen wird jeder öffentliche Treuhänder oder Verwalter entweder als Unparteiischer zugunsten aller Beteiligten oder dabei vorwiegend zur Wahrung der Belange einer vom Gesetzgeber als schutzbedürftig anerkannten Gruppe tätig, ohne deswegen Partei zu nehmen[89].

Dagegen könnte für die Rechtsstellung des DSt-Treuhänders die Tatsache einiges Gewicht haben, daß ihm gegenüber

c) keine Weisungsbefugnis der Behörde

besteht, denn er ist weder Beamter[90] noch Angestellter[91] des Bundesaufsichtsamtes, auch liegt kein beamtenähnliches Dienstverhältnis vor. Das Gesetz räumt der zuständigen Behörde zwar mittelbar das Recht auf Entlassung ein, besitzt indes im übrigen über die gesetzliche Ermächtigung zu Anordnungen hinaus keinerlei Befugnis, den Treuhänder in der Handhabung seiner Rechte, etwa auf Herausgabe von DSt-

---

[86] Selbst wenn — man denke an MRG 52 und verwandte Gesetze, wo das Vermögen wegen politischer Belastung des Inhabers gesperrt und unter Verwaltung gestellt wird — die Maßnahmen sich gegen den Eigentümer richten, folgt daraus nicht, daß der Verwalter keine Rücksicht auf die Belange des Vermögensinhabers zu nehmen hätte. Das gilt immer dann, wenn die Ziele der öffentlichen Verwaltung und daraus die dem Verwalter auferlegten Pflichten sich, gewollt oder ungewollt, tatsächlich auch mit den Interessen des Eigentümers decken, so etwa an einer pfleglichen Behandlung des verwalteten Vermögens. Es sei denn, dem Verwalter sind Weisungen erteilt, die entgegenstehenden Interessen bindend den Vorrang verschafft haben. BGH Urt. v. 24. 6. 1957 — VII ZR 310/56, JR 1958, 145.
[87] So *Schmitz*, a. a. O., Sp. 34 ff.
[88] So *Ehrlichmann*, a. a. O., S. 21 ff.
[89] Was schwerer wiegt, wäre das Argument, es könne eine Kategorie gleichwohl als Amtsperson mit privatrechtlichen Aufgaben, denen auch solche im Gemeininteresse beigegeben seien, gedacht werden.
[90] Außer den angeführten Gründen um so mehr kein Beamter, als vergleichsweise der HypBankTh behördlich und viele öffentlich-rechtliche Vermögensverwalter ihm analog von der Aufsichtsbehörde bestellt werden, ohne deswegen schon Beamte zu sein.
[91] BFH Urt. BStBl. 1957 III, 430.

Beständen oder deren Verweigerung, anzuweisen. Insofern hat sie ebensowenig ein Weisungsrecht wie etwa die Versicherungsunternehmung[92].

Weiterhin hat die Behörde keine Zwangsbefugnisse gegenüber dem Aufsichtführenden, insbesondere besitzt sie keine disziplinarische Gewalt über ihn. Die Abberufung gemäß § 71 III VAG stellt keine Maßregelung dar. Insofern fehlt es wesentlich an einem Merkmal für ein öffentliches Amt. Bei Streitigkeiten zwischen Treuhänder und Versicherer hat die Aufsichtsbehörde lediglich gewissermaßen eine richterliche Funktion[93], die sich auf die Entscheidung über Obliegenheiten der Aufsichtsperson beschränkt. Zu dieser Regelung haben allein Zweckmäßigkeitsgründe geführt, nämlich einmal die zur Entscheidung erforderliche Sachkenntnis der Aufsichtsbehörde und zum anderen eine Beschleunigung für die Streitentscheidung außerhalb des ordentlichen Rechtsweges[94].

Gleichwohl schließt alles das ein öffentliches Amt nicht ohne weiteres aus. Eine *Delegation öffentlicher Aufgaben* oder eine Tätigkeit in mittelbarer Staatsverwaltung muß keineswegs zwingend mit einer Übertragung öffentlicher Gewalt in der Weise verbunden sein, daß die verliehenen Rechte vom Beauftragten selbst durchgesetzt werden müßten. Falls die Unternehmung ihren Pflichten gegenüber dem Deckungsvermögen nicht Genüge leistet, kann der Aufsichtführende Meldung erstatten in der Gewißheit, daß die Aufsichtsbehörde alsbald Abhilfe schafft. Öffentliche Aufträge lassen sich deshalb auch Privaten wirksam zuweisen. Beim DSt-Treuhänder wäre die *öffentliche Gewaltausübung* etwa in seiner Zuständigkeit zu sehen, der beaufsichtigten Unternehmung Entnahmen aus dem kontrollierten Vermögen zu bewilligen. Diese Amtsbefugnis stellt immerhin das Ergebnis eines gestaltenden Staatseingriffes in Gestalt genehmigungspflichtiger Rechtsgeschäfte dar.

2. Formelle Gegengründe

Wir sind außerdem gehalten, auch formelle Gründe gegen den Charakter eines öffentlichen Amtes zu erwähnen, z. B. daß die Aufsichtsbehörde die Ernennung nur ausnahmsweise vornimmt (§ 71 II 3 VAG),

---

[92] Vgl. RFH Urt. RStBl. 1942, 88.
[93] RFH Urt. v. 10. 12. 1941 — V 128/41.
[94] Die Begründung zum Entwurf der VAG-Novelle von 1931 bezieht sich insbesondere auf die Bestimmungen für den Th nach HypBankG, und in der Begründung zum Entwurf des HypBankG heißt es: „Streitigkeiten zwischen dem Vertreter der Pfandbriefgläubiger und der Hypothekenbank bedürfen einer schleunigen und unparteiischen Entscheidung. Auf dem Rechtsweg können die Beteiligten hierfür nicht verwiesen werden; vielmehr wird die Entscheidung zweckmäßig der Aufsichtsbehörde übertragen, die insoweit, als es sich darum handelt, die Bank zur Erfüllung ihrer Pflichten anzuhalten,

während die Unternehmung den Treuhänder abberufen kann; außerdem erfolgt keine staatliche Vergütung.

a) Keine öffentliche Bestallung

Tatsächlich erhält der DSt-Treuhänder keine Bestallungsurkunde. Das schließt einen öffentlich-rechtlichen Auftrag auf Geschäftsbesorgung sowie einen darauf gerichteten öffentlich-rechtlichen Vertrag jedoch nicht aus. Die behördliche Zustimmung bzw. die Unterlassung eines Einspruchs kann als ‚Anstellung' gewertet werden, weil hier keine Form der Anstellung vorgeschrieben ist. Vielmehr genügt eine konkludente Handlung des Dienstherrn[95].

Die Begründung zum VAG unterstellt andererseits einen ‚Bestallungsvertrag' mit der Unternehmung, weshalb auch die Entscheidungsbefugnis der Aufsichtsbehörde bei Streitigkeiten sowie Beschwerden nach § 75 VAG auf solche über die Obliegenheiten des Treuhänders beschränkt sein soll[96]. Doch haben wir gemäß den gesetzlichen und aufsichtsbehördlichen Vorschriften die Zustimmung des Bundesaufsichtsamtes als die conditio sine qua non einer Treuhänderbestellung anerkennen müssen, die erst die Rechtswirksamkeit der Amtsausübung erbringt.

Unbeschadet werden, wie die Befragung mit erheblicher Mehrheit (88 vH) bestätigt hat, die gesetzlichen Treuhänderrechte nicht ausschließlich aus dem Verwaltungsakt der aufsichtsbehördlichen Zustimmung begründet und verliehen. Tatsächlich vertreten fast alle Befragten (93 vH) die Ansicht, daß die Bestellung durch den Aufsichtsrat der Versicherungsunternehmung die Treuhandschaft begründe, diese zumindest aber nicht allein durch staatlichen Hoheitsakt empfangen sein könne (84 vH). Es wird diese Auffassung so verstanden werden müssen, daß die schriftliche Mitteilung der Unternehmung an den Bestellten sowohl das Einverständnis des Bundesaufsichtsamtes[97] wie die vorangegangene Willenserklärung des Bestellungsorgans enthält und insofern gemäß Befragung die Rechte des Amtsträgers nicht aus dem Beschluß des zuständigen Unternehmensorgans verbunden mit Verwaltungsakt (79 vH), vielmehr sukzessiv aus Treuhänderbenennung[98] und Amtsgenehmigung[99] begründet seien. Diese Ansicht ver-

---
schon kraft ihres Aufsichtsrechts über den Geschäftsbetrieb der Bank zum Erlaß der erforderlichen Anordnungen berufen ist." Verh. Reichstag, Sten. Ber. 1898—1900, Anl. II, S. 949, zu § 32.

[95] Weil grundsätzlich keine Urkunde vorgeschrieben ist, hat eine solche, wo immer sie ausgehändigt wird, keine konstitutive, sondern lediglich deklaratorische Bedeutung. Vgl. *Daniels*, HDStR Bd. II, § 63, S. 39.

[96] Verh. Reichstag, Sten.Ber. Bd. 450, Drucks. Nr. 848, S. 19.

[97] Gemäß Befragung in 84 vH der Fälle ausdrücklich vermerkt.

[98] Die Begründung des Gesetzentwurfs, Drucks. Nr. 848, S. 19, will auf diese Weise die Unabhängigkeit des Th vom Vorstand gewährleisten, gleich-

III. Zweifelhafte Staatsorganschaft 97

kennt die Wirksamkeitsvoraussetzung für die Unternehmensbestellung aus der Stufenfolge *Vorschlag* (durch das zuständige Unternehmensorgan) — *Genehmigung* (durch die Aufsichtsbehörde) — *Bestellung* des DSt-Treuhänders. Zudem lassen sich die materiellen Merkmale öffentlicher Gewalt nicht leugnen.

b) Keine staatlichen Bezüge

Die Vergütung des Aufsichtführenden obliegt der freien Vereinbarung zwischen ihm und der Unternehmung[100]. Es mangelt demnach an einer staatlichen Besoldung oder Aufwandsentschädigung, auch an einer behördlich festgesetzten Vergütung aus dem kontrollierten Vermögen, was Amtspersonen öffentlichen Rechts allgemein kennzeichnet.

Immerhin handelt es sich auch nicht um eine Vergütung aus einem privatrechtlichen Vertrag; die Aufsichtsbehörde spricht ausdrücklich von einer Gebühr (R 3/56 III 4), die allerdings zunächst der Vereinbarung der Beteiligten unterliegt[101]. Die Eigenschaft einer Quasigebühr[102] allein macht den Bezieher keineswegs zum staatlichen Organ. Gewiß aber entfällt auf diese Weise die Argumentation, es liege eine Geschäftsbesorgung auf der Grundlage eines Dienstvertrages mit der Unternehmung vor. Auch bietet die Vergütungsform insofern keinen gewichtigen Maßstab, als die Versicherungsunternehmen allgemein mit den Kosten der Staatsaufsicht belastet werden (§ 101 VAG).

c) Kündigung durch die Unternehmung

Der einzige Einwand, der aus der Praxis überzeugen könnte, wäre der folgende: Die Tätigkeit des Amtsträgers beginnt mit der Benachrichtigung der Unternehmung; gewöhnlich endigt sie mit der Abberufung[103] durch das Unternehmensorgan, das ihn bestellt hat[104], und nur in Ausnahmefällen durch die Aufsichtsbehörde[105], außerdem mit Kon-

---

wohl die Entscheidung über die Person des Th damit offensichtlich beim Vr belassen wissen. Andernfalls hätte sich der Gesetzgeber zu einer Regelung analog der Handhabung beim HypBankTh, nämlich zur aufsichtsbehördlichen Einsetzung des Th, entschließen können.
[99] Eine ‚Bestallung' im üblichen Sinne einer Ernennung oder staatlichen Beauftragung liegt de facto nicht vor.
[100] Sie wird sich dabei stets nach dem Umfang der ausgeübten Tätigkeit zu richten haben.
[101] VerBAV 1956, 38; VA 1933, 185.
[102] *v. d. Thüsen*, BankA XXXIV, 231, beispielsweise schränkt ein auf stark gebührenähnliche Bezüge.
[103] Die Abberufung erfolgt in der Regel gemäß § 71 III i. V. m. II 2 und 3 VAG durch den Aufsichtsrat auf Veranlassung des BAV.
[104] Vgl. *Schmitz*, HansRGZ 1936, Sp. 26; *Arnold*, VerBAV 1954, 173.
[105] Nach amtlicher Begründung, Drucks. Nr. 848, S. 19, wird unterstellt, daß die Behörde davon nur Gebrauch machen wird, „wenn ernste und gewichtige Bedenken gegen die Belassung des Th in seinem Amt bestehen."

kurseröffnung. Es herrscht die Ansicht vor, daß die Vorschrift, wonach das Bundesaufsichtsamt vom Bestellungsorgan den Widerruf verlangen kann, „auch heute noch als Grundlage für ein Eingreifen der Aufsichtsbehörde in besonderen Fällen" genüge[106]. So gelangen aufsichtsbehördliche Ablehnung einer Wahl oder Kündigungszwang lediglich zur Anwendung, wenn eine gewisse Abhängigkeit gegenüber den Unternehmensorganen zu befürchten ist bzw. die Unabhängigkeit des Treuhänders[107] im Laufe seiner Tätigkeit nicht genügend gewahrt bleibt.

Die Schwierigkeit setzt insofern ein, als das Gesetz der Bestellung viel Aufmerksamkeit widmet, über die Abberufung durch die Unternehmung indessen schweigt. Für den Fall der Kündigung seitens des Bestellungsorgans ist die Genehmigung der Aufsichtsbehörde nicht vorgesehen. Das Bundesaufsichtsamt enthält sich einer Stellungnahme oder überhaupt einer Einflußnahme auch dann, wenn eine Kündigung durch die Unternehmung ohne triftige Gründe in der Person[108] oder Qualifikation[109] der Amtsperson erfolgt und unzulässig sein dürfte.

Durchaus selten wird eine Vereinbarung über die Amtsdauer getroffen, wie die Befragung beweist, wonach in fast allen Fällen (93 vH) kein Anstellungsvertrag vorliegt und die Beendigung der Tätigkeit durch Zeitablauf[110] unbestimmt bleibt[111].

Wohl strebt das Vertrauensverhältnis einer fiduziarischen Treuhand in der Regel nach jederzeitiger Lösbarkeit[112], was offenbar nicht vorliegt, und selbst dieses ist nur dann frei widerruflich, falls es ausschließ-

---

[106] *Arnold*, a. a. O., S. 173.
[107] VA 1934, 109; BAV Gesch.Ber. 1953/54, S. 13.
[108] VA 1932, 111, verweist immerhin auf das pflichtgemäße Ermessen bei der Personenauswahl, ebenso R 13/56 III 2 E.
[109] Zu den weitreichenden Anforderungen an die Kenntnisse des Th nehmen *Prölss*, VersR 1956, 670 IV, 671, und *Helmers*, VersR 1958, 820 ff., im einzelnen Stellung. Tatsache ist, daß der Gesetzgeber vom Th fachlich zum Teil eine höhere Qualifikation verlangt als vergleichsweise vom Abschlußprüfer, der lediglich in der Buchführung ausreichend vorgebildet und erfahren sein muß (§ 59 VAG), und zum anderen vom Vorstand, soweit dieser fachlich gewissermaßen nicht ungenügend vorgebildet sein darf (§ 8 I Ziff. 1 VAG). Wie die Befragung ergibt, hatten mehr als Dreiviertel der tätigen Th (81 vH) Versicherungskenntnisse bereits vor Amtsantritt, das, ohne zuvor dem Aufsichtsrat einer VU angehört zu haben (86 vH) oder Angestellter in der Versicherungswirtschaft gewesen zu sein (79 vH).
[110] *Arnold*, VerBAV 1954, 173, hält es zur Stärkung der Unabhängigkeit des Th gegenüber den Unternehmensorganen für erwägenswert, darauf hinzuwirken, daß dieser vom Aufsichtsrat grundsätzlich für eine festbestimmte Zeit berufen werden soll.
[111] Demgegenüber darf die Aufsichtsperson nie der Gefahr ausgesetzt sein, in Gewissenskonflikte zu geraten, die auch aus der ungewissen Amtsdauer bestimmt sein könnten. Diese Forderung erhebt z. B. *Prölss*, Anm. 3 zu § 59 VAG, schon für die Person des Abschlußprüfers, der außer Zweifel in einem vertraglichen Dienstverhältnis steht.
[112] Vgl. *Beyerle*, Treuhand, S. 23.

III. Zweifelhafte Staatsorganschaft

lich im Interesse des Treugebers begründet worden ist[113]. Davon kann beim DSt-Treuhänder keine Rede sein, der weder als Fiduziar der Versicherungsunternehmung noch allein in ihrem Interesse tätig wird. Es muß zugegeben werden, daß sich in der Praxis teilweise eine Handhabung bemerkbar macht, die einen anderen Eindruck vermitteln und durchaus Folgerungen gegen eine öffentliche Amtsstellung nahelegen könnte[114].

---

[113] Vgl. *Bovensiepen*, HdR Bd. IV, S. 64; WP Handb. 1959, S. 1399.
[114] Insofern sind rechtliche Konsequenzen de lege ferenda zu erwägen. Vgl. unten § 12 III 2.

§ 9. Analogie zum öffentlichen Amt

Die Annahme einer öffentlichen Amtsperson ließe sich zumal damit rechtfertigen, daß die aufsichtsbehördliche Zustimmung den Amtsantritt des Treuhändess bestimmt und der Antrag auf Eröffnung des Konkursverfahrens ihn seiner Tätigkeit[1] enthebt. Mit dem Konkursverfahren beschließt der Aufsichtführende seine Tätigkeit, und die Rechte der Versicherten vertritt in Sonderheit nunmehr der Pfleger (§ 78 I 1, II VAG). Die Aufsichtsbehörde entläßt mit ihrem Antrag an das Konkursgericht den Treuhänder aus seinem Amt, seine Befugnisse fallen gewissermaßen an sie zurück[2].

Dieser Sachverhalt erhellt, daß der DSt-Treuhänder mit der Tätigkeit der Aufsichtsbehörde aufs engste verbunden ist und auch schon deswegen die urkundliche Bestellung, die ihm im Gegensatz zu den übrigen öffentlichen Treuhändern fehlt, an Bedeutung verliert.

I. Staatliche Kontrollorgane

Soweit der Vergleich mit den verschiedenen Amtspersonen öffentlichen Rechts für die Lösung unseres Problems weniger Hinweise als erwartet gebracht hat, kann letzthin ein Blick auf außer Zweifel stehende *öffentliche Ämter* Hilfe sein, die Rechtsstellung des Aufsichtführenden nach §§ 70 ff. VAG mit Sicherheit ausfindig zu machen.

1. Kommissar der Staatsaufsicht

Dem Bericht über die Dritte Europäische Konferenz der Aufsichtsbehörden für das private Versicherungswesen ist zu entnehmen, daß Österreich in einer künftigen Neuregelung den Treuhänder nach deutschem Aufsichtsrecht durch einen von der Behörde ernannten Kommis-

---

[1] Den Antrag auf Konkurseröffnung kann immer nur das BAV stellen (§ 88 I VAG); weder Versicherer noch Treuhänder sind dazu verpflichtet und gegenüber dem Konkursgericht berechtigt.

[2] Indem das Bundesaufsichtsamt die Konkurseröffnung beantragt, veranlaßt es die gerichtliche Bestellung des Pflegers und setzt den Th frei. Mit der Liquidation des Sondervermögens werden die bisher von der Aufsichtsperson gewahrten Rechte der Vten am DSt aktuell. Es widerspräche dem Sinn des Gesetzes, wollte man gerade jetzt auf die aufsichtsbehördliche Sicherung des Sondervermögens völlig verzichten, sondern diese wird nunmehr im Verbund mit dem Konkursgericht und einem spezifischen Interessenvertreter der Vten Gegenstand der materiellen Versicherungsauf-

I. Staatliche Kontrollorgane

sar ersetzen will[3]. Man beabsichtigt offenbar, auf diese Weise klare und eindeutige Verhältnisse zu schaffen. Erfahrungen und die fragliche Rechtsstellung hierzulande, die Gegenstand unserer Betrachtung sind, werden nicht unerheblich für diesen Entschluß gewesen sein.

Ein Kommissar wäre Vertreter der mit der Versicherungsaufsicht betrauten Verwaltungsbehörde, insofern Staatsorgan, indes nicht notwendig Beamter, d. h. in ein öffentlich-rechtliches Dienst- und Treueverhältnis und in die Behördenorganisation eingeordnet, sondern mit einer Geschäftsbesorgung beauftragt. Ein solches Geschäftsbesorgungsverhältnis wird grundsätzlich bei vergleichbaren Aufsichtspersonen (vgl. oben § 8 II) angenommen[4].

Gemeinhin heißt Staatskommissar ein Beauftragter, der im staatlichen Auftrag (meist befristete) Sonderaufgaben wahrzunehmen hat[5]. Die behördliche Einsetzung ist immer nur aufgrund gesetzlicher Ermächtigung und ausschließlich in den vom Gesetz angeführten Fällen statthaft. Diese außergewöhnliche Form einer Organbestellung, wie z. B. für eine Gemeinde oder Körperschaft des öffentlichen Rechts gebräuchlich, stellt eine Durchbrechung der Organisation der Staatsverwaltung dar[6]. Im allgemeinen gelangt der Staatskommissar zum Einsatz, wenn die oberste Verwaltungsbehörde kein allzu großes Vertrauen in die Wahrnehmung oder Ausübung der Selbstverwaltungsrechte, etwa einer öffentlich-rechtlichen Körperschaft, setzt oder „in diesem Vertrauen getäuscht zu sein glaubt"[7]. Gleiches hätte zu gelten, wenn Anlaß besteht, eine Geschäftsführung wider die gesetzlichen Vorschriften und den genehmigten Geschäftsplan, demnach entgegen den Interessen der Beteiligten, sowie Mißstände in der Versicherungswirt-

---

sicht sein müssen, während bislang der Th eine Überwachung und die formelle Kontrolle ausübte. Jetzt bei Gefahr im Verzug nimmt die Aufsichtsbehörde die bisher prophylaktisch von der Kontrollperson wahrgenommenen öffentlichen Funktionen unmittelbar wieder an sich. Von dieser Rechtslage braucht im Gesetz keineswegs notwendig die Rede zu sein. A. M.: *v. d. Thüsen*, BankA XXXIV, 320.

[3] VerBAV 1956, 237. Das mit dem Ziel, dadurch die Unabhängigkeit der Aufsichtsperson vollauf zu gewährleisten.

[4] Vgl. BGHZ 21, 285 u. 291; BGH Urt. v. 24. 6. 57 — VII ZR 310/56; BGHZ 24, 393; NJW 1957, 1361; LM Nr. 1 Art. III MRG 52 (Rietschel); JR 1958, 144; MDR 1957, 734 (Pohle); BB 1957, 877 L; Betrieb 1957, 917; KTS 1957, 186; VersR 1956, 717 L; VM IV B 57, 1002; ZMR 1957, 349; JR 1958, 144; OLG Celle Urt. v. 12. 12. 53 — 3 U 17/53; NJW 1954, 368; NdsRpfl 1954, 104; BB 1954, 41 u. 117; GWW 1954, 74 L; HW 1954, 91. Vgl. oben § 8 Anm. 72.

[5] Vgl. *Landshut-Gaebler*, Politisches Wörterbuch, 1958, S. 218; *Kern*, HdSW Bd. 1, S. 697. Commissarius war historisch der Typus des „befristet bestellten, weisungsgebundenen Bevollmächtigten."

[6] Vgl. *Hatschek*, 6. Aufl., S. 84 ff., 379 ff.; *Peters*, Lehrbuch, S. 321 ff., verweist z. B. auf die Kommissarbestellung bei Gemeinden durch die Staatsaufsicht, wobei die Befugnisse des Beauftragten so weit reichen, wie sie ihm von der Aufsichtsbehörde übertragen werden. Vgl. auch *Weber*, Selbstverwaltung, S. 45.

[7] Vgl. *Hatschek*, a. a. O., S. 85.

schaft befürchten zu müssen (§§ 81, 87, 89 VAG), die das Vertrauen der Öffentlichkeit mißbrauchen.

Aufsichtsgehilfen im Stil des Staatskommissars sind der Versicherungsaufsicht nicht fremd[8], sie kennt deren sogar mehrere[9]. Man denke an das Institut des Landesbeauftragten (§ 91 I), der eine bestimmte Unternehmung im Auftrag und nach Anordnung des Bundesaufsichtsamtes unmittelbar beaufsichtigt. Unterschiedlich zum DSt-Treuhänder handelt es sich um einen Beamten. Derweil gestatten andere Aufsichtspersonen mit der unbestrittenen Eigenschaft eines Staatsorgans durchaus den Vergleich:

2. Kommissar nach Hypothekenbankgesetz

Das dem DSt-Treuhänder zum Vorbild gesetzte Hypothekenbankgesetz verwendet das Rechtsinstitut eines Staatskommissars (§ 4 III, 51). Er kann von der Aufsichtsbehörde nach Ermessen bestellt werden und übt dann unter ihrer Leitung die Aufsicht[10] über die einzelne Hypothekenbank aus mit der Befugnis, Anordnungen treffen zu können. Gegen diese kann das Unternehmen Aufsichtsbeschwerde führen[11]. Diese Amtsperson besitzt eindeutig[12] den Charakter eines staatlichen Organs, wobei vorwiegend Staatsbeamte im Nebenamt bestellt und vom Dienstherrn (meist das Land) besoldet werden. Die behördlich festgesetzte Vergütung hat die beaufsichtigte Unternehmung an die Staatskasse zu entrichten[13].

Neben diesen Staatskommissar stellt das Hypothekenbankgesetz außerdem einen Treuhänder[14], dem gleichermaßen durch obrigkeitlichen Auftrag die Kontrolle und Überwachung des Deckungsvermögens zugewiesen sind. In der Praxis ist diesem Kontrolltreuhänder keineswegs selten der staatliche Kommissar als Stellvertreter beigegeben oder umgekehrt neben dem Kommissar stellvertretend der Treuhänder eingesetzt[15]. Aus dieser Handhabung wäre immerhin auf eine Annähe-

---

[8] Vgl. Sonderbeauftragter unten § 9 I 3.
[9] Nachstehend erläutert der Kommissar nach § 91; weiterhin der Amtsvertreter nach §§ 83 III, 90 und der amtliche Vermögensverwalter nach § 87 II i. V. m. § 47 VAG, vor allem aber der Sonderbeauftragte nach Art. 3 DVO.
[10] Nach der Begründung zum Gesetzentwurf (Drucks. Nr. 106, Anl. II, S. 935) kann der Kommissar sowohl mit der Wahrnehmung einzelner zur Aufsichtführung gehörender Geschäfte als auch mit der dauernden Wahrnehmung des gesamten Aufsichtsrechts beauftragt werden.
[11] Vgl. Kommissionsbericht, Verh.Reichstag 1898—1900, Drucks. Nr. 320, S. 31 f.; *Göppert-Seydel-Friedländer*, Komm. HypBankG, Anm. 6 zu § 4; *Dannenbaum*, HypBanken, 2. Aufl., S. 461.
[12] *Dannenbaum*, Anm. 20 zu § 4, spricht vom Staatskommissar als der „erstinstanzlichen Aufsicht".
[13] Vgl. *Barlet-Karding*, Anm. 7 zu § 29.
[14] Vgl. oben 8 II 2 c.
[15] Vgl. *Barlet-Karding*, Anm. 1 zu § 51; ähnlich *Dannenbaum*; Anm. 3 zu § 51.

rung beider Funktionen[16] und beim Treuhänder auf die Tendenz zum öffentlichen Amt zu schließen. Das um so mehr, als die Vorschrift des § 51 die Verbindung beider Ämter in einer Person zuläßt[17]. Solange diese Vorschrift Geltung hat, läßt sich der Treuhänder an die Stelle des Staatskommissars setzen wie auch umgekehrt verfahren, was jenen diesem gleichsetzt.

3. Sonderbeauftragter nach VAG

Bedeutung erlangt im Vergleich zum DSt-Treuhänder der Sonderbeauftragte, der von der Aufsichtsbehörde eingesetzt wird, wenn keine anderen Maßnahmen nach §§ 81, 89 VAG geeignet erscheinen, die Ordnungsmäßigkeit des Geschäftsbetriebes einer Versicherungsunternehmung aufrechtzuerhalten oder wiederherzustellen[18]. Die Aufgaben dieser Amtsperson bestimmt die Aufsichtsbehörde[19]; sie können von dieser jederzeit erweitert oder eingeschränkt werden[20]. Die Bestellung[21] erfolgt befristet oder auf Widerruf; für die Amtsdauer untersteht der Sonderbeauftragte wie die beaufsichtigte Unternehmung der Überwachung und den Anordnungen des Bundesaufsichtsamtes[22], das zu-

---

[16] Im übrigen auch dahin, als in der Praxis die Aufsichtsbehörde den Thn Anweisungen erteilte, um in Zweifelsfragen die amtliche Rechtsauffassung durchzusetzen. Vgl. *Dannenbaum*, 2. Aufl., S. 37.
[17] Diejenigen Banken, die vor 1900 einen Staatskommissar hatten, wollten diesen offenbar aus repräsentativen Gründen beibehalten können. Die Regierungsvertreter der Beratungskommission traten dafür ein, den Aufsichtsorganismus einfacher zu gestalten. Demgemäß wäre eine generelle Regelung für alle Banken dahin, daß der Kommissar durch den Th ersetzt würde, zweckmäßiger gewesen. Vgl. Kommissionsbericht, S. 31; *Knacke*, in: ZKW 1962, 668; *Barlet-Karding*, Anm. 1 zu § 51. Diese Feststellung ist insofern aktuell, als der Entwurf der Novelle zum HypBankG künftig auf den Staatskommissar verzichten will.
[18] Sozusagen als ultima ratio, sofern ohne die Sonderbefugnisse dieser Amtsperson die Herbeiführung des gesetzlich und aufsichtsbehördlich geforderten Zustandes in Frage gestellt wäre.
[19] Art. 3 DVO i. V. m. § 146 I VAG befugt die Aufsichtsbehörde zur Einsetzung. Art. 3 DVO 1936 (RGBl. S. 376) war als gesetzliche Grundlage erforderlich, weil § 81 VAG keine gesetzliche Ermächtigung zum Eingriff in die Privatrechte Dritter enthält. Im übrigen wurde, um eine starke Machtballung in der Hand einer Amtsperson zu vermeiden, die gesetzliche Ermächtigung in letzter Zeit nur so gehandhabt, daß für jedes Unternehmensorgan ein besonderer Beauftragter bestellt wurde. Vgl. *Starke*, MVA Bd. I, S. 95 ff.; ders., DVZ 1950, 166; *Matthes*, NeumZfV 1936, 516.
[20] Das BAV braucht ihr nicht die Funktionen aller Organe zu übertragen, sondern kann sie mit den Aufgaben eines einzelnen Organs betrauen, etwa mit solchen des Vorstandes oder der beschlußfähigen Versammlung, oder sogar nur einzelne Funktionen eines Unternehmensorgans übertragen. Der Umfang der Vertretungsmacht bestimmt sich jeweils nach dem Inhalt der Bestallungsurkunde.
[21] Nach Maßgabe der 3. DVO zum BAG durch Kollegialbeschluß der Beschlußkammer (§ 7 II Ziff. 7), bei besonderer Eilbedürftigkeit durch Verfügung des Präsidenten (§ 7 III Ziff. 2).
[22] Weisungen nur in dem Umfange, wie das BAV sie gemäß §§ 81, 81 a

gleich seine Vergütung festsetzt. Unbestritten bekleidet er ein öffentliches Amt[23], dem Staatskommissar vergleichbar[24].

Nach Aufgaben im einzelnen und Bestellungsmethode unterscheiden sich Sonderbeauftragter[25] und DSt-Treuhänder, doch beide Institutionen trachten danach, allgemein die Belange der Versicherten zu wahren. In beiden Fällen werden zugleich Gemeininteressen gewahrt und das Vertrauen in das Versicherungswesen geschützt. Insofern gleichen sich die Amtspersonen in der Rechtsstellung.

Wenn auch das Rechtsinstitut des DSt-Treuhänders nicht die hoheitliche Zwangsgewalt des Sonderbeauftragten wie auch anderer Aufsichtsgehilfen besitzt, die das Bundesaufsichtsamt kraft gesetzlicher Ermächtigung ernennt[26], so sollte nicht die *unmittelbare* Gewaltausübung für den Charakter des öffentlichen Amtes ausschlaggebend sein (vgl. oben § 8 III 1 a und nachstehend § 9 II), ebensowenig wie eine privatrechtliche Verfügungsmacht.

II. Aufsichtsbehördliche Funktionen

Für uns erhebt sich mithin die Frage, welches Merkmal den Ausschlag geben soll. *Im wesentlichen kommt es wohl darauf an, für welche Begriffsbestimmung des öffentlichen Amtes man sich entscheidet.* Rechtslehre und Rechtsprechung bestimmen die Merkmale nicht einhellig, das Gesetz aber schweigt.

1. Wahrnehmung öffentlicher Interessen

Wir betrachten als öffentlich-rechtlichen Treuhänder einen Verwalter fremden Vermögens oder einen Aufsichtführenden für Sondervermögen, dessen Befugnisse durch öffentliches Recht geregelt und *im öffentlichen Interesse* erteilt sind.

S. 1, 82, 83, 87 I dem Unternehmen erteilen könnte, sofern nicht unmittelbare Eingriffe nach §§ 81 a S. 2, 89 zum Ziele führen. Vgl. *Prölss*, Anm. 11 zu § 81.
[23] OVG Hamburg Urt. v. 4. 10. 1957, OVG Bf. II 24/52, S. 13, kennzeichnet seine Stellung als Organ der Versicherungsaufsicht.
[24] Vgl. *Matthes*, a. a. O., S. 516; *Prölss*, Anm. 11 zu § 81; nach strafrechtlicher Stellung dgl. BGH Urt. NJW 1956, 1326. A. M.: *Rühe*, ZfV 1956, S. 546, indes unklar.
[25] Vgl. *Matthes*, a. a. O., S. 516; *Rühe*, a. a. O., 545; *Berliner-Fromm*, Anm. 3 zu § 87 für den Fall der Vermögensverwaltung.
[26] Neben dem Sonderbeauftragten z. B. den Vermögensverwalter gemäß § 87 II VAG. Sie beide handeln im Rahmen der ihnen übertragenen Befugnisse anstelle der Unternehmensorgane, deren Rechte insoweit ruhen. Vgl. *Prölss*, Anm. 11 zu § 81; *Berliner-Fromm*, Anm. 3 zu § 87; KG Urt. VersR 1957, 225.

II. Aufsichtsbehördliche Funktionen

In Gestalt eines dafür bestellten ‚Funktionärs' sollen freilich die Interessen der Versicherten „nachdrücklicher und dauernd" gewahrt werden, doch keineswegs in einseitiger Interessenvertretung, vielmehr wurde die Versicherungsaufsicht „zur Vermeidung von Schädigungen des Gemeinwohls" durch Mißbrauch des Versicherungswesens geschaffen. Nach Begründung des VAG wollte der Gesetzgeber vordringlich das Gemeininteresse berücksichtigen[27].

Bei Erlaß des Aufsichtsgesetzes lag die Auffassung zugrunde, daß das öffentliche Interesse an einer gedeihlichen und soliden Entwicklung des Versicherungswesens in besonders hohem Grade beteiligt sei und dem Staat die Pflicht besonderer Fürsorge auf diesem Gebiet auferlege. Maßgeblich hierfür war vor allem die besondere volkswirtschaftliche, soziale und ethische Bedeutung des Versicherungswesens einerseits, die Gefahr schwerster Schädigung des Volkswohls andererseits, die von einem Mißbrauch droht.

Die Gefahr eines Mißbrauches wiege, so heißt es in der amtlichen Begründung, um so schwerer, als die Versicherung eine von außen kaum überschaubare Technik aufweise[28] und selbst der sorgsame und verständige, wirtschaftlich vorgebildete Versicherungsnehmer nicht sachverständig genug sei, den Geschäftsbetrieb zuverlässig zu beurteilen. Deshalb und weil die Versicherung nur auf dem Wege von Massenverträgen betrieben werden könne, sei die Versicherung wie kein anderes Wirtschaftsunternehmen auf das Vertrauen der Bevölkerung angewiesen.

Wenn das unter anderem auf die Weise geschieht, daß die Aufsichtsbehörde durch ihre Maßnahmen für die wirtschaftliche Gesunderhaltung der einzelnen Unternehmung Sorge trägt, so handelt sie letztlich in Wahrnehmung öffentlicher Interessen[29] wie zugleich im Sinne der Belange der Anspruchsberechtigten[30]. Das Bundesaufsichtsamt vermag auf diesem Wege das schutzwürdige Vertrauen der Versicherungsneh-

---

[27] Begründung zum VAG, RT-Drucks. Nr. 5/1900, S. 12, 18 (vgl. *Fritz*, RIV, S. 116). Der Arbeitsausschuß des Vorl. Reichswirtschaftsrates zur Beratung des Entwurfes eines ÄndG zum VAG (1930) sah in einer Reihe von Vorschriften dieses Entwurfs das gemeinsame Interesse von Vten und VUen (RT-Drucks. Nr. 848, S. 42). Sodann ist die Vorschrift des § 81 II VAG gleichbedeutend mit dem Begriff des Gemeinwohls, und in gewisser Hinsicht ebenso § 89 VAG.
[28] Das Unvermögen eines Einblicks für Außenstehende beruht weniger auf einem ‚komplizierten Mechanismus' als auf der Anwendung der Wahrscheinlichkeitsrechnung und teilweise auf Unsicherheit in der Kalkulation der Versicherungsbetriebe, die sich auf statistische Erfahrungen der Vergangenheit stützen und diese auf eine ungewisse Zukunft transformieren.
[29] BVerwG Urt. v. 28. 1. 60 — I A 17/57, VerBAV 1960, 89; VersR 1960, 362.
[30] Ausschließlich Vten-Interessen wahrzunehmen, obliegt nur dem Pfleger. Mit dieser Aufgabe hat ihn das VAG neben den Th gestellt, obwohl gerade dieser sonderlich geeignet erscheinen könnte, das dem Absonderungsrecht des privatrechtlichen Fiduziars ähnliche Vorrecht der Vten im

mer zu rechtfertigen, und das vor allem darin, daß die beaufsichtigten Unternehmen angehalten werden, ständig und hinreichend ihren Verpflichtungen gegenüber dem Deckungsstock nachzukommen.

2. Verstärkter Vertrauensschutz

Die wesentlich um den Schutz der Versichertengemeinschaft bemühte Versicherungsaufsicht verfolgt in zunehmendem Maße die Tendenz, diesen Schutz gegenüber dem Versicherer „immer mehr auszubauen" und besonders auch gegenüber dem Sondervermögen der Versicherten wahrzunehmen[31]. Sie hat dem Bestand und dem Funktionieren der Versicherungsunternehmen „laufend ihre betreuende und korrigierende Aufmerksamkeit zuzuwenden"[32]. Bevor sie sich unmittelbar ihrer Eingriffsrechte bedient, setzt sie *geeignete Mittel einer mittelbaren Kontrollaufsicht* ein; sie bringt im Rahmen ihrer gesetzlichen Ermächtigung u. a. die Befugnisse des Treuhänders zur Wirkung.

Materiell erstreckt sich die Aufsicht darauf, daß die Unternehmungen den genehmigten Geschäftsplan einhalten und keine Mißstände eintreten, welche die Belange der Versicherten gefährden. Dabei kommt es weniger darauf an, bereits eingetretenen Mißständen zu begegnen, als durch ständige Überwachung und Kontrolle sowie durch vorausschauende Maßnahmen wirtschaftliche Schwierigkeiten einer Versicherungsunternehmung überhaupt zu verhindern[33]. Insofern sind zugleich die unternehmerischen Interessen gewahrt.

Der DSt-Treuhänder bietet zu alledem eine recht wirksame Unterstützung und ergänzt die aufsichtsbehördliche Tätigkeit ganz offenbar. In diesem Zusammenhang erhalten die Befugnisse dieser Amtsperson besonderes Gewicht, was wiederum für ihre einem *Staatsorgan ähnliche Stellung* spricht.

Konkursfalle sicherzustellen. Der Pfleger neben und zusätzlich zur besonderen Aufsichtsperson für das Sondervermögen bestärkt in der Auffassung, daß der Th gleich der Aufsichtsbehörde Gemeininteressen wahrnimmt und deshalb die Eigenschaft sozusagen eines aufsichtsbehördlichen Funktionärs annimmt, dessen Amt ein öffentliches ist.

[31] Vgl. *Schmid*, MVA Bd. I, S. X.
[32] *Fritz*, VP 1957, S. 50; vgl. auch *Koenige-Petersen-Wirth*, 3. Aufl., S. 22.
[33] Vgl. *Fromm*, Komm. VAG, Anm. 1 zu § 81 a. Die präventive Funktion der Aufsicht wird durch die spätere Einfügung des § 81 a in das VAG besonders deutlich, wonach der Eingriff jederzeit möglich und nicht erst bei Konkursgefahr (wie gemäß § 89) zulässig ist. In dieser Hinsicht erfüllt die Aufsichtsbehörde spezifisch eine Aufgabe der Polizei, die nach pflichtmäßigem Ermessen notwendige Vorkehrungen zu treffen hat, um Gefahren von der Allgemeinheit oder dem einzelnen abzuwehren (vgl. § 14 PrPVG v. 1. 6. 1931). Daneben bestehen aufsichtsbehördliche Aufgaben kraft sondergesetzlicher Zuweisungen, etwa aus dem Kartellrecht. Nach Auffassung von *Prölss*, zuletzt ZVersWiss 1961, 109 ff. (137), und *Schmidt*, Versicherungsstudien H. 3, S. 48, Anm. 37, bleibt die Versicherungsaufsicht unbeschadet ihrer ordnungspolitischen und wirtschaftslenkenden Wesenselemente in erster Linie Gefahrenabwehr. A. M.: *Weber*, ZVersWiss 1961, 345 ff.

Tatsächlich nähert sich der Aufsichtführende funktionell der Versicherungsaufsicht vor allem darin, daß beiden die Aufgabe zufällt, den Versicherungsschutz zu gewährleisten, das heißt das Vertrauen der Öffentlichkeit in die Leistungsfähigkeit und Zahlungsbereitschaft der Versicherungswirtschaft zu erhalten, was durch das Vorhandensein einer *zusätzlichen* formellen Aufsicht über das Deckungsvermögen bestärkt wird[34].

3. Soziale Funktion des Treuhänders

Gemeinwesen und Öffentlichkeit haben ein Interesse an der eigenverantwortlichen Vorsorge des einzelnen durch Abschluß einer Personenversicherung. Soweit bei Todes- und Erlebensfall, Krankheit und Unfall Versicherungsleistungen vertraglich zugesichert und nach Fälligkeit erfüllbar sind, werden soziale Aufwendungen des Staates (etwa die Fürsorgeleistungen und Zuschüsse zur Sozialversicherung) geringer beansprucht oder zugunsten anderer Staatsausgaben freigesetzt[35].

Die Rechtsstellung des DSt-Treuhänders muß in dieser Richtung, vor allem in einer öffentlich-rechtlichen Ausgestaltung und Sicherung wirtschaftlicher Bedürfnisse gesucht werden. Die von ihm gesicherten Eigentumsrechte verstehen sich zunächst im Sinne eines jeglichen privaten Vermögensrechts, wie es das Verfassungsrecht gewährleistet (Art. 14 GG), gleichgültig, ob es sich um ein dingliches oder obligatorisches Recht handelt. Die §§ 70 ff. in Verbindung mit § 77 IV VAG haben den Schutz der Forderungsrechte aus Versicherungsverträgen für die Fälle der Krankheits-, Alters- und Hinterbliebenenversorgung (einschließlich Unfallfolgen und Haftpflichtansprüche) im Auge. Es sind dies im Gemeininteresse schutzwürdige Ansprüche und Eigentumsrechte wirtschaftlicher Natur. Zwar versteht auch das Konkursrecht das schutzbedürftige Eigentum nicht nur im sachenrechtlichen Sinne (§ 903 BGB); es schützt Forderungen und räumt Absonderungsrechte[36] ein. Das VAG

---

[34] Wenn hinsichtlich der Obliegenheiten des Th z. B. eingewendet wird, diese gingen vergleichsweise weiter gegenüber den Pflichten der Aufsichtsbehörde, die nach Ermessen eingreifen ‚kann', wo der Th tätig zu werden ‚hat' (§ 83 I gegen § 73, doch § 83 II gegen § 74), so muß darauf erwidert werden, daß darin notwendig die Befugnisse einer zusätzlichen Aufsichtführung mit Hilfe einer besonders eingesetzten Amtsperson zum Ausdruck gelangt, indes kein Wesensunterschied.
[35] Für die gesetzliche Rentenversicherung der Arbeiter und Angestellten, die der Hinterbliebenen- und Alterssicherung weitester Bevölkerungskreise dient, leistet der Bund regelmäßig Zuschüsse und übernimmt eine Ausfallgarantie. Bei einem wirtschaftlichen Zusammenbruch zahlreicher Versorgungseinrichtungen, die gleichartige Risiken versicherungstechnisch auf Vertragsgrundlage abdecken, hätte die öffentliche Hand Notstände für alle nicht aus der Sozialversicherung Berechtigten, soweit diese durch den Verlust einer hinreichenden Versorgung bedürftig würden, aufzufangen.
[36] Vgl. §§ 4, 47, 49 Ziff. 2, 153, 168 KO.

geht darüber noch hinaus; es bevorrechtigt die Versichertenansprüche und verlangt eine Sicherstellung[37] in bestimmten Deckungswerten, außerdem setzt es zur Gewährleistung eine besondere Aufsichtsperson darüber[38].

Der DSt-Treuhänder wahrt ein Interesse, das offenbar über einen konkursrechtlichen Gläubigerschutz hinausgeht. Wenn schon Eigentum grundsätzlich einen Pflichtinhalt gegenüber der Gemeinschaft in sich birgt, muß das in sozialstaatlicher Verantwortlichkeit einer Kontrolle unterworfene Sondervermögen, wie der Deckungsstock für die Ansprüche der Versichertengemeinschaft, um so mehr das fürsorgliche Augenmerk des Staates erfahren. Denn ein Verlust der Leistungsfähigkeit des Verpflichteten, hier des privaten Versicherers, würde weiteste Bevölkerungskreise in ihrem Lebensstandard gefährden, bei Einbuße der Arbeitskraft sogar sämtlicher Subsistenzmittel entblößen und möglicherweise, wie dargetan, zu Lasten des öffentlichen Etats gehen.

Aus dieser Sicht läßt sich zugleich der Versicherungsunternehmung ihr rechtssystematischer Standort zuweisen: Sobald wir einerseits die öffentlich-rechtliche Bindung privaten Eigentums gemeinhin[39] im Sozialinteresse und andererseits die konkursrechtliche Schutzfunktion des Absonderungsrechts im Individualinteresse miteinander verbinden, so läßt sich der *Versicherer als Fiduziar* des Deckungsstocks betrachten. Das entspricht ganz der Auffassung der Versicherungswirtschaft von ihrer treuhänderischen Stellung[40] gegenüber den Versicherungsnehmern. Hinsichtlich des Sondervermögens rückt der Versicherer in die Stellung eines treuhänderischen Verwalters. *Der sogenannte „Treuhänder" indes wird zur Aufsichtsperson*[41] *zwecks Wahrung schutzwürdiger Gemeinbelange.*

---

[37] Vgl. dazu oben § 2 II 2.
[38] Heute erfahren auch in anderen Gesetzen die wirtschaftlichen Freiheitsrechte gewisse Einschränkungen insofern, als sie unter einem ‚sozialen Generalvorbehalt' stehen (vgl. *Huber*, Bd. I, S. 35 ff., Bd. II, S. 204), was bei Einführung des VAG noch als „Normwidriges und vom liberalen Zeitgeist Abweichendes" galt (vgl. *Weber*, Die Bank 1941, S. 421 ff.). Die Beschränkung der Wirtschaftsfreiheit ist im Versicherungswesen demnach durch das Interesse der Vten geboten, und zugleich fordert das Gemeinwohl die staatliche Kontrolle in diesem Bereich. Vgl. *Huber*, Bd. I, S. 734.
[39] *Radbruch*, Einführung, S. 101, spricht von einer „überpositiven Wandlung" des Eigentumsbegriffes, der von einer absoluten Eigentumsfreiheit, wo die Schranken im Gesetz oder in Rechten Dritter (§ 903 BGB) als zu beweisende Ausnahme erscheinen, zu einem von immanenten Pflichtbindungen geprägten Begriff geworden sei.
[40] VA 1925, 21; vgl. auch oben § 1 Anm. 5. Nach Auffassung der Aufsichtsbehörde sind alle VUen (nicht nur Gegenseitigkeitsvereine) Verwalter fremden Vermögens. Der Risikoausgleich ergibt sich erst daraus, daß die Prämienzahlungen sämtlicher Vten herangezogen werden, um die Schäden einzelner zu decken. Die VUen arbeiten mit den ihnen anvertrauten Prämien der Vten nach Grundsätzen der Versicherungstechnik.
[41] Er könnte denn auch schwerlich Th eines treuhänderischen Verwal-

II. Aufsichtsbehördliche Funktionen

Wäre der Schutz der Individualsphäre dominierend, so hätte die privatrechtliche Konstruktion derart angewandt werden können, daß der „Treuhänder" in der Tat das Vollrecht am Deckungsstock erhielte. Diese Lösung unterbleibt zudem aus Gründen der Zweckmäßigkeit, weil der DSt-Treuhänder einerseits von Weisungen der Unternehmung unabhängig bleiben soll und auf der anderen Seite die Versichertengemeinschaft keine Rechtspersönlichkeit besitzt mit der Eigenschaft, ihrerseits einen Aufsichtführenden zu bestellen.

Demgemäß gelangen wir zu folgendem Ergebnis: Die Unternehmung als juristischer Eigentümer des Deckungsvermögens ist durch Rechte Dritter in Gestalt der Versicherten, denen das Sondervermögen seiner wirtschaftlichen Substanz nach zu eigen gehört, bestimmten Verpflichtungen unterworfen und muß insoweit in der Verfügungs- und Nutzungsmacht beschränkt werden. Die Gewähr dafür, daß die Verpflichtungen gegenüber dem Deckungsstock nach gesetzlichen und aufsichtsbehördlichen Vorschriften streng eingehalten und die Vermögenswerte sichergestellt werden, übernimmt eine Amtsperson im Auftrage des Staates, der im Rahmen der Daseinsvorsorge die Belange der Versicherten als öffentlich behandelt, das formelle Eigentum am Sondervermögen belastet[42] und es einer öffentlich-rechtlichen Bindung unterworfen[43] behandelt[44]. Das dem Versicherer zu treuen Händen belassene Deckungsvermögen unterliegt einer Verfügungsbeschränkung, die der Staat dauernd und nachdrücklich überwacht wissen will, und zwar durch

---

ters in Gestalt der VU sein. Diese Überlegung zeigt ganz die Fragwürdigkeit der Bezeichnung „Treuhänder" für eine öffentlich-rechtliche Aufsichtsperson.

[42] *Huber*, Bd. II, S. 187, verweist vergleichbar auf die Eigentümer von Grundstoffindustrien, die gemäß Art. 41 der Hessischen Verfassung zu Inhabern einer fiduziarisch begrenzten Rechtsstellung gemacht werden. Wir haben vorstehend etliche Beispiele öffentlicher Treuhandverhältnisse vorgewiesen (oben § 8 II), die gleichermaßen den Pflichteninhalt des juristischen Eigentums zugunsten gemeinwirtschaftlicher Interessen oder sozialer Belange kennzeichnen. Auch wäre etwa die Zielsetzung des SMA-Befehls Nr. 24 hervorzuheben, die in der Erhaltung des Vermögens während der Dauer der Beschlagnahme und einer rationellen Ausnutzung des Eigentums für die Bedürfnisse der Bevölkerung liegt.

[43] Art. 14 II GG in Fortführung des Art. 153 III Weimarer Verfassung verpflichtet das Eigentum zum Wohle der Allgemeinheit. Dem Inhalt des Eigentumsrechts als Berechtigung entspricht nicht minder eine Verpflichtung im Gebrauche. Von Gebrauchsgegenständen des Alltags, der das Gemeinwesen in seinen Interessen nicht berührt, aufwärts bis zum gesamtwirtschaftlich bedeutsamen Grundbesitz und Unternehmen ergibt sich ein ‚Crescendo der Pflichten' mit dem Ergebnis staatlicher Eingriffe bis zur Enteignung und Sozialisierung (Art. 14 III, 15 GG), wobei tendenziell „der Pflichteninhalt um so potenzierter wird, je höherwertiger die Sache für die Allgemeinheit ist." *Radbruch*, Einführung, S. 102.

[44] Eine Verpflichtung der VU ergibt sich um so mehr, als sie im Grunde transitorische Posten verbucht und entsprechende Vermögenswerte verwaltet dadurch, daß die VN über die Risikoprämie der VU und ihre Verwaltungskosten hinaus Sparanteile einzahlen.

den Aufsichtführenden gemäß §§ 70 ff. VAG. Insofern ist er Beauftragter des Staates und *in Ausübung hoheitlicher Funktion* öffentliche Amtsperson.

Nicht zu fordern ist, daß die Aufsichtsperson zugleich die Verwaltung des kontrollierten Vermögens[45] und damit die gesetzliche Vertretung des Gewaltbetroffenen innehat, statt seiner handelt und ihn berechtigt und verpflichtet. Das ist dem Verwaltungstreuhänder, nicht aber dem Aufsichtführenden eigen.

III. Hilfsorgan der Versicherungsaufsicht

Für unsere weitere Überlegung dürfte der Umstand entscheiden, daß öffentliche Verwaltung zwar in der Regel, aber *keineswegs ausschließlich* behördliche Verwaltung (d. h. Einrichtung des Staatsapparats selbst) ist[46]. Hier eröffnen sich durchaus neue Aspekte. Für den DSt-Treuhänder stellt sich nämlich die Frage, ob er Hilfsorgan der Aufsichtsbehörde oder selbständig neben dieser Staatsorgan sein kann.

Die Tätigkeit des Aufsichtführenden wäre denkbar als Ausübung einer

1. Teilhoheitsgewalt auf Betriebsebene

dergestalt, daß die ihm übertragenen Befugnisse sich auf die *formelle* Seite der Staatsaufsicht beschränken[47], zudem *in Begrenzung* auf einen bestimmten Bereich der Vermögensverwaltung der beaufsichtigten Unternehmung. Die weder mit Verwaltungsaufgaben der Unternehmensorgane betraute noch in Ausübung privater Geschäftsbesorgung tä-

---

[45] Dagegen hat z. B. der Sonderbeauftragte die Vertretungsmacht für diejenigen Unternehmensorgane und in dem Umfang, wie sie die Aufsichtsbehörde gemäß gesetzlicher Ermächtigung nach Art. 3 DVO i. V. m. §§ 81, 89 VAG erteilt. Insofern unterscheidet sich der DSt-Th von den eigentlichen Aufsichtsgehilfen gemäß VAG, insbesondere dem Sonderbeauftragten, und auch von allen den von uns angeführten Vermögensverwaltern öffentlichen Rechts.

[46] Die Aufgaben der öffentlichen Verwaltung und die damit verbundenen Befugnisse hoheitlicher Art stehen in der Regel öffentlichen Behörden und Rechtssubjekten des öffentlichen Rechts zu; sie können jedoch auch Rechtssubjekten des privaten Rechts zugewiesen sein. Wie die öffentliche Verwaltung als Fiskus in den Formen des privaten Rechts tätig werden kann, so lassen sich private Rechtssubjekte, etwa Verbände und Körperschaften, aber auch Einzelpersonen, mit öffentlichen Aufgaben und öffentlichrechtlichen Befugnissen betrauen.

[47] Die formelle Kontrolle richtet sich auf die vorschriftsmäßige Anlage und Sicherung des DSt nach den dazu erlassenen gesetzlichen Vorschriften und behördlichen Richtlinien sowie Anweisungen im Einzelfall. Sie erstreckt sich vor allem darauf, ob der Vorstand die DRSt in Anlagewerten zulässig bedeckt hat und kein Pfand- oder Zurückbehaltungsrecht Dritter am DSt vorliegt.

III. Hilfsorgan der Versicherungsaufsicht

tige Kontrollperson vermöchte eine ihr anvertraute öffentliche Gewalt auszuüben, die als Überwachung im wesentlichen „eine solche mit negativen Vorzeichen, d. h. eine retardierende ist und darauf abzielt, ordnungswidrige Maßnahmen der überwachten Unternehmung hintanzuhalten"[48].

Gewisse Anzeichen berechtigen durchaus zu dieser Annahme. Der Gesetzgeber wollte mit der Einrichtung der Treuhandschaft eine *spezielle und objektive Aufsicht über den Deckungsstock* schaffen[49]. Gerade in der Beschränkung dieser Institution auf einen Teilbereich behördlicher Aufgaben und Befugnisse, nämlich a) nur formelle Kontrolle und b) allein für Sondervermögen, tritt typisch ein *Merkmal der Delegation* in Erscheinung; es handelt sich um das Prinzip der quantitativen Begrenzung der delegierten Kompetenzen[50].

Für eine Delegation[51] formeller Aufsichtsfunktionen auf den Amtsträger, der gewissermaßen auf Betriebsebene die Aufsicht über den Deckungsstock verkörpert, spricht außerdem, daß er selbst der administrativen Kontrolle des übergeordneten Staatsorgans unterworfen bleibt, das außerdem über seine Obliegenheiten[52] entscheidet und letzthin zur Prüfung und Erledigung von Beschwerden über den Treuhänder berufen ist.

Derweil der Aufsichtführende kein Beamter und auch sonstwie nicht in die Behördenorganisation eingegliedert ist, doch öffentliche Aufgaben und Befugnisse wahrnimmt, ließe er sich als

2. Träger der mittelbaren Staatsverwaltung

ansehen, der sozusagen als ‚Verwaltungsstelle' für ein Staatsorgan handelt und im Bereich der zugeteilten Kompetenz rechtlich den Trägern der behördlichen Verwaltung gleichsteht. Eine solche Beleihung mit hoheitlichen Befugnissen, die anerkanntermaßen auch an ein Rechtssubjekt des Privatrechts erfolgen kann, dürfte auch gegenüber Einzelpersonen zulässig sein.

Wo immer eine Verlagerung von Zuständigkeiten öffentlicher Verwaltung auf außerstaatliche Organisationen bzw. in die Hände Priva-

---
[48] *v. d. Thüsen*, a. a. O., 232.
[49] So dient die Mitwirkung der Aufsichtsbehörde bei Amtseinsetzung und -enthebung dazu, den Zweck der Tschaft einwandfrei und vollständig zu gewährleisten. Vgl. *Spohr*, JRPV 1934, 371.
[50] Vgl. *Huber*, Bd. I, S. 534, 543, 544.
[51] Die Aufsichtsbehörde kann ihre Befugnisse auch ganz oder teilweise, ähnlich der Handhabung bei einem Staatskommissar oder den erwähnten Verwaltern öffentlichen Rechts, delegiert haben.
[52] Die Entscheidungsbefugnis der Aufsichtsbehörde bezieht sich auf die Obliegenheiten und nicht auf die Streitigkeiten aus der Bestellung. Es kann die richterliche Funktion immer nur gegenüber der beaufsichtigten VU durchgesetzt werden, während das BAV gegen den Th keine unmittelbaren Zwangsbefugnisse hat.

ter stattfindet, hat dies eine *administrative Vereinfachung*, nicht selten auch die finanzielle Entlastung des Staatsorganismus zum Grunde[53]. Auch in dieser Hinsicht würde der Aufsichtführende nach §§ 70 ff. VAG als Beliehener der bundeseigenen Verwaltung aufzufassen sein. Denn die ihm gesetzlich übertragenen und behördlich zugewiesenen Befugnisse behalten aus Ursprung und Substanz ihre staatliche Konsistenz.

Wollen wir vollends die Eigenschaft eines mittelbaren Staatsorgans unterstellen, so müssen verschiedene Voraussetzungen erfüllt sein. Daß 1. grundsätzlich nur ein Teilbereich staatlicher Kompetenzen delegierbar ist, 2. die Übertragung durch Gesetz oder gesetzlich ermächtigte Behörde sowie diese in Form 3. öffentlicher Aufgaben einerseits und 4. hoheitlicher Befugnisse andererseits stattfinden muß, haben wir bereits als zutreffend festgestellt. Alsdann wäre noch zu beachten: 5. Eine Kompetenzzuteilung an Einzelpersonen findet bei Beamten ohne weiteres, an Private in praxi dagegen selten statt; das VAG verlangt denn auch außer dem Treuhänder stets einen Stellvertreter. Des weiteren müssen 6. die Maßnahmen des Beliehenen anfechtbar sein. Auch dies trifft auf unsere Rechtsfigur zu. Schließlich 7. unterstellt der Staat den Beliehenen in der Regel seiner Aufsicht[54], während eine völlige Autonomie, die der DSt-Treuhänder gegenüber der Aufsichtsbehörde besitzt, nicht den Normaltyp verkörpert.

3. Organ neben der Aufsichtsbehörde

Mithin wäre festzustellen, daß zu den auf gesetzlichem Wege verliehenen Kompetenzen nicht nur die schlicht-verwaltende[55] Wahrnehmung öffentlicher Verwaltung und solche hoheitlicher Wirtschaftstätigkeit[56] in Ausübung außerbehördlicher Institutionen gehören, sondern auch die Ausübung einer verliehenen Zwangs-, Anordnungs-,

---

[53] Vgl. *Huber*, Bd. I, S. 541 ff.
[54] Volle Weisungsgewalt behält der delegierende Staat im Falle der Auftragsverwaltung (Fach- und Dienstaufsicht); sämtliche Funktionen werden durch allgemeine Anordnungen und konkrete Verfügungen im Einzelfall bestimmt. Bei Selbstverwaltung, etwa ausgeübt durch öffentlichrechtliche Körperschaften, nimmt der Staat die Fach- bzw. Verbandsaufsicht wahr. Vgl. *Weber*, Selbstverwaltung, 1953; ders., Die Körperschaften, Anstalten und Stiftungen des öffentlichen Rechts, 1943; *Huber*, Bd. I, S. 535 ff.
[55] Nicht zu verwechseln mit „hoheitlicher Übertragung", wo in Ausführung einer Verwaltungspflicht, beispielsweise einer Dienstleistungspflicht, der Verpflichtete dadurch zum Hilfsorgan der Staatsverwaltung werden kann, daß ihm als Privatem Obliegenheiten bzw. Verwaltungsgeschäfte überbürdet werden, die sonst die Verwaltungsbehörden selbst erledigen müßten. Man denke an das Abzugsverfahren bei Steuern und Sozialabgaben, das den Arbeitgeber zum Einnehmer gegenüber dem abgabepflichtigen Arbeitnehmer macht und zur Abführung an die Verwaltungsträger verpflichtet. Der Betreffende nimmt zwar Verwaltungspflichten wahr, jedoch nicht unmittelbar an der Staatsverwaltung teil. Vgl. *Forsthoff*, Bd. I, S. 164 ff.
[56] Vgl. Ausübung öffentlich-rechtlicher Monopole, Regale, Privilegien.

III. Hilfsorgan der Versicherungsaufsicht

Entscheidungs- und Befreiungsgewalt. Das besondere Kennzeichen dieser Kompetenzübertragung ist, „daß hier einem privaten Rechtssubjekt im Wege der Delegation die *Befugnis zum Erlaß echter Verwaltungsakte*, d. h. zur Gestaltung von Rechtsverhältnissen durch hoheitliche Einzelakte übertragen wird"[57]. Dementsprechend erteilt der DSt-Treuhänder durch seine Zustimmung Befreiung von einer Vermögenssperre, die, zum Bereich hoheitlicher Fürsorge gehörig, im Interesse eines schutzbedürftigen Personenkreises ausgeübt wird.

Lediglich die Tatsache, daß die Bestellung nicht eindeutig durch die Verwaltungsbehörde erfolgt, sondern unter Mitwirkung des Beaufsichtigten, sowie der Umstand, daß die Aufsichtsperson an keine behördlichen Weisungen gebunden und auch keinem Disziplinarrecht unterstellt ist, paßt nicht vollkommen zum Typus.

Nach alledem wäre festzustellen: Viele der Erwägungen, die wider eine öffentliche Amtseigenschaft vorzubringen waren, vermögen materiell wie formell nicht die Gründe aufzuwiegen, die, wie dargetan, der Tendenz nach eine solche Rechtsstellung befürworten.

---

[57] *Huber*, Bd. I, S. 539. Der hoheitliche Charakter dieser Befugnis ist gleich intensiv, ob es sich um den Erlaß belastender Verwaltungsakte (vgl. Verweigerung der Herausgabe von DSt-Beständen durch den Th) oder begünstigender Verwaltungsakte (vgl. Zustimmung des Th zu Verfügungen über DSt-Bestände) handelt. Folgerungen daraus für die Befugnisse des DSt-Th vgl. unten § 12 II.

C. Folgerungen

Außer Streit steht, daß ein Amt vorliegt. Dafür spricht nicht nur der Wortlaut des Gesetzes, sondern auch der Umstand, daß der Aufsichtführende aus eigenem Recht zur Wahrung fremder Belange tätig wird. *Anfechtbar erscheint uns die Auffassung von einem Privatamt.* Im Laufe der Untersuchung machten sich im zunehmenden Maße Anzeichen für eine Rechtsinstitution bemerkbar, deren Wesenszüge sich einer Amtsperson nähern, die das Deckungskapital unter dem Aspekt im öffentlichen Interesse schutzwürdiger Ansprüche beaufsichtigt.

§ 10. Zusammenfassende Betrachtung der Amtsmerkmale

Um der letztlich maßgeblichen Merkmale zur Begründung unseres Standpunkts und auch der Übersicht willen sei das bisherige *Ergebnis in öffentlich-rechtlicher Sicht* zusammengefaßt.

I. Verwaltungsrechtliche und sozialrechtliche Komponenten

Es besteht kein Grund, den DSt-Treuhänder nur deswegen einem privaten Amt näher zu sehen, weil ihn nicht unmittelbar die Aufsichtsbehörde bestellt. Dem Recht des Unternehmens auf Bestellung ist keine maßgebliche Bedeutung beizumessen. Rechtswirksam wird die Bestellung erst mit der Zustimmung der Aufsichtsbehörde. Auch die Benennung der Person des Treuhänders an das BAV und die Mitteilung seiner Ernennung durch den Vorstand begründen kein privatrechtliches Auftragsverhältnis.

1. Das ‚Bestellungs'organ des Versicherers nach § 71 II VAG nimmt lediglich ein Vorschlagsrecht wahr. Es kann immer nur dann mit einer aufsichtsbehördlichen Zustimmung gerechnet werden, wenn die Unternehmung die vom Aufsichtsamt geforderte Erklärung abgibt. Der Wille der Unternehmung auf Bestellung eines Treuhänders ist determiniert, es wird die vom Gesetz erteilte Berechtigung in Erfüllung einer öffentlich-rechtlichen Pflicht vollzogen und immer nur unter Verzicht auf jede Art von Weisungsbefugnis gegenüber dem Amtsträger realisierbar. Unabdingbare Voraussetzungen der Ausübung des Bestellungsrechts einerseits und einer pflichtgemäßen Wahrnehmung der Obliegenheiten andererseits ist die schriftliche Verpflichtung des Vorstandes,

I. Verwaltungsrechtliche und sozialrechtliche Komponenten

die Unabhängigkeit der Kontrollperson in keiner Weise zu beeinträchtigen. Die Unternehmung unterstellt sich einem subordinationsrechtlichen Verhältnis gegenüber dem Aufsichtsamt; sie unterwirft sich auch hinsichtlich ihrer Befugnisse nach Bestellung des Treuhänders.

2. Der Aufsichtführende betätigt sich in der Folge einer Verfügung, die dem Unternehmenswillen Gewährung oder Ablehnung erteilt. Praktisch setzt also die Behörde den Amtsträger ein, oder sie verweigert seine Amtsausübung. Demnach steht die Willenserklärung des ‚Bestellungs'organs unter der auslösenden Bedingung der aufsichtsbehördlichen Genehmigung, so daß der Vorschlag der Unternehmung de facto einem *Antrag auf einen gewährenden Verwaltungsakt* gleichkommt. Gewährende Verwaltungsakte aber unterliegen keiner verwaltungsgerichtlichen Überprüfung[1]. Damit besitzt die Aufsichtsbehörde in jeder Hinsicht den maßgeblichen Einfluß auf die Treuhänderbestellung.

3. Darüber hinaus nimmt der VAG-Treuhänder selbst teilhoheitliche Funktionen wahr. Im Interesse einer leistungsfähigen Versicherungswirtschaft zur wirksamen Sicherung weitester Bevölkerungskreise tätig, übt er öffentlichen Schutz zur Stärkung des Vertrauens der Öffentlichkeit in die Leistungsfähigkeit der Versicherer und öffentliche Fürsorge aus. Von der *sozialen Funktion* her unterscheidet sich der Treuhänder nach VAG kaum von der Aufsichtsbehörde. Er vermeidet eine Schädigung des Gemeinwohls und *ergänzt die Staatsaufsicht* durch vorbeugende Kontrolle und den Mitbesitz an den Deckungswerten. Dabei muß beachtet werden, daß die Treuhänderfunktion ursprünglich unmittelbar von der Aufsichtsbehörde wahrgenommen wurde und für ausländische Unternehmen heute noch wahrgenommen wird.

4. Die Rechtsinstitution „DSt-Treuhänder" ist im übrigen an das Tätigwerden der Aufsichtsbehörde gebunden, einmal hinsichtlich der Bestellung durch behördliche Zustimmung, sodann hinsichtlich der Amtsdauer insoweit, als die Aufsichtsbehörde ihn mit Konkursantrag aus seinem Amt entläßt. Bei Gefahr im Verzug und Anlaß zu einem zum Besten der Versicherten notwendigen Konkursverfahren nimmt das Bundesaufsichtsamt die bisher in vorbeugender Kontrolle wahrgenommenen öffentlichen Funktionen der Kontrollperson unmittelbar wieder an sich.

5. Zwar mangelt es dem DSt-Treuhänder an der behördlichen Dienstgewalt, d. h. es fehlt die einem öffentlichen Amt meist eigene Hoheitsgewalt, die verliehenen Rechte auch durchsetzen zu können. Auf der anderen Seite verlangt durchaus nicht jede staatliche Funktion notwendig hoheitliche Gewaltausübung; *hoheitliches Handeln* begreift nicht nur die Obrigkeitsverwaltung (Anwendung von Zwangs- und

---
[1] *Weber*, ZVersWiss 1961, 338 f.

Machtmitteln), sondern auch die schlichte Hoheitsverwaltung (Ausübung von Schutz und Fürsorge) in sich ein[2].

6. Ein öffentliches Amt bekleidet jeder, dem solche Funktionen übertragen werden, die im öffentlichen Recht wurzeln, wobei die eigentliche Zielsetzung der Tätigkeit darüber entscheidet, ob diese dem Gebiet der Staatsgewalt zugehört (RGZ 166, 5 und 7). Gewisse Bereiche, wie eben die des öffentlichen Schutzes und der öffentlichen (administrativen) Daseinsvorsorge, sind eo ipso hoheitlicher Natur, selbst ohne Ausübung obrigkeitlichen Zwanges; denn dieser verkörpert nur eine — wenn auch besonders sinnfällige — Erscheinungsform hoheitlicher Betätigung (RGZ 164, 276). Im übrigen kommt dem Aufsichtführenden die ihm gegebene Gewalt im Sinne eines „Nötigungsunwertes" zur Hilfe, indem er dem Vorstand die Bilanzbestätigung oder die Bescheinigung für die Deckungsstockmeldung verweigern und ihn so veranlassen kann, die Vorschriften über die ordnungsmäßige Anlage und Sicherung des Sondervermögens zu befolgen. Schon die Möglichkeit dessen genügt, das vom Gesetz gewollte Handeln des Beaufsichtigten zu erwirken.

In der Rechtswirkung besteht insoweit kein Unterschied gegenüber einem unmittelbar und ausschließlich durch die Behörde Bestellten. Außerdem tritt die öffentliche Funktion des Aufsichtführenden in sozialrechtlicher Prägung ganz in den Vordergrund.

II. Maßgebliche Unterschiede gegenüber vergleichbaren Ämtern

Die Rechtsprechung zum Verwaltungstreuhänder und teilweise auch zum Aufsichtstreuhänder, etwa nach MRG 52 und Folgegesetzgebung, nimmt eine Gleichstellung mit den üblichen Privatämtern vor, beispielsweise mit Zwangs- und Konkursverwalter. Diese Tatsache könnte die Ansicht rechtfertigen, auch der Aufsichtführende nach §§ 70 ff. VAG übe privatamtliche Rechte aus. Doch dieser weist gegenüber jenen öffentlich bestellten Amtsträgern maßgebliche Unterschiede auf:

1. Kontrolle und Überwachung der vergleichsweise benannten (privatamtlichen) Treuhänder verbindet sich mit einem absoluten Herrschaftsrecht am beaufsichtigten Vermögen. Ihre Handlungsbefugnisse, die zumal solchen eines fiduziarischen Treuhänders sehr nahe kommen, dienen der Fürsorge eines privaten Vermögens, das letzten Endes dem Vermögensinhaber wieder rückerstattet wird. Nach Aufhebung der Vermögenssperre erhält der Eigentümer das volle Verfügungsrecht überantwortet. Die Verfügungsrechte des Versicherers am Deckungsstock dagegen bleiben *auf Dauer beschränkt* und während der Zulassung zum Geschäftsbetrieb laufend der Mitwirkung und Kontrolle des Aufsichtführenden unterstellt.

---

[2] Vgl. oben §§ 8 I 1, III 1 a, 9 II 3 sowie unten § 11 III 1. Weiterhin BGHZ 4, 138 (150); 16, 111 (113); 20, 103 (104); VersR 1955, 149; 1956, 241; *Pagendarm*, VersR 1960, 878.

II. Maßgebliche Unterschiede gegenüber vergleichbaren Ämtern

2. Der Aufsichtführende unserer Betrachtung unterscheidet sich von allen jenen Zweckpersonen auf dem Gebiet der Vermögenskontrolle entscheidend dahin, daß ihm die Verfügungsrechte über das Sondervermögen mit Wirkung für und wider den Vermögensinhaber fehlen. Eine solche *Handlungsbefugnis ist zwingende Voraussetzung der typischen Privatämter;* außerdem steht der DSt-Treuhänder *neben anderen Amtsträgern,* die typisch die Aufgaben von Privatämtern wahrnehmen, nämlich dem Pfleger nach § 78 VAG und dem Konkursverwalter. Insofern können keine gleichartigen oder auch annähernd vergleichbaren Funktionen vorliegen.

3. Bei alledem werden Interessen gewahrt, die einerseits offenbar über einen konkursrechtlichen Gläubigerschutz wie überhaupt über die öffentliche Schutzfunktion für privates Eigentum (wie dies typischen Privatämtern zufällt) und anderseits über ein beschränkt „öffentliches" Interesse, soweit dieses außerhalb einer eigenstaatlichen Kompetenz liegt (vgl. Teuhänder nach Besatzungsrecht), hinausgehen. *So verkörpert der Aufsichtführende nach VAG weitaus stärker staatliche Interessen.* Vergleichsweise zum Konkursverwalter deshalb, weil ein Verlust von Deckungsvermögen Bedürftige schaffen und den öffentlichen Haushalt belasten sowie das Vertrauen der Öffentlichkeit erschüttern könnte, und im Vergleich zu einem der Treuhänder nach Okkupationsrecht insofern, als die Kontrolle von beschlagnahmten Vermögen weniger dem Interesse des besetzten Landes und dem Schutze seiner Bevölkerung wie auch kaum der Entlastung seiner Steuerpflichtigen zu dienen geeignet ist.

4. Auch ist der Aufsichtführende für den Deckungsstock kein Vermögensverwalter mit der daraus eigenen Haftung nach den einer Geschäftsbesorgung ähnlichen Grundsätzen. Insofern bekleidet er im typischen kein Privatamt. Wohl hat er aus dem *gesetzlichen Auftrag* für die ordnungsmäßige Wahrnehmung seines Amtes im Sinne einer wirtschaftlichen Bestandssicherung und zweckmäßigen Nutzung des Sondervermögens einzustehen. Die Verschuldenshaftung des DSt-Treuhänders, die vergleichsweise nach MRG 52 und bayerischem Folgegesetz sowie nach AHK- und Aufwertungsgesetz gilt und für die deshalb der Charakter eines privaten Amtes präjudiziert wurde — dabei handelt es sich um die einem jeden Beschlagnahme- und Kontrollrecht eigene Haftung des Amtsträgers gegenüber dem Vermögensinhaber —, schließt ein öffentliches Amt keineswegs aus. Auf eine (begrenzte) Verschuldenshaftung hat der Gesetzgeber ursprünglich nicht einmal bei unstrittigen öffentlichen Ämtern verzichtet (§ 839 BGB).

Gleichwohl läßt sich unsere Aufsichtsperson nicht unter einen der untersuchten Rechtsbegriffe subsumieren. Auch gegenüber den behördlichen Amtsträgern ist eine deutliche Abgrenzung vonnöten. Das soll im folgenden versucht werden.

§ 11. Amtsperson sui generis

Wenn unsere Untersuchung bislang weder die Stellung eines typischen Privatamtes noch die eines rein öffentlichen Amtes zum Ergebnis hatte, so muß die letzte Möglichkeit ins Auge gefaßt werden: eine Rechtsfigur sui generis. Mag auch eine solche „Institution eigenen Rechts" mit dem Charakter einer besonderen Amtsperson[1] dem einen oder anderen Betrachter „allzu farblos" dünken[2], sie deshalb in eines der gebräuchlichen Rechtsverhältnisse einzuzwängen, besteht kein Anlaß.

I. Zulässige Interpretation

Für die Rechtsstellung des VAG-Treuhänders wird letztlich nur die Beziehung den Ausschlag geben können, die erkennbar überwiegt und dem Sinn des Gesetzes entspricht. Bei der Auslegung sind der Wille des Gesetzgebers, der Wortlaut und der logische Zusammenhang des Gesetzes, letztlich aber sein Sinn und Zweck[3] zu berücksichtigen.

1. Handhabung in der Praxis

Es entscheidet der Wille des Gesetzgebers in der Entstehungsgeschichte nur dann, falls dieser feststellbar und auf das Erreichen eines bestimmten Zwecks gerichtet ist sowie durch die Praxis der zuständigen Behörden seine Bestätigung erhält[4]. Jede Behörde hat die Aufgabe, dem Gesetz Geltung zu verschaffen. Die klassischen Methoden der Auslegung können durch die Beobachtung bestätigt werden, wie die Gesetzesvorschrift überdies von den ihr Unterworfenen gehandhabt wird. Deshalb stellten wir eine Befragung unter den DSt-Treuhändern an[5], deren Beantwortung nicht ohne Fühlungnahme mit der Unternehmensleitung zustande kam.

---

[1] So für den DSt-Th: RFH Urt. RStBl. 1942, S. 88.
[2] *Prölss*, Komm. VAG, Anm. 3 zu § 71.
[3] Die Auslegung nach Sinn und Zweck wäre sogar einem eindeutigen Wortlaut des Gesetzes gegenüber nicht ausgeschlossen, soweit die Grundsätze der Billigkeit und Vernunft gewahrt bleiben. Vgl. BGH Urt. in LM Nr. 3 zu § 133 BGB; *Enneccerus-Nipperdey*, Allgem. Teil, § 56 I; RGZ 142, 40; RGZ 117, 337; BGHZ 2, 184. Insbesondere auch *Siebert*, Gesetzesauslegung, S. 8 ff. und Literaturangaben dort sowie S. 45 ff. Rechtsprechung.
[4] Vgl. *Siebert*, a. a. O., S. 35, 39.
[5] Die Befragung ist repräsentativ und signifikant insofern, als auch die Berufsgruppen, denen die DSt-Treuhänder zugehören, nach ihrer Vertei-

Wollen wir den tatsächlichen Verhältnissen, soweit unsere Befragung sie aufdeckt, Rechnung tragen, so müssen wir feststellen, daß 53 vH der Beantworter sich weder als „Funktionär" noch als „Gehilfe" der Staatsaufsicht betrachten. Dabei erachten 51 vH der amtierenden Treuhänder ihre Funktion weder von der Aufsichtsbehörde übertragen noch in deren Auftrag ausgeübt. Die Handhabung durch die Betroffenen sowie ihre Auffassung darüber — hier also der Standpunkt der ausübenden Treuhänder selbst[6] und der beaufsichtigten Unternehmungen — erlangen jedoch erst Geltung, wenn sie dem *Gesetz entsprechen* und die *Billigung der zuständigen Aufsichtsbehörde* finden. Das ist nicht immer der Fall.

Den tatsächlichen Verhältnissen liegt der Umstand zugrunde, daß im Amt befindliche Treuhänder und nicht minder selten die Vorstände von Versicherungsunternehmungen die Bestellung der Kontrollperson durch den Aufsichtsrat bzw. das zuständige Unternehmungsorgan als maßgeblich betrachten und die vorher erforderliche Zustimmung des Bundesaufsichtsamts außer Betracht lassen, während das Gesetz unmißverständlich den Verwaltungsakt zur Bedingung setzt und die Aufsichtsbehörde immer wieder Veranlassung nahm[7], auf diese Voraussetzung für die Wirksamkeit einer Treuhänderbestellung hinzuweisen.

2. Entwicklungstendenz der gesetzlichen Treuhänder

Selbst wenn man die privatrechtlichen Elemente der Treuhänderstellung über Gebühr berücksichtigen wollte und die privatamtlichen Merkmale in jeder Hinsicht einbezieht, läßt sich die tendenziell öffentliche Amtsstellung nicht übersehen. Eine andere Ausdeutung scheitert allein schon daran, daß der Amtsträger kein formelles Eigentum am Deckungsstock hat. Auch in der praktischen Handhabung lassen sich konkursrechtliche *und* öffentlich-rechtliche Wesenszüge, wie sie im Versichertenschutz und der Fürsorge um die dauernde Erfüllbarkeit der Versicherungsverträge zum Ausdruck gelangen, nicht verleugnen.

---

lung Berücksichtigung finden: Freiberufliche Juristen (18,6 vH), beamtete Juristen (18,6 vH), freiberufliche Wirtschaftsberater (16,3 vH), leitende Versicherungsangestellte i. R (18,6 vH), leitende Bankangestellte (16,3 vH) sind in annähernd gleicher Verteilung vertreten; hinzu kommen Verbandssyndici (11,6 vH). Volljuristen und Wirtschaftsakademiker halten sich dabei die Waage. Gliedern wir in 3 Gruppen, so haben auch diese annähernd dasselbe Gewicht: Freie Berufe (35 vH), Beamte und verwandte Berufe (35 vH), ehemalige Versicherungsdirektoren und Verbandsvertreter (30 vH).

[6] Mit 72 vH ergibt sich eine eindeutige Mehrheit gegen die Auffassung von einem öffentlichen Amt.
[7] Vgl. oben § 1 Anm. 9.

Die Verselbständigung zu einem *Rechtsinstitut eigener Art mit der Tendenz zum öffentlichen Amt* läßt sich ohnehin am äußerlich erkennbaren Bedeutungswandel[8] des Treuhänders nach VAG nachweisen[9].

Die §§ 70 ff. VAG sind dem Hypothekenbank-Treuhänder nachgebildet; dieser wiederum hatte seinerseits Vorbilder. In der Entwicklung der gesetzlichen Treuhänder, angefangen beim § 1189 BGB und fortgeführt über das Schuldverschreibungsgesetz (SchVG), bemerken wir eine Abkehr von der Vertreterfunktion und der weisungsgebundenen Beauftragung. Eine persönliche Abhängigkeit infolge abgeleiteter Vertretungsrechte (§ 1189 BGB)[10] weicht allmählich einer Verselbständigung, wie das Beispiel des gegen den Willen der Minderheit bestellten und sie dennoch vertretenden SchVG-Treuhänders zeigt. Diese Regelung wird abgelöst von den Eigenrechten eines behördlich bestellten Hypothekenbank-Treuhänders, der nicht bloß die Interessen der Gläubiger wahrnimmt[11], vielmehr den Schritt zum Aufsichtführenden für Schuldnerpflichten zur Wahrung der Belange aller Beteiligten und letztlich im öffentlichen Interesse vollzogen hat[12]. Für das Versicherungswesen wird dies besonders deutlich in der Amtsperson nach dem Aufwertungsgesetz und nach § 119 VAG.

3. Auslegung nach Gesetz

Das Streben der Gesetzesauslegung geht heute dahin, „den Zweck des Rechts und der einzelnen Rechtserscheinungen zu erkennen und das Recht so fortzubilden, daß es den ethischen, sozialen und wirtschaftlichen Aufgaben der Zeit gerecht wird"[13]. Sicherlich können die Gesetzesmaterialien, die den VAG-Treuhänder „nachdrücklicher und dauernd" für die Versichertenbelange einsetzen wollen, wertvolle Hilfe sein. Nach Auffassung des Reichsgerichts aber lassen sie sich nur unterstützend verwerten. Aus den parlamentarischen Verhandlungen ergibt sich keineswegs immer mit Sicherheit die zulässige Folgerung, was eigentlich für die Formulierung einer Vorschrift entscheidend war[14].

---

[8] Aus der rechtshistorischen Entwicklung läßt sich gleichermaßen die irreführende Bezeichnung ‚Treuhänder' für den DSt-Aufsichtführenden erklären.
[9] Auf diesen Bedeutungswandel hingewiesen zu haben, ist das Verdienst *v. d. Thüsens*, JRPV 1936, 139 ff.
[10] A. M.: *Hein*, Grundriß, S. 88.
[11] A. M.: *Barlet-Karding*, Anm. 3 zu § 29.
[12] Freilich läßt diese Entwicklungslinie sich nicht ganz ohne Bedenken bei ausgesprochenen Gläubigervertretern nachweisen. Teilweise liegt ihnen ein anderer Sinn und Zweck zugrunde.
[13] *Siebert*, a. a. O., S. 7; vgl. u. a. auch *Heck*, Interessenjurisprudenz, S. 27 ff.
[14] Vgl. RGZ 96, 327; 141, 85; 142, 235; 161, 240; OGH Urt. SJZ 1950, 522.

I. Zulässige Interpretation

Nach der amtlichen Begründung zum VAGÄndG ist ausdrücklich immer nur von den Belangen der Versicherten die Rede[15]. Doch darin erschöpft sich keineswegs die Aufgabe der Versicherungsaufsicht. Ebenso bedeutsam ist der verwaltungsrechtliche Grundsatz einer Sicherung der dauernden Erfüllbarkeit der Versichererleistung. Der Staat hat ein außerordentlich großes Interesse an dem planmäßigen Ablauf des Versicherungsbetriebes, weil er nur dadurch das Vertrauen der Öffentlichkeit in das Versicherungswesen aufrechterhalten kann[16]. Dabei hat die Aufsicht nicht die Kontrolle des einzelnen Versicherungsverhältnisses im Auge[17], vielmehr wendet sie sich an den Versicherungsbetrieb in seiner Ganzheit[18] als Organisationsgebilde und Ausdruck der Risikogemeinschaft aus einer Vielzahl von Verträgen.

Das verpflichtet die Aufsichtsbehörde, zugleich die Unternehmung im Bemühen um die genaue Durchführung des Geschäftsplans zu unterstützen. Im ganzen und auf die Dauer betrachtet sind die Belange der vertraglich Berechtigten am wirksamsten dadurch geschützt, daß die Erfüllbarkeit der Verträge[19] und dazu notwendig die wirtschaftliche Festigung und rationelle Verfahrensweise der Versicherungsunternehmen gewährleistet werden[20]. Beides wiederum impliziert das Gemeinwohl.

---

[15] Dort — RT-Drucks. Nr. 848, S. 21 — werden indessen sogar die Abschlußprüfer „nach außen gewissermaßen als Hilfskräfte der Aufsichtsbehörde ausgewiesen".
[16] Von dieser Warte hat die Staatsaufsicht durchaus, wie auch die Begründung zum VAGÄndG 1931 (Drucks. Nr. 848, S. 9) aufzeigt, die Belange der Vten wahrzunehmen.
[17] Der Interessenschutz der Vten darf nie individualrechtlich aufgefaßt werden. Weil nämlich Versicherung immer erst durch Zusammenfassung einer Vielzahl von Versicherungsobjekten bzw. von VN durchführbar wird, so daß bereits aus versicherungstechnischen Gründen das Individualrecht der einzelnen Vten gegenüber dem Kollektivrecht aller Beteiligten angemessen abgegrenzt werden muß. Falls Belange einzelner Vten oder von Gruppen derselben in Widerstreit mit den Belangen der Vten-Gesamtheit geraten, gebührt letzteren der Vorzug. So ist auch die Vorschrift zu verstehen, daß die Aufsichtsbehörde zur Vermeidung des Konkurses einer Unternehmung die rechnungsmäßige DRSt, soweit solche für die einzelnen Versicherungen bestehen, dem Vermögen entsprechend herabsetzen und danach die Versicherungssumme neu festsetzen kann (§ 89 II VAG). In dieser Hinsicht sind die Belange des einzelnen Vten gewissermaßen eingebettet in die Interessen der höheren Einheit und nur mit dieser Einschränkung schutzwürdig.
[18] Vgl. *Starke*, MVA Bd. III, S. 60 ff., 68.
[19] Vten-Belange und Erfüllbarkeit der Verträge vereinbaren sich nicht immer und ohne weiteres miteinander. *Starke*, a. a. O., S. 61, weist auf die Probleme hin, die sich daraus ergeben können, daß diese Interessen miteinander kollidieren oder gar einander ausschließen; bei Alternativen sieht er die Lösung in der Weise, daß der Schutz der Gesamtheit dem Schutz des einzelnen Vten und die perpetuierlichen Interessen der Vten-Gemeinschaft den gegenwärtigen derselben vorangehen.
[20] Vgl. *Arnold*, VW 1958, S. 552. *Starke*, MVA Bd. I, S. 74, sieht in der Erhaltung der finanziellen Leistungsfähigkeit der beaufsichtigten Unternehmungen den maßgeblichen Zweck der §§ 81, 81a und 89 VAG überhaupt.

Die Annäherung an ein öffentliches Amt läßt sich für den DSt-Treuhänder nicht ohne weiteres aus dem Wortlaut des Gesetzes und gleichermaßen nicht unmittelbar aus den Gesetzesmaterien, am wenigsten noch aus dem Wortlaut der Begründung interpretieren. Man hat vielmehr auch den logischen Zusammenhang, dabei insbesondere die öffentlich-rechtliche Beaufsichtigung von Pflichten der Geschäftsführung gegenüber dem Sondervermögen, in Betracht zu ziehen. Der auf den Versichertenschutz abgestellte Wortlaut der Begründung bei Einführung einer Treuhandschaft mag für die Auslegung von Wert sein, doch sie darf nie dem Sinn des Gesetzes zuwiderlaufen[21].

Demnach obliegt die Pflege und Sicherung des Sondervermögens, das die Ansprüche der Versicherten befriedigen soll, in erster Linie dem Vorstande. Diese Obliegenheit gegenüber den bevorrechtigten Konkursgläubigern (§ 77 II, IV 1 VAG) ergibt sich neben dem Wortlaut des Gesetzes sinngemäß aus dem Zusammenhang, nämlich dem Standort einer Bestimmung im Gesetz und ihrer logischen Beziehung zu anderen Vorschriften des VAG. (Die §§ 65 ff. subsumieren unter Abschnitt IV „Geschäftsführung der Versicherungsunternehmungen"). Die den Treuhänder betreffenden Vorschriften folgen den Bestimmungen über die Deckungsrückstellung und deren Anlage in Zuständigkeit der Geschäftsführung nach, so daß das Treuhänderinstitut aus bestimmten Verpflichtungen des Versicherungsbetriebs resultiert.

Angesichts dessen dürfte unsere Beweisführung (vgl. oben § 7 III) erneut bestätigt sein, wonach der Aufsichtführende weder Geschäfte des Schuldners besorgt, denn er kontrolliert die der Unternehmung auferlegte Obliegenheit statt sie wahrzunehmen, noch Rechte der Gläubiger am Sondervermögen vertritt, weil solche vor Konkurseröffnung überhaupt nicht vorhanden (§ 77 IV VAG) sind und im übrigen im Falle des Konkurses von Pfleger und Konkursverwalter (§§ 78, 88 I VAG) vertreten werden.

Wie für die Interpretation von Gesetzen die Vorschrift Geltung hat, daß bei Auslegung einer Willenserklärung der wirkliche Wille zu erforschen und nicht an dem buchstäblichen Sinne des Ausdrucks zu haften ist (§ 133 BGB)[22], denn „höher als der Wortlaut des Gesetzes steht sein Sinn und Zweck" (BGH Urt. VersR 1959, 159), so gilt solches nicht weniger für eine Gesetzesbegründung, deren Vorlage vom Plenum ohne weitere Diskussion angenommen wurde; d. h. der konkrete Wille des Gesetzgebers ist nicht ausgesprochen worden und daher in historischer Auslegung nicht greifbar. Der wirkliche „Wille" muß deshalb im Gesetz selbst ermittelt, also der Sinn und Zweck der Rege-

---

[21] Vgl. *Schmitz*, HansRGZ 1936, Sp. 24; *Siebert*, Gesetzesauslegung, S. 40 und dort nachgewiesene Rechtsprechung.
[22] Vgl. BGHZ 2, 184; *Enneccerus-Nipperdey*, § 51 II 2.

lung verfolgt werden, der objektiv und unabhängig ist von einem nicht mehr erkennbaren „subjektiven" Meinen und Wollen des Gesetzgebers[23].

II. Der Sinn des Gesetzes

Unverkennbar haben Entstehung und Entwicklung der Treuhänderinstitution nach VAG das Sozialinteresse zum Gegenstand. Wenn die mehrfach erwähnte Gesetzesbegründung die Ansprüche der Versicherten gegenüber der Deckungsrückstellung mit Nachdruck und dauernd wahrgenommen haben sowie die Aufsicht verschärfen will, so insbesondere dadurch, daß die behördliche Pflichtprüfung gemäß § 84 VAG, die relativ selten und nur unregelmäßig stattfinden kann, vermittels der Treuhänderkontrolle permanente Wirkung erlangt, was die materielle Überwachung erleichtert und ergänzt[24]. Das Aufsichtsrecht behandelt die wirtschaftlichen Beziehungen nicht mehr bloß im Sinne des gerechten Ausgleichs zwischen den unmittelbar daran Beteiligten, sondern einmal gemäß dem Wesen einer sozialen Rechtsordnung (Art. 20 I GG) im Interesse der wirtschaftlich Schwachen, zu deren Schutz der Staat in das Kräftespiel am Markt regelnd eingreift[25], und zum anderen unter dem Gesichtspunkt des Gemeininteresses und der Produktivität der Wirtschaft[26], wobei gegenüber den (privaten) Marktparteien[27] vor allem die Interessen des weiteren Beteiligten einer jeden

---

[23] Vgl. *Engisch*, Einführung, S. 95 ff.; *Siebert*, a. a. O., S. 41, Der damalige Gesetzgeber hat die Begründung der Gesetzesvorlage im eigentlichen Sinne akzeptiert, der nur der gleiche Zweck wie bei Einführung der Staatsaufsicht zugrunde liegen konnte (vgl. oben § 9 II 1, 2). Immer nur dann, wenn der Gesetzgeber um die Wortfassung sonderlich bemüht und sich dabei der verschiedenen möglichen Ergebnisse bewußt war, liegt in der endgültig gewählten Formulierung eine für die Auslegung bindende Entscheidung des Gesetzgebers; im Wortsinn liegt dann die zulässige Grenze der Auslegung. Vgl. *Siebert*, a. a. O., S. 39 und Literatur dort.
[24] „Nachdrücklicher" ist zudem in dem Sinne zu verstehen, daß für inländische Versicherungsunternehmen der Treuhänder die Pfandhalterschaft ausübt, die das Bundesaufsichtsamt selbst bei den an Zahl geringeren ausländischen Niederlassungen noch tätigt.
[25] Dabei der Vertragsfreiheit Beschränkungen und dem Eigentum Bindungen auferlegend, wie speziell die rechtliche Sonderbehandlung des DSt und seine Beaufsichtigung durch BAV und Th erhellen.
[26] So bezeichnet beispielsweise RGBl. 1923 S. 1068 (§ 4 VO gegen Mißbrauch wirtschaftlicher Machtstellung) Gefährdung der Gesamtwirtschaft oder das Gemeinwohl als Voraussetzung für staatliche Eingriffe.
[27] Eine Tätigkeit im Interesse der Unternehmung kann dem Th nur insofern unterstellt werden, als die Maßnahmen nach § 72 I VAG die größtmögliche Sicherheit des Sondervermögens zum Ziele haben und die Behörde das Amt des Aufsichtführenden derart ausgeübt wissen will, daß der Geschäftsbetrieb der Unternehmung möglichst wenig erschwert wird und Kosten, soweit anhängig, erspart bleiben. Vgl. VA 1934, 84; Grundsätze dazu außerdem VA 1933, 182.

wirtschaftlichen Beziehung, die der Allgemeinheit nämlich, in den Vordergrund treten.

1. Letztlich widerstreitende Gesichtspunkte

Um die Treuhänderstellung nach VAG endgültig in den Griff zu bekommen, müssen auch letzte Bedenken, vor allem in Anbetracht der auf ein öffentliches Amt gerichteten Merkmale, ausgeräumt werden.

a) Wir waren veranlaßt, Wesenszüge einer Teilhoheitsgewalt des Aufsichtführenden auf Betriebsebene anzunehmen. Das verwaltungsrechtliche Institut der Delegation setzt die Wahrung bestimmter Belange im öffentlichen Interesse voraus und überläßt dem Beauftragten die Ausübung hoheitlicher Gewalt für einen beschränkten Geschäftsbereich. Die Kontrollperson gemäß §§ 70 ff. VAG hat darin, daß sie die Pflichten der Unternehmung auf ordnungsmäßige Anlage und Sicherung des Deckungskapitals überwacht (§ 71 I VAG) und die laufende Erfüllung der unternehmerischen Obliegenheiten gegenüber dem gesetzlichen Anspruch der Versicherten (§ 66 I, II VAG) kontrolliert, nicht das Sondervermögen selbst in Verwaltung, was einem der üblichen Privatämter nahekäme; die *Überwachung des Geschäftsbetriebs*, hier hinsichtlich der Befolgung gesetzlicher Vorschriften, entspricht aufsichtsbehördlicher Sinngebung und Kompetenz (§ 81 I).

b) Wollen wir jedoch die Eigenschaft des DSt-Treuhänders analog den mit staatlicher Kompetenz beliehenen Personen beurteilen, so fällt erschwerend ins Gewicht, daß solche mit Teilaufgaben einer öffentlichen Daseinsvorsorge betraute Rechtssubjekte ihrem Wesen nach im Privatrecht beheimatet sind[28]. Im Unterschied zur üblichen Form der Delegation kennzeichnet indessen § 70 VAG folgendes: Dem Beliehenen i. e. S. sind Aufgaben oder Tätigkeiten vom Staat übertragen, die dieser sich mit Anspruch auf Ausschließlichkeit vorbehalten hat. Praktisch gibt die öffentliche Hand nur so viel in die Hand eines Privaten, wie sie nicht selbst wahrzunehmen gewillt ist. Die Kompetenz überträgt sie dann uneingeschränkt. Anders liegt der Sachverhalt beim Aufsichtführenden für den Deckungsstock. Die Aufsichtsbehörde behält ihre Zuständigkeit im vollen Umfang bei. *Der Treuhänder wird in einem beschränkten Geschäftsbereich für die Behörde tätig, neben ihr, nie aber statt ihrer*. Die Staatsaufsicht bedient sich dieser Amtsperson in den Fällen, wo der Zweck der Vermögenskontrolle ohne Eingriff in die Geschäftsführung erzielt werden kann.

c) Das methodisch am besten geeignete Merkmal, um den Charakter einer öffentlichen Amtsführung eindeutig zu bestimmen, veranschaulicht schließlich das Problem der Haftung. Dabei muß unterschie-

---

[28] Vgl. *Weber*, HdSW Bd. 5, S. 450; *Huber*, Bd. I, S. 533.

II. Der Sinn des Gesetzes

den werden zwischen der Haftung des Staates aus öffentlicher Bestallung und in Ausübung eines anvertrauten öffentlichen Amtes. Das Bundesaufsichtsamt hat stets für die Rechtmäßigkeit seiner Entscheidung und die Sorgfalt in der Auswahl in der Person des DSt-Treuhänders einzutreten[29]. Diese Verantwortung trifft den Staat jedoch gleichermaßen bei Amtspersonen privatrechtlicher Natur, beispielsweise bei Konkursverwalter und Nachlaßpfleger[30]. Der behördliche Auftrag in Verbindung mit der Geschäftsbesorgung aus Unternehmensauftrag begründen eine zivilrechtliche Haftung des Aufsichtführenden aus Verschulden, die andererseits im Prinzip auch beim öffentlichen Amt durchgreift. Erst Art. 34 S. 1 GG hat eine grundlegende Änderung (entgegen § 839 BGB) gebracht.

Die Annahme eines öffentlichen Amtes hätte außer jeden Zweifel als begründet zu gelten, wenn für den Aufsichtführenden nach VAG der Staat gemäß Art. 34 GG in Verbindung mit § 839 BGB für sämtliche Handlungen in Ausübung der Dienstgeschäfte oder auch im Sinne des Gehilfen nach §§ 831, 278 BGB einträte. Keine der genannten Vorschriften findet Anwendung[31].

d) Wollten wir indessen für das Vorliegen eines öffentlichen Amtes das Eintreten des Staates für eine Pflichtverletzung des Amtsträgers als allein maßgeblich betrachten, so wäre die öffentliche Amtsnatur des VAG-Treuhänders nach wie vor strittig. Das aber würde dann gleichermaßen für andere Amtsträger zu gelten haben, deren Rechtsstellung außer Zweifel steht. Der Notar beispielsweise, dessen Eigenschaft einer öffentlichen Amtsperson unstreitig ist (§ 1 Bundesnotarordnung), haftet persönlich; eine Haftung des Staates scheidet vollkommen aus (§ 19 I S. 4)[32]. Ursprünglich galt der Notar dessen ungeachtet sogar als Beamter. Dieser Einwand also, der dem Aufspüren eines unstrittigen Merkmals dienlich sein sollte, ist entkräftet.

e) Was den DSt-Treuhänder viel mehr von einer eindeutigen Amtseigenschaft entfernt, sind folgende Umstände: 1. Wenn der Gesetzgeber für die Verpflichtungen der privaten Versicherungsunternehmen gegenüber den Versicherten und dabei gegenüber dem Deckungskapi-

---

[29] Vgl. KG Urt. JR 1954, 102 f.
[30] Vgl. *Palandt*, Einf. vor § 164 BGB; *Jaeger*, Anm. 1 zu § 78 KO.
[31] Eine Staatshaftung für sämtliche Befugnisse nach §§ 70 ff. VAG wäre aus einer Übertragung staatlicher Kompetenz durchaus denkbar. Gegenüber der Weimarer Verfassung Art. 131, die ein Tätigwerden in Ausübung öffentlicher *Gewalt* voraussetzte, verlangt das Bonner Grundgesetz Art. 34 lediglich die Ausübung eines anvertrauten öffentlichen Amtes.
[32] BGHZ 9, 289 = VersR 1953, 257; *Seybold-Hornig-Wolpers*, Anm. 2 zu § 21; *Erman-Goerke*, Anm. 10 zu § 839. Außerdem ist die Staatshaftung für Gebührenbeamte ausgeschlossen gemäß § 5 I ReichshaftpflG, § 1 III Preuß. StaatshaftG, Art. 78 Hess. AG zum BGB.

tal ein spezifisches Kontrollorgan eingeführt hat, so muß dieses Rechtsinstitut, wollte es ein öffentliches Amt sein, ein Instrument in der Hand des Staates sein können. Den Staatsfunktionär kennzeichnen dieserhalb Amtspflicht und Dienstanweisung unter der Sanktion der Disziplinarstrafe[33]. Dem Treuhänder gegenüber hat die Aufsichtsbehörde nur beschränkte Anordnungsbefugnisse und keine Disziplinargewalt. 2. Des weiteren bedeutet § 138 VAG für den Treuhänder eine Strafverschärfung[34], zugleich aber den Verzicht auf ein Amtsdelikt, wie es in Ausübung hoheitlicher Gewalt geahndet würde (§§ 331 ff. StGB). Die besondere Strafvorschrift i. V. m. § 266 StGB stellt im Tatbestand der Untreue eine Gleichstellung mit privatrechtlichen Amtsträgern dar, und § 139 II VAG behandelt den Betroffenen strafrechtlich nicht anders als einen mit einer Geschäftsbesorgung beauftragten Sachverständigen.

Man möchte versucht sein zu glauben, daß den Aufsichtführenden für den Deckungsstock nur weniges vom Privatamt trennt. Gewiß sind die Voraussetzungen für einen öffentlichen Amtsträger nicht voll erfüllt; sie sind hinsichtlich der Haftung und Dienstgewalt des Staates unzureichend. Sicherlich wäre das Amt, dessen Eigenart für die Wahrnehmung einer Staatsaufgabe dem Wesen nach spricht, auf einfache Weise und unstrittig in seiner Rechtsnatur erkennbar zu machen gewesen. Das hätte entweder auf dem Wege einer Staatshaftung oder durch ausdrückliche Bezeichnung im Gesetz geschehen können. Gewiß wäre für sämtliche Befugnisse nach §§ 70 ff. VAG diese Rechtswirkung aus der Übertragung staatlicher Kompetenzen vertretbar, hätte der Gesetzgeber es gewollt. Dieser Wille liegt offenbar nicht vor. Weil sich außerdem der Wortlaut des § 71 III VAG ausdrücklich auf „Amt" beschränkt, ist eine extensive Auslegung fehlerhaft.

2. Tendenziell öffentliches Interesse entscheidet

Diese Überlegungen schließen keineswegs die stärkere Annäherung an öffentliche Amtsfunktionen aus. Offenbar haben wir eine Rechtsfigur eigener Prägung vor uns. Maßgeblich ist die Feststellung zu treffen, daß sie in Wahrnehmung ihrer Befugnisse aufsichtsbehördliche Kompetenzen ausübt und sich in Richtung auf ein öffentliches Amt bewegt. Dawider stehende Argumente sind — wie vorgetragen — nicht ohne Berechtigung, übersehen aber zu viele Faktoren, um durchschlagend zu sein.

In zusammenfassender Betrachtung bestimmen folgende Gesichtspunkte die Gesetzesauslegung:

a) Man wird insofern von den Belangen der Versicherten auszugehen haben, als eine Konkurseröffnung alle Lebensversicherungsverhält-

---

[33] Vgl. *Forsthoff*, Bd. I, S. 393.
[34] Gegenüber § 266 StGB, der auf Vorsatz abstellt, genügt Fahrlässigkeit für den subjektiven Tatbestand der Untreue.

II. Der Sinn des Gesetzes

nisse erlöschen läßt (§ 77 III VAG) und die Risikogemeinschaft vernichtet[35]. Der Staat hat im zunehmenden Maße ein Interesse daran, *Tendenzen einer verstärkten Eigenvorsorge* in der Bevölkerung[36] zu stützen und zu fördern, weil er unter dem Druck der Zeitanschauungen[37] überall dort, wo ihn die Privatversicherung dessen nicht entheben würde, sein sozialstaatliches Versorgungs- und Fürsorgewesen weiter auszubauen hätte.

b) Die Struktur des heutigen Unternehmens zeigt soziologisch die Wandlung vom risikofreudigen Vermögensinhaber als Unternehmer zum Verwalter fremden anonymen Vermögens. Für eine Versicherungsunternehmung kommt hinzu, daß ihr Gründungskapital im wesentlichen nur Garantiefunktion hat, demnach kein Unternehmungskapital i. e. S. darstellt; dieses bringen vielmehr die Versicherungsnehmer in den Prämien auf. Die Versichertenansprüche sind zunächst im Sinne eines Eigentumsrechts wirtschaftlicher Natur als schutzwürdig erkannt. Darüber hinaus vollzieht sich die Tätigkeit des Deckungsstock-Treuhänders in einer *Anpassung des öffentlichen Rechts an wirtschaftliche Bedürfnisse* unter Berücksichtigung dessen, daß der Unternehmung das juristische Eigentum am Deckungsvermögen zufällt und ein einseitiger Gebrauch der Verfügungsmacht vermieden und das kontrollierte Vermögen im Sinne eines materiell-wirtschaftlichen Eigentums gesteuert werden soll.

c) Jeder privatwirtschaftliche Betrieb der Personenversicherung hat die Staatsaufsicht zur Folge, die unabdingbar für die Betätigung einer Versicherungsunternehmung ist (§ 1 I VAG), in deren Schutz sich, wie im Falle der Lebens-, Kranken-, Unfall- und Haftpflichtversicherung, die „Masse der Zeitgenossen" begibt. Diese Massenversicherungen werden zum „integrierenden Bestandteil der sozialstaatlichen Gesamtordnung"[37], und ihr Geschäftsbetrieb wächst in eine sozialstaatliche Mitverantwortung hinein. Dieser Rechtsgedanke setzt dem Staat das Ziel einer Marktpflege und dem Versicherer eine Verpflichtung unter Einbezug der sozialen und marktwirtschaftlichen Gehalte der Unternehmensstruktur.

d) Mit dem Begriff des „Treuhänders" nach VAG verbindet sich gewissermaßen die Idee eines sozialstaatlichen Amtswalters, der ausdrücklich die Belange der Versicherten zum Schutze der wirtschaftlich

---

[35] Vgl. *Ehrenzweig*, Versicherungsrecht, S. 423; *v. Gierke*, Bd. II, S. 334.
[36] Gegenwärtig entfallen auf jeden Mehrpersonen-Haushalt z. B. annähernd drei Lebensversicherungsverträge. Während 1913 nur jeder fünfte Einwohner in Deutschland eine Lebensversicherungspolice besaß, entfielen 1961 drei Lebensversicherungsverträge auf vier Einwohner der Bundesrepublik und Westberlin. Der Vorsorgewille kommt neben dem ständig steigenden Versicherungsbestand im bemerkenswert wachsenden Anteil der Großlebensversicherung zum Ausdruck.
[37] Vgl. *Weber*, ZVersWiss 1961, 347 ff.

schwächeren Marktpartei wie auch das Interesse der Versicherungsunternehmung an einer vorschriftsmäßigen Verwaltung und derart an einer Erhaltung und Förderung des Geschäftsbetriebs wahrt[38]. In ihm begegnet uns die Ausprägung des Gedankens einer durch grundrechtliche Pflichten bereits vorgegebenen Bindung privaten Eigentums angesichts schutzwürdiger Interessen der von einer schrankenlosen Rechtsausübung sonst möglicherweise nachteilig Betroffenen und einer im öffentlichen Interesse verlangten Übernahme von Pflichten gegenüber Forderungsrechten Dritter im Gefolge eines genehmigungspflichtigen Geschäftsbetriebs.

e) Darüber hinaus hat für den Deckungsstock-Treuhänder nach der Entstehungsgeschichte des Versicherungsaufsichtsgesetzes einerseits und nach dem Sinngehalt des Änderungsgesetzes von 1931 andererseits die *aufsichtsbehördliche Schutzfunktion* Geltung. Indem das Deckungskapital zusätzlich einer formellen Aufsicht unterstellt und die Verfügungsmacht des Versicherers in Schranken gehalten wird, nimmt die damit beauftragte Amtsperson nicht einseitig die Belange der Versicherten oder auch die der beaufsichtigten Unternehmung wahr, sondern vordringlich den Schutz der Öffentlichkeit[39], der als Versicherte an der Funktionsfähigkeit der Versicherungswirtschaft und damit am Gelingen der Eigenvorsorge, als Steuerzahler an einer Entlastung des Staatsapparates von Fremdvorsorge gelegen ist.

III. Ergebnis sinngemäßer Auslegung

Unter Berücksichtigung aller Gesichtspunkte und der einschlägigen Regeln für die Gesetzesauslegung ist festzustellen: Wenngleich der VAG-Treuhänder kein Organ der Staatsaufsicht und kein mit behördlicher Kompetenz Beliehener ist, verleihen ihm *Grundsätze hoheitlicher Verwaltung* Rechtsstellung und Rechtswirkung.

1. Öffentliche Daseinssicherung

Kontrolle und Überwachung des Deckungsstocks sind unverkennbar Maßnahmen einer öffentlichen Daseinsvorsorge, die als solche weder „staatliche" noch „verwaltungsmäßige" zu sein braucht. Öffentliche

---

[38] Im Sinne der Versicherten vgl. *Arnold*, VW 1958, 551; *Boss*, Systeme, S. 14 ff.; *Fritz*, VP 1957, 50; *Hatz*, Entwicklung, S. 108; *Prölss*, VersRds 1957, 114. Demgegenüber betrachtet *Starke*, MVA Bd. III, 68, die Erhaltung der Struktur und normalen Funktionsfähigkeit der VUen als Hauptanliegen der Versicherungsaufsicht, dem sich der Schutz der Vten-Interessen „ein- und notfalls unterzuordnen" habe.
[39] Wie für die Rechtsstellung ist dies auch für die Beurteilung bedeutsam, ob die Abberufung des Th durch die VU zulässig ist, wenn keine triftigen Gründe vorliegen. Näheres dazu unten § 12 III.

(administrative) Daseinsvorsorge übt gleichermaßen aus, wer ein Amt mit dem Auftrag innehat, „für andere vordenklich und fürsorglich zu sein"[40]. Dazu gehören die Vorsorge für Alter, Invalidität, Krankheit und Sicherung der Familie ebenso wie z. B. Energieversorgung, Verkehrsmittel, Gesundheitsdienst für die Allgemeinheit oder öffentliche Leistungen für bestimmte Personenkreise nach objektiven Merkmalen.

Bestimmte Einzelbedürfnisse werden *wegen ihrer Massenhaftigkeit und Typizität* zum Gegenstand öffentlicher Daseinsvorsorge[41], insbesondere wenn es sich um privaten Vorsorgebedarf in einer Massengesellschaft handelt, wo bei Ausfall der Arbeitskraft oder auch bei sonstigen Schadenereignissen immer gleich die Existenz, zumindest aber die Aufrechterhaltung des Lebensstandards bedroht ist[42]. Berufliche Spezialisierung und moderne Industrialisierung sowie die Auflösung familiärer und berufsständischer Schicksalsgemeinschaften haben das individuelle Risiko des einzelnen erhöht. In diesem Zusammenhang betrachtet der Staat gewisse Abhängigkeiten als sozial verursacht. Es muß deutlich unterschieden werden zwischen dem rein individuellen Versicherungsbedarf, um persönliche wirtschaftliche Interessen zu schützen, und dem *sozialen Sicherungsbedürfnis*, um dessen Befriedigung willen die Gesellschaft die Sorge für den Versicherten übernimmt. Dazu zählen vor allem die Erhaltung der Arbeitskraft und die Verhütung einer Verelendung. Wenn sich Einbußen an Arbeitskraft häufen, entsteht kumulativ ein wirtschaftlicher Niedergang; daraus erleidet die Gesellschaft Verluste. Der Lebensstandard der unmittelbar Betroffenen sinkt, wobei alle aus einem verminderten Sozialprodukt zehren müssen[43]. Allein diese Überlegungen entscheiden darüber, ob privatrechtliche Vorsorgegestaltung der staatlichen Stabilisierung bedarf.

2. Abstrakte Versicherungsleistung

Abgesehen von dem öffentlichen Interesse am Abschluß privater Versicherungsverträge für Versorgungsfälle ergibt sich die Rechtsstellung des DSt-Treuhänders auch *aus der Eigenart des Versicherungsvertrages* bzw. der Versicherungsleistung, die auf Gefahrtragung abstellt, d. h. auf eine Pflicht zu konkreten Bereitschafts- und Vorsorgehandlungen, formaljuristisch jedoch nur ein Zahlungsversprechen darstellt[44]. Vertraglich erhalten die Gläubiger lediglich einen aufschiebend bedingten (d. h. im Versicherungsfall oder vorzeitig bei Konkurs fälligen) Lei-

---

[40] *Weidner*, ZVersWiss 1961, 199.
[41] *Weidner*, a. a. O., S. 210.
[42] Vgl. *Weber*, ZVersWiss 1961, S. 348.
[43] *Lobscheid*, DVZ 1955, 276 f.
[44] Vgl. *Bruck-Möller*, Komm. VVG, 8. Aufl., Anm. 44, 45 zu § 1; *Siebert*, APV, S. 128 ff.; *Lobscheid*, Versicherung, S. 12 ff.

stungsanspruch⁴⁵. Das Versicherungsverhältnis impliziert keinen Vertrag des Inhalts, daß der Versicherer die Prämienreserve lediglich zu Verwaltungs- und Sicherungszwecken übertragen erhält. Das heißt, es fehlt der fiduziarische Verpflichtungsvertrag. Im Ergebnis erhält die Unternehmung die unbeschränkte Verfügungsgewalt, weil im Innenverhältnis keine schuldrechtliche Ausübungsschranke vorliegt.

Wir haben bei der Beurteilung der Treuhänderstellung nicht zuletzt von dem Tatbestand auszugehen, daß die Versicherungsunternehmung im Deckungsstock die Sparanteile der Versicherten verwaltet und insoweit gewissermaßen Fiduziar ist, dem indessen mehr dingliche Rechte zuteil werden als er zur Verwaltung des Sondervermögens an sich benötigt. Andererseits verlangt die Kapitalanlage der rechnungsmäßigen Deckungsrückstellung die Verfügungsgewalt des Versicherers. Man kann aber den Versicherten nicht mit dem Sparer vergleichen, der gegenüber dem Kreditinstitut lediglich Anspruch auf verzinsliche Rückzahlung der Einlage hat. Obgleich auch der Versicherte kein Eigentum an der Kapitalanlage hat, so ist der Versicherungsvertrag seitens des Versicherungsnehmers auf eine konstante Prämie (vgl. oben § 2 I) und hinsichtlich der Prämienreserve auf langfristige und mündelsichere Anlage z. B. in Sachwerten gerichtet. Deshalb tritt die Amtsperson nach §§ 70 ff. VAG in Aktion und beschränkt die Verfügungsgewalt des Vermögensinhabers auf den gesetzlich zulässigen und vom Versicherungsnehmer gewollten Zweck.

Außerdem muß bedacht werden, daß das zweckgebundene Eigentum einer besonderen Überwachung deswegen unterstellt ist, weil die Bilanz das Deckungsvermögen nicht gesondert ausweist und die Konkursvorrechte der Versicherten erst mit der Eintragung in das Deckungsstockverzeichnis gewährleistet sind⁴⁶. Das Institut des Aufsichtführenden schließt sozusagen die schuldrechtliche Lücke im Versicherungsvertrag und rechtfertigt die tatsächlich dem Versicherer eingeräumte Stellung eines Treuhänders im eigentlichen Rechtssinne und vom wirtschaftlichen Standpunkt in Erfüllung der Aufgabe der Versiche-

---

[45] Im Versicherungsfall entsteht ein Einzelanspruch, bei Konkurs hingegen der gesetzliche Gesamtanspruch aller Gläubiger, die bis dahin rechtlich irrelevant im Sinne einer handlungsfähigen Rechtspersönlichkeit sind. Ihre gewissermaßen „rechtlose" Zeit bedarf eines „Schutzpatrons".

[46] Soweit die Versicherungstechnik eine Prämienreserve bereitzustellen verlangt und jede Unternehmensleitung in der Lebensversicherung (§§ 66 i. V. m. § 11 VAG), Kranken- und Unfallversicherung (§ 12 VAG) Sorge dafür zu tragen hat, daß die erforderlichen Rückstellungsbeträge dem Deckungsvermögen laufend zugeführt und die vorgeschriebene Anlage sichergestellt und registriert werden, geht das Anlagevermögen zwar in das Eigentum des Versicherers, doch mit der Eintragung in das DSt-Verzeichnis bevorrechtigt in die Versichertenansprüche ein.

rungswirtschaft, wie sie von ihr selbst in der Öffentlichkeit immer wieder vertreten wird.

Die unter III 1 u. 2 genannten Umstände mit Wirkung auf den Amtscharakter des Deckungsstock-„Treuhänders" sind bisher von niemand ins Blickfeld gerückt worden.

3. Ausdruck verwaltungsrechtlicher Grundsätze

Letzthin muß auch bedacht werden, daß die öffentliche Daseinsstabilisierung keine Beeinträchtigung dadurch erleidet, wenn sie sich privatrechtlicher Mittel bedient. Sie setzt, um administrativ-öffentlich zu sein, lediglich voraus, daß der Gesetzgeber die entsprechenden Rechtsnormen erläßt und den institutionellen Rahmen bereitstellt. Das geschieht für private Versicherungsverträge durch die aufsichtsbehördlichen Vorschriften und im Wege einer materiellen Beaufsichtigung des Geschäftsbetriebs. Daneben bedient sich der Staat unbeschadet des öffentlichen Leistungsverhältnisses der Zwischenschaltung eines selbständigen Rechtssubjekts zur Kontrolle und Überwachung des Deckungsstocks. Verwaltungsfunktionen öffentlichen Charakters sind weniger vom Träger als von der Sache her zu verstehen; dazu zählen auch gewisse Modalitäten des Vollzugs, der nach der klassischen Konzeption des Rechtsstaats ursprünglich der staatlichen Exekutive selbst überantwortet war[47].

Beim VAG-Treuhänder liegt eine *Verselbständigung aufsichtsbehördlicher Sicherung* vor. Die ihm übertragene legislative Kompetenz bedeutet praktisch die unter Mitwirkung eines Privaten vollzogene Lenkung der Verhaltensweise des Versicherers zur Sicherung des Sondervermögens. Die von der Kontrollperson ausgeübte Genehmigungs- und Überwachungsfunktion gehört in den Bereich administrativer Daseinsvorsorge, die ihrem Wesen nach eine öffentliche ist.

Dergestalt ist der Aufsichtführende nicht mehr und nicht weniger als das *geeignete* und *verhältnismäßige* Mittel im Sinne allgemein verwaltungsrechtlicher Grundsätze. Dabei bewirkt er eine Daseinsstabilisierung im Sinne der sozialen Marktwirtschaft nach dem Grundsatz, daß auch beim Geschäftsbetrieb privater Versicherungsunternehmen soviel Freiheit wie möglich und soviel Staatsaufsicht wie nötig Platz greifen soll. Der gleiche Aufsichtszweck, vor allem die Beaufsichtigung der Versichererpflichten gegenüber dem Deckungsstock, läßt sich anstelle einer aufwendigen Eingriffsverwaltung durch das Tätigwerden eines Priva-

---

[47] Vgl. *Forsthoff*, HdSW Bd. 11, 274. Nach *Weber*, HdSW Bd. 11, 276, heißt öffentliches Amt überdies ein Geschäftskreis, der als rechtlich abgegrenzter Teil öffentlicher Zuständigkeiten dem Amtsbetrauten zuwächst und unabhängig von der Person des Trägers besteht.

ten erfüllen. Dieses Mittel bietet schwerlich ein der Versicherungsunternehmung verpflichteter Geschäftsbesorger.

In Würdigung aller Umstände, die sich aus privat- und sozialrechtlichen Merkmalen einerseits und dem Sinn und Zweck der §§ 70 ff. VAG andererseits ergeben, wird man zu der Überzeugung gelangen müssen, daß dieser sog. Treuhänder allerdings kein öffentliches, notwendig aber ein *quasi-öffentliches Amt* bekleidet.

§ 12. Folgerungen für die Befugnisse

Aus der Rechtsnatur der Amtsperson ergeben sich die Folgerungen für noch strittige Befugnisse. Dabei handelt es sich (vgl. oben § 3 II 2) in erster Linie um die Verpflichtung zur einstweiligen Herausgabe von Deckungswerten an den Vorstand[1] sowie die Frage der Dauer und Bedürfnisprüfung. Aber auch der Umfang der Treuhänderbefugnisse läßt sich im Prinzip nunmehr beantworten.

I. Antwort auf strittige Treuhänderrechte

Die befragten Treuhänder sind sich in qualifizierter Mehrheit (77 vH) bewußt, daß sie unter Umständen verpflichtet sind, Bestände auf Verlangen des Vorstandes herauszugeben, ungeachtet dessen, daß sie gleichermaßen (77 vH) ihre Aufgabe darin sehen, die Sicherheit des Deckungsvermögens zu prüfen. Ihr Amt verpflichtet sie zur ständigen Verwahrung und Bestandserhaltung des Sondervermögens; wie sie auch mit überragender Mehrheit (95 vH) den Standpunkt vertreten, stets die DSt-Fähigkeit des Bestandes überwachen zu sollen in Ergänzung ihrer ausdrücklichen Verpflichtung (VerBAV 1957, 147), die laufenden Zuführungen sowie die Obliegenheit des Vorstandes im Auge zu halten, daß dieser unverzüglich den der Berechnung der Deckungsrückstellung entsprechenden Betrag zuführt (§ 66 II VAG), also auf jederzeitige Volldeckung zu achten.

1. Doch über die zulässige *Dauer* einer vorübergehenden Entnahme mit dem Ergebnis einer Unterdeckung schweigen Gesetz und Aufsichtsbehörde völlig. Zwar muß einer Veräußerung von Deckungswerten oder einer Belastung derselben, soll sie rechtswirksam werden, die Zustimmung der Aufsichtsperson zuteil werden. Die vorübergehende Entlassung beweglichen Bestandes aus dem Deckungsstock würde indes, sofern diese (§ 125 BGB) dem Vorstand formgerecht schriftlich zugeht, das gesetzliche Veräußerungsverbot im Sinne des § 135 BGB beseitigen

---

[1] Es vereinfacht keineswegs die Problemstellung, wenn man der in Zweifel stehenden Herausgabepflicht des Th mit dem Einwand — wie z. B. *Prölss*, VersR 1956, 671 — begegnet, der Vorstand brauche dem Th nur einen vorübergehenden Gebrauch vorzutäuschen, um über die gesicherten Anlagewerte verfügen zu können. Die zur Diskussion gestellte Rechtsfigur wird nicht schon deshalb ad absurdum geführt, weil jeder rechtlich erstrebte Schutz gegenüber Verbrechen nie vollkommen sein kann.

und ließe dem Interesse der Versicherten zuwiderstehende Verfügungen des Vorstandes wirksam werden. Diese Möglichkeit ist keineswegs abwegig für Deckungswerte im offenen Depot eines Kreditinstituts (vgl. § 3 I 3), das in seinen Büchern den Sperrvermerk zugunsten des Treuhänders führt und für jegliche Entnahme das schriftliche Einverständnis der Aufsichtsperson fordern muß, dieses indessen in der Zustimmung des Treuhänders auf einstweilige Herausgabe sehen könnte[2]. Dagegen schützt die unter Ziff. 5 gekennzeichnete Handhabung.

2. Eine *vorübergehende* Entnahme aus genannten Gründen kommt nur in Betracht, wenn der Vorstand bestimmte Urkunden nachweisbar benötigt und zeitweise im Besitz haben muß, z. B. im Prozeß- oder Zwangsvollstreckungsverfahren, mit der Absicht, den Bestand des Deckungsstocks keineswegs zu verändern oder gar zu schmälern, sondern im Gegenteil die Rechte der Versicherten gemäß § 77 VAG zu wahren. Ein vorübergehender Gebrauch von Urkunden aus dem Deckungsstock kann demnach nur kurzfristig, etwa für die Dauer eines Beweisverfahrens, sicherlich aber nicht über ein Quartal hinaus zulässig sein. Spätestens bei der vierteljährlichen Bestandsmeldung an die Aufsichtsbehörde wird der Treuhänder dem Vorstand die vorgeschriebene Bestätigung versagen müssen, wenn bis zu diesem Zeitpunkt die Volldeckung fehlt.

3. Selbst bei *äußerst kurzfristiger* Entnahme von Urkunden, wie im Falle einer Tilgungsbestätigung für eine Hypothek oder Schuldverschreibung, können Bedenken auftreten. Gewiß wird der Treuhänder für eine unverzügliche Aushändigung des Tilgungsbetrages und die Einnahme des Geldes in den Deckungsstock Sorge tragen, auf diesem Wege also die Deckung aufrechterhalten, doch es besteht durchaus nicht selten die Auffassung, daß eine Überdeckung in Geld nicht möglich sei[3]. Das läßt sich ohnehin aus den Vorschriften des § 68 I VAG begründen, wie auch die vorübergehende Hereinnahme von laufenden Bankguthaben nicht möglich ist (BAV Gesch.Ber. 1961, 22).

4. Eine *endgültige* Herausgabe kann immer nur stattfinden, wenn Ersatz zur Vermeidung einer Unterdeckung[3a] eintritt. Hat der Aufsichtführende nämlich Bestände zu Recht oder Unrecht einmal herausgegeben, so sind seine Rechte an diesen Deckungswerten gutgläubigen

---

[2] Die Schwierigkeit bei unbeweglichen DSt-Beständen (Eintragung der Verfügungsbeschränkung in ein öffentliches Register), beispielsweise für den Fall eines Antrages auf Zwangsverwaltung oder Zwangsversteigerung, lassen wir ganz außer Betracht.
[3] Vgl. *Friedlaender*, Anm. 3 zu § 31; *KoenigePW*, Anm. 2 b zu § 72; *Schmitz*, HansRGZ 1936, Sp. 28; a. M.: *Dannenbaum*, Anm. 7 zu § 31.
[3a] Vgl. z. B. BAV Gesch.Ber. 1961, 23.

I. Antwort auf strittige Treuhänderrechte 135

Dritten gegenüber erloschen[4]. Im übrigen gehört nach durchaus vertretbarer Auffassung *auch eine Überdeckung* mit zum kontrollierten Deckungsstock[4a], weil rechtlich die Deckungswerte mit der Zuführung und der Eintragung in das DSt-Verzeichnis Bestandteile des Sondervermögens werden[5]. Tatsächlich wäre ohne diese Rechtswirkung das Institut des Treuhänders überhaupt überflüssig, zumindest aber insoweit, als keine Möglichkeit bestünde, das in der Bilanz als Vermögensübersicht nicht ausgewiesene Sondervermögen *ständig* unter Kontrolle zu halten. Von diesem Standpunkt ließe sich in Fällen, wo die vorhandene Überdeckung beseitigt würde, eine endgültige Herausgabe von Deckungswerten ablehnen[6].

5. Jederzeitigen Überblick über den tatsächlichen Bestand des Dekkungsstocks und hinreichende Sicherheit in der Verfügungsbeschränkung für den Versicherer gewährt das in vielen Unternehmen übliche Verfahren der Formblätter für die Aufbewahrung, die Aufnahme und die Wiederhereinnahme von Urkunden aus der Stahlkammer. Die gewissenhaft mit allen Daten der Urkunden und den jeweiligen „Vorfällen" versehenen Formblätter und Duplikate sind durchlaufend numeriert. Ausdrücklich wird vermerkt, ob eine vorübergehende oder endgültige Entnahme vorliegt. Der Treuhänder erhält das Original. Seine Formularsammlung bietet im Zusammenhang mit der Eintragung in das Kontrollregister jederzeit die genaue Übersicht.

6. Eine grundsätzliche Verpflichtung der Aufsichtsperson, *nachzuprüfen*, ob der Vorstand tatsächlich eine oder mehrere Urkunden aus dem Deckungsstock benötigt, wird unterschiedlich bewertet und zum

---

[4] Beispielsweise *Dannenbaum*, Anm. zu § 31 HypBankG, und *Schmitz*, a. a. O., Sp. 28, vertreten — erschwerend für die Sorgfaltspflicht des Th — den Standpunkt, daß der Dritte selbst dann rechtswirksam erwirbt, wenn er gewußt hat, daß der Aufsichtführende zu Unrecht eine Hpothek aus dem DSt entließ, ausgenommen § 826 BGB.
[4a] A. M.: BAV Gesch.Ber. 1961, 23 (24), insofern, als nach Tilgung eines Darlehens der Th der Aushändigung der im Bankdepot befindlichen Schuldurkunde uneingeschränkt zuzustimmen habe.
[5] FG Karlsruhe Urt. v. 14. 6. 1961, EFG 61, 497 (Nr. 566); vgl. auch *Matthes*, NeumZfV 1936, 515; *Vassel*, VW 1960, 631 zu 3, 632. Das gilt sogar dann, wenn aus steuerlichen Gründen Rückstellungen für die Beitragsrückgewähr in den DSt eingestellt und einer vertraglichen Treuhandschaft unterstellt werden, die sich außerhalb des Zweckgedankens der §§ 65 ff. VAG bewegt.
[6] Falls eine Überdeckung überhaupt nicht vorhanden ist und auch keine andere Deckung vom Vorstand angeboten wird, ist für Hypotheken die endgültige Herausgabe ausschließlich zulässig, wenn a) der Hypothekenschuldner wegen Tilgung die Aushändigung des Hypothekenbriefes oder eines Teilhypothekenbriefes verlangen kann, b) eine Urkunde über eine endgültige Hypothek ausgestellt und c) eine Urkunde gestohlen worden ist. Vgl. *Dannenbaum*, Anm. 10 zu § 31; *Schmitz*, a. a. O., Sp. 28.

Teil abgelehnt[7]. Die Befürworter[8] werden der Aufgabe und damit der Stellung des Treuhänders eher gerecht. Der Aufsichtführende hat sein Kontrollregister zu führen (VA 1903, 2)[8a] und darin u. a. den Grund einer Entnahme zu verzeichnen (R 13/57 A II e). Folglich hat der Vorstand für den Fall, daß er keinen Ersatz beschafft und die verbleibende Deckung unter das Soll der Prämienreserve sinkt, den vorübergehenden Gebrauch als solchen zu begründen.

Schließlich beantwortet sich die Frage, ob dem Treuhänder eine periodische oder eine kontinuierliche Kontrolle der Unternehmenspflichten gegenüber dem Deckungsstock zusteht, wie folgt.

II. Grundsätze für den Umfang der Befugnisse

Der erste Grundsatz für die Treuhänderbefugnisse dürfte lauten: *Sämtliche Befugnisse nach §§ 70 ff. VAG sind aus einer tendenziell stets vorhandenen Überdeckung*[9] *zu beurteilen*. Danach richtet sich auch die Herausgabepflicht gegenüber dem Vorstand. Beim Verfügungsbegehren über DSt-Werte hat der Aufsichtführende die Gewähr für den zureichenden und dauerhaften Bestand des Sondervermögens zu bieten.

Die Überwachungs- und Kontrollbefugnisse sind sodann im einzelnen nach folgendem Grundsatz zu handhaben: *Der Treuhänder nimmt formelle Rechte einer Staatsaufsicht wahr und wird auf Betriebsebene im beschränkten Maße für das Bundesaufsichtsamt tätig.* Er kann gegenüber dem Vorstand als dem gesetzlich und aufsichtsbehördlich Verpflichteten nicht weniger Rechte haben, als dieser dem Deckungsstock gegenüber Pflichten zu erfüllen hat. Im Zweifel wird immer von der quasiöffentlichen Amtsstellung der Aufsichtsperson auszugehen sein.

1. Permanente Kontrolle der Bestandsbewegung

Die Befugnisse der Aufsichtsperson werden grundsätzlich von der Auffassung einer *dynamischen* Kontrolle als spezifische Funktion bestimmt sein müssen, und zwar aus folgenden Gründen:

a) Der Treuhänder beaufsichtigt die Vorschriftsmäßigkeit der DSt-Verwaltung permanent, während die Aufsichtsbehörde nur in Abständen Kenntnis von Bestandsbewegungen erhält, nämlich vermittels der einzureichenden Zusammenstellung des Vorstandes über die Berichtigungen und Ergänzungen des DSt-Verzeichnisses. Wenngleich das für die Vorrechte der Versicherten so bedeutsame Verzeichnis Aufschluß über die laufenden Veränderungen in den Deckungswerten zu geben

---

[7] Vgl. *Friedlaender,* Anm. 4 zu § 31 HypBankG; *Dannenbaum,* Anm. 13 zu § 31.
[8] *Koenige-Petersen-Wirth,* Anm. 2 c zu § 72 VAG; *Schmitz,* HansRGZ 1936, Sp. 29; *Prölss,* Anm. 5 e zu § 72.
[8a] Anweisungen zum DSt-Verzeichnis vgl. VerBAV 1950, 8, 52 Nr. 2 S. 2.
[9] Vgl. BAV Gesch.Ber. 1959/60, 15; 1960, 19.

hat und diese in den vierteljährlichen Meldungen global und in allen Nachweisungen durch die vollständige Verzeichnisabschrift jährlich nur einmal zur Kenntnis der Aufsichtsbehörde gebracht werden müssen[10], erlangt die Aufsichtsbehörde tatsächlich nur eine statistische Übersicht. Ihre Kontrolle ist demnach eine *statische*; aufgrund des Umstandes, daß immer bloß die Meldungen zum Schluß des vorhergehenden Quartals und die Zusammenstellung und Verzeichnisabschrift zum Schluß des vorhergehenden Geschäftsjahres vorliegen, kann das Bundesaufsichtsamt in der Regel kaum Kenntnis von neuerlich erfolgten Zuführungen zum Deckungsvermögen und seinem gegenwärtigen Bestand haben[11]. Diese Lücke schließt der Treuhänder.

Er bescheinigt für die Zwischenzeit die vorschriftsmäßige Anlage und Sicherung der im Verzeichnis angeführten Vermögenswerte und die Richtigkeit der von der Unternehmung gemeldeten Veränderungen. Auf diese Weise erst geschieht dem Sinn und Zweck der §§ 65 I, 66 I, II u. VI VAG vollauf Genüge. Daraufhin kann die Behörde sich im Laufe des Geschäftsjahres auf die ständige Kontrolle und Überwachung durch den Aufsichtführenden beschränken (A § 2 III 2), was im Ergebnis die quasibehördliche Aufsichtsfunktion des Treuhänders erklärt.

Es wäre nicht einzusehen, weshalb eine besondere Kontrollperson vorhanden sein sollte, wenn nicht als *Wahrnehmungsorgan im Sinne einer laufenden Überwachung*, die wegen der ständigen Bestandsbewegungen vom Bundesaufsichtsamt nur schwer und kostspielig wahrgenommen werden könnte.

b) Damit haben sich die gemäß § 3 Kap. III 2 strittigen Fragen erledigt. Welche Verwaltungsrechte dem Aufsichtführenden letztlich zuzubilligen sind, beantwortet sich gleichfalls:

Der Vorstand hat dem Treuhänder die Übersicht zu gewähren und schuldet ihm die Aufklärung[12] sowie den Beistand in Angelegenheiten der Vermögensverwaltung, die zur Beurteilung einer vorschriftsmäßigen Anlegung, Aufbewahrung und Bewertung des Deckungsstocks befähigen. Die treuhänderischen Aufsichtsbefugnisse werden lediglich begrenzt von den Dispositionsrechten der Geschäftsleitung, beispielsweise hinsichtlich der Zusammenstellung der für den Deckungsstock zulässigen Bestandswerte. Dem Vorstand überlassen ist die Auswahl unter

---

[10] Selbst diese Termine werden zum Teil nicht gewahrt; Verstöße etlicher Unternehmungen dawider sind wiederholt beanstandet und erneut festgestellt worden. Vgl. Gesch.Ber. BAV 1959/60, 15 (VII — 100/60); 1960, 19 (VII 3—1641/60).
[11] Vgl. BAV Gesch.Ber. 1959/60, 17 (VII — 1994). Wohl kann das Aufsichtsamt den Meldungen gegebenenfalls eine nachträglich vorgenommene Bedeckung entnehmen und diese dann beanstanden. Vgl. BAV Gesch. Ber. 1960, 18.
[12] Vgl. *Arnold*, VerBAV 1954, 172; *Berliner-Fromm*, 4. Aufl., S. 499; *Schmitz*, HansRGZ 1936, Sp. 29.

den zulässigen Anlagewerten nach freiem Ermessen[13]. Soweit indes Verpflichtungen der Unternehmung gegenüber dem Deckungskapital gesichert und Verfügungen darüber eingeschränkt sein sollen, schalten sich verwaltungsrechtliche Befugnisse des Aufsichtführenden auch in Bereiche der Geschäftsführung ein, und zwar, „soweit die mit der Sicherstellung von Vermögenswerten verbundene verwaltende Tätigkeit in Betracht kommt"[14], zwangsläufig also durchaus solche, die ihrem Wesen nach dem Vorstand und seinen Hilfspersonen zukommen.

Für den Treuhänder besteht kein Anlaß, die Initiative des Vorstandes bei der Kapitalanlage einzuschränken, wenn immer die Verpflichtungen gegenüber den Versicherten in Erfüllung der gesetzlichen Pflichten dem Deckungsstock gegenüber hinreichend gesichert sind. Dabei obliegt es dem Vorstand, zugleich für die Liquidität Sorge zu tragen. Indes weder bei der Entscheidung über die geeignete Anlage noch über die Bereitstellung der flüssigen Mittel nach Bedarf, wobei beides sich im Rahmen der geltenden Vorschriften zu halten hat, sind die unter § 3 I u. II 1 aufgewiesenen Kontrollrechte des Treuhänders hinderlich.

2. Vorbehalte bei Bestandsentnahme

Auch die Behandlung kurzfristiger DSt-Entnahmen zu vorübergehendem Gebrauche (vgl. A § 3 III 1) dürfte kaum noch Schwierigkeiten bereiten. Es handelt sich hierbei in jedem Falle um Bestände, die in das Verzeichnis eingetragen, demnach aus dem Vorbehalt einer Verfügungsbeschränkung und aus dem Sondervermögen dinglich wirksam nicht entlassen sind. Der Treuhänder begibt sich, da seine schriftliche Zustimmung und die Löschung im Bestandsregister fehlen, niemals seiner Rechte gegenüber Dritten. Mit einer einstweiligen Herausgabe stimmt der Aufsichtführende nicht auch einer Rechtsänderung am Bestand zu. Insoweit bleibt das Vorzugsrecht der Versicherten als Konkursgläubiger gewahrt.

Zum Vergleich sei auf das Pfandrecht verwiesen, das durch Herausgabe des Pfandes (§ 1253 BGB) keinen Verlust erleidet, wenn mit Genehmigung des Pfandgläubigers der Schlüssel zu den Pfandräumen herausgegeben wird, damit eine bestimmte freizugebende Ware, etwa der Tagesbedarf, entnommen oder eine neue Ware eingeliefert werden soll[15]. Ebenso enstehen in der Bestandsverwaltung des Versicherers Bedürfnisse einer einstweiligen Entnahme von Deckungswerten schon aus Verpflichtungen anderen Gläubigern gegenüber (Tilgung, Rückkauf, § 1145 BGB u. dgl. m.), die zu verweigern unbegründet wäre, weil

---

[13] Vgl. *Fritz*, Vermögensanlagen, S. 9; *Prölss*, VersRds 1957, 117, 120. Für Hypotheken z. B. vgl. BAV Gesch.Ber. 1959/60, S. 17.
[14] *David*, ZVersWiss 1936, 62.
[15] Vgl. *Staudinger*, Anm. 1 b zu § 1205 BGB.

II. Grundsätze für den Umfang der Befugnisse 139

einer Sachwertminderung am Deckungsstock (z. B. bei Rückzahlung einer hypothekarisch gesicherten Forderung) die entsprechende Geldeinnahme des Treuhänders entgegensteht. Zu Recht findet der § 31 II S. 2 HypBankG analog Anwendung.

Nicht anwendbar sein dürfte hingegen § 31 III HypBankG auf vorübergehende Bestandsentnahmen im allgemeinen, da für die Notwendigkeit eines kurzfristigen Gebrauchs von Wertpapieren, Urkunden und Geld im offenen oder geschlossenen Depot kein begründeter Anlaß ersichtlich wäre[16]. Die Entscheidung des Aufsichtführenden nach VAG muß in strenger Auslegung des § 31 III HypBankG beschränkt bleiben. Das um so mehr, als er schon bei Hypothekenbriefen kaum in der Lage ist, die Abtretung für den vorübergehenden Gebrauch entgegen der Erklärung des Vorstandes und damit gegebenenfalls eine Unterdeckung zu verhindern[17]. Eine vom Vorstand für vorübergehend erklärte Bestandsentnahme ohne Hinterlegung einer zulässigen Ersatzdeckung dürfte eigentlich nur für Hypothekenbriefe und Schuldscheine zum Gebrauch nach Maßgabe des § 1145 BGB zulässig sein. In allen anderen Fällen wird sie vom Treuhänder abzulehnen sein, es sei denn, der Vorstand bietet anderweitig Deckung an. Wann immer der Fall eintritt, daß für das Bedürfnis einer kurzfristigen Entnahme, die eine Unterdeckung zum Gefolge hätte, kein zweifelsfreier Nachweis geführt werden kann, sollte der Treuhänder die Aufsichtsbehörde entscheiden lassen.

3. Tendenz zur verstärkten Bestandswahrung

In der Praxis sind durchaus Tendenzen erkennbar, die eingetragenen Bestandswerte des Sondervermögens auch bei Überdeckung als zweckgebunden und nur gegen Ersatz auslösbar zu betrachten. Von den befragten Treuhändern vertreten immerhin 12 vH die Meinung, daß sie dem Verlangen des Vorstandes auf Herausgabe von Deckungswerten selbst dann nicht nachzukommen hätten, wenn dieses den vorübergehenden Gebrauch vorsehe und der verbleibende Bestand zur vorschriftsmäßigen Bedeckung hinreicht. Weil aus dem Kreise der Befragten niemand in Unkenntnis der geltenden positiv-rechtlichen Regelung (§ 72

---

[16] Schuldurkunden, insbesondere Hypothekenbriefe, darf der Th überhaupt nur herausgeben, soweit es nach §§ 72 II 2, 77 VAG i. V. m. R 13/57 B I 2,3 gestattet ist. Vgl. BAV Gesch.Ber. 1959/60, S. 17 (VII 3—1360); 1961, 23.

[17] Die Herausgabe von Hypothekenurkunden zu vorübergehendem Gebrauch ist schon deshalb nicht ganz unbedenklich, weil bei Briefhypotheken der Grundbuchrichter nicht zu prüfen hat, ob sie zum DSt gehören und ob der Th einer Rechtsänderung zugestimmt hat (VA 35, 83; *Prölss*, Anm. 4 zu § 72; *v. d. Thüsen*, JRPV 1936, 290). Der Erwerber einer Briefhypothek legitimiert sich durch Vorlage der Urkunde. Der Sperrvermerk des Grundbuchs zugunsten des Th hindert nicht die durch Zession eines Hypothekenbriefes wirksame Rechtsänderung.

II 2 VAG i. V. m. § 31 II HypBankG) geantwortet haben dürfte, besteht zwar in Minderheit, gleichwohl nicht zu übersehen, die Überzeugung, daß die Bestandserhaltung des Deckungsstocks eine absolute sein und de lege ferenda[18] bedacht werden sollte. Eine solche Schlußfolgerung erscheint überdies aus den faktischen Verhältnissen insofern zulässig, als das dem Aufsichtsamt alljährlich nachzuweisende Deckungsstock-Ist gegenüber dem Deckungsstock-Soll regelmäßig und im steigenden Maße eine Überdeckung aufweist[19].

Dieser Sachverhalt erhellt, daß die Unternehmungen durchaus gewillt sind, ihre Pflichten ganz im Sinne der §§ 65 I, 66 I, II, V, VI VAG zu handhaben. Des weiteren läßt sich daraus ableiten, daß die Registereintragung gemäß § 66 VI 1 VAG auch hinsichtlich der vorläufigen Zuführungen als rechtskonstituierend gewertet wird, nämlich in der Weise, daß die Bestandswerte auch im Falle der Überdeckung mit der Eintragung dem Sondervermögen einverleibt werden und dadurch Vorbehaltsgut für die bevorrechteten Gläubigeransprüche geworden sind[20].

III. Grundsätze für die Amtsdauer

Abschließend ergibt sich die Konsequenz, wie die aus der Rechtsnatur erklärbaren Befugnisse und auch die Amtsstellung des DSt-Treuhänders überall dort, wo Gesetz und aufsichtsbehördliche Vorschriften nicht letzte Klarheit schaffen, immerhin zu festigen wären. Der DSt-Treuhänder muß in die Lage versetzt werden, wahrhaft uneigennützig tätig werden zu können. Das Gesetz schließt zwar Weisungen des Versicherers aus. Fraglich bleibt es dennoch, ob der Aufsichtführende immer vollkommen unabhängig seine Obliegenheiten wahrnehmen kann, auch in dem Bewußtsein, daß über die Dauer seiner Tätigkeit das Unternehmen nach Gutdünken befindet.

1. Faktische Unabhängigkeit durch Kontinuität im Amt

An persönlicher Eignung der Kontrollperson werden charakterliche Integrität und unbedingte Zuverlässigkeit vorausgesetzt. Rein sachlich wird die Befähigung abverlangt, die Deckungsstockfähigkeit von

---

[18] Diese Auffassung dürfte noch in anderer Richtung Stütze finden: Die jüngsten Anlagevorschriften für die private Versicherungswirtschaft sind sogar für freies Vermögen derart auf Sicherheit gestellt, daß nunmehr den Unternehmungen die Kapitalanlage selbst kurzfristiger Rückstellungen (z. B. für Schäden, Schadensbearbeitungskosten, Prämienrückgewähr) vorgeschrieben ist. Das zeigt die zunehmende Priorität des Sicherheitsprinzips, selbst auf Kosten der Liquidität.
[19] Vgl BAV Gesch.Ber. 1952/53 ff. III 3, zuletzt 1961, 19.
[20] Im übrigen analog § 6 HypBankG, wonach der Gesamtbetrag der im Umlauf befindlichen Pfandbriefe durch Hypotheken von zumindest gleicher Höhe gedeckt sein muß.

Vermögensanlagen sowie Wertschwankungen erkennen zu können. In Betracht kommen nur Personen, „die ihren Kenntnissen und der Lauterkeit des Charakters nach der ihnen gestellten Aufgabe gewachsen erscheinen" (VA 1932, 111). Diese Regelung kann nur den Sinn haben, die *kontinuierliche* Tätigkeit des Treuhänders zu gewährleisten. Offenbar soll die Bestellung solcher Personen vermieden werden, die absehbar abberufen werden müßten.

Tatsache ist nur, daß der Gesetzgeber, wie dargetan, der Bestellung viel Aufmerksamkeit, der Abberufung dagegen keine Beachtung widmet und die Aufsichtsbehörde sich bei Kündigung durch den Versicherer jeglicher Stellungnahme enthält.

2. Aufsichtsbehördliche Zustimmung für die Abberufung

Stets wird die Kündigung eines Aufsichtführenden durch den Beaufsichtigten bedenklich stimmen, falls jener von der Aufsichtsbehörde eingesetzt worden ist[21]. Eine Abberufung seitens des Versicherers sollte auch sonst nie willkürlich oder nach Belieben erfolgen können.

Es würde die quasi-öffentliche Stellung des DSt-Treuhänders erheblich gestützt, wenn für jeden Kündigungsfall die Stellungnahme der Aufsichtsbehörde einzuholen wäre[22]. Ohnehin würde sich damit die Forderung nach einem beamteten Aufsichtführenden bzw. einem Staatskommissar erübrigen.

Die Aufsichtsbehörde sollte auf vertragliche Vereinbarung einer bestimmten Amtsdauer für den Treuhänder drängen und im übrigen die Versicherungsunternehmen veranlassen, jede unbegründete Abberufung zu vermeiden. Im Grunde ist sogar nicht einzusehen, weshalb die Abberufung nicht ebenso wie die Bestellung der aufsichtsbehördlichen Genehmigung unterliegen sollte. Wenn aber der DSt-Treuhänder auch künftig jederzeit von der Unternehmung abberufen werden kann, selbst ohne Angabe triftiger Gründe, und die Aufsichtsbehörde nicht einmal berechtigt sein soll, dahin zu wirken, daß die Kündigung nötigenfalls revidiert wird, so wäre in den Augen der Kritiker die Unab-

---

[21] Die amtliche Bestellung erfolgt immer nur dann, wenn die Unternehmung einen für das Amt Ungeeigneten vorgeschlagen hat, also entweder der Vorgeschlagene persönlich oder sachlich ungeeignet war und ein Neuvorschlag unterblieb oder auch ein solcher auf Bedenken der Behörde stieß (§ 71 II VAG).
[22] *v. d. Thüsen*, JRPV 1936, 147, fordert eine solche Stellungnahme auch wenn der Kündigungsgrund nicht in vermeintlichen Verstößen gegen die Obliegenheiten zu suchen ist, weil die Aufsichtsbehörde den Th als brauchbar befunden habe und sich davon überzeugen müsse, „ob ein ihr genehmer Treuhänder aus nicht stichhaltigen Gründen entlassen werden soll".

hängigkeit der Aufsichtsperson entgegen der behördlicherseits geforderten Erklärung der Unternehmung fragwürdig.

Der Aufsichtführende vermag sich einer unbegründeten Abberufung nicht zu widersetzen und insoweit nicht gegen das Berufungsorgan oder auch den Vorstand durchzusetzen, wenn dieser im Rahmen seiner Vertretungsmacht erkennbar wider den Bestand des im Deckungsstock verwalteten Vermögens verstoßen wollte. Soweit die Aufsichtsbehörde in solchen Fällen Eingriffe unterläßt, hat der Treuhänder kein subjektives Recht auf verwaltungsgerichtliche Überprüfung. Hier hätte die Bundesaufsicht Schwächen in der Treuhänderposition im öffentlichen Interesse abzuschirmen. Es sollte alles getan werden, den quasi-öffentlichen Charakter der Amtsperson kenntlich zu machen und die Schutzfunktion, die der DSt-Treuhänder für die Versicherten ausübt, im Bewußtsein der Öffentlichkeit vollends zur Wirkung zu bringen.

ANHANG

Fragebogen

Befragung*)

von Deckungsstock-Treuhändern
gem. §§ 70 ff. VAG

I. *Zur Person*

1. Wie alt sind Sie? ....J.
2. Was sind Sie von Beruf? ....
3. Waren Sie (leitender) Angestellter einer Versicherungsunternehmung (VU)? .... Ja/Nein
   3a) Waren Sie bereits mit dem Versicherungswesen vertraut, bevor Sie zum Treuhänder (Th) ernannt wurden? Ja/Nein
4. Haben Sie dem Aufsichtsrat einer VU angehört? .... Ja/Nein
   4a) Waren Sie bereits im Aufsichtsrat einer VU, bevor Sie zum Th ernannt wurden? .... Ja/Nein
5. Sind Sie Th einer
   a) Lebensversicherung .... Ja/Nein
   b) Sterbekasse .... Ja/Nein
   c) Pensionskasse .... Ja/Nein
   d) Krankenversicherung .... Ja/Nein
   e) Unfallversicherung .... Ja/Nein
   f) Haftpflichtversicherung .... Ja/Nein
6. Wieviel Jahre sind Sie schon Th einer VU? ....J.

II. *Zur Ernennung*

7. Enthält die Mitteilung Ihrer VU, die Sie zum Th ernannt hat, einen Hinweis auf das Einverständnis („Genehmigung") der Aufsichtsbehörde? .... Ja/Nein
8. Regelt die schriftliche Mitteilung Ihrer Ernennung auch Ihre Amtsdauer? .... Ja/Nein
9. Besitzen Sie — außer der genannten Mitteilung — einen besonderen Anstellungsvertrag? .... Ja/Nein

III. *Zur Tätigkeit*

10. Sie verwahren die Bestände des Deckungsstocks unter Mitverschluß der VU, soweit es sich um verbriefte Forderungen, insbesondere Hypothekenbriefe, Wertpapiere, Schuldurkunden (z. B. bei Darlehen), und Unterlagen zur Sicherung von Forderungen handelt? .... Ja/Nein

---

*) Bei den Alternativfragen (Ja oder Nein) Nichtzutreffendes bitte streichen.

11. Besitzen Sie einen Schlüssel für das Safe, das der Aufbewahrung genannter Urkunden dient? .... Ja/Nein
12. Werden die unter 10. genannten Bestände im offenen Depot eines Kreditinstituts verwahrt? .... Ja/Nein
13. Kann der Vorstand ohne Sie über den Deckungsstock (DSt) verfügen? (Verfügen heißt, Rechte am DSt übertragen, belasten, inhaltlich ändern oder aufheben) .... Ja/Nein
14. Wie oft ist Ihre Anwesenheit zur Amtsausübung in den Geschäftsräumen der VU erforderlich?
    Im Durchschnitt etwa
    a) täglich .... Ja/Nein
    b) vierzehntäglich .... Ja/Nein
    c) monatlich .... Ja/Nein
    d) vierteljährlich .... Ja/Nein
    e) sonstige Zeiträume: ....
15. Sind Sie unter Umständen verpflichtet, Bestände des DSt auf Verlangen des Vorstandes herauszugeben? .... Ja/Nein
    15a) Beispielsweise bei Ausübung eines Wiederkaufsrechts für ein zum DSt gehörendes Grundstück? .... Ja/Nein
16. Müssen Sie DSt-Bestände auf Verlangen des Vorstandes herausgeben,
    a) wenn der verbleibende Bestand zur vorschriftsmäßigen Deckung ausreicht? .... Ja/Nein
    b) wenn der Vorstand eine andere vorschriftsmäßige Deckung beschafft? .... Ja/Nein
17. Können Sie sich bei unberechtigter Verweigerung der Herausgabe eines DSt-Wertes schadenersatzpflichtig machen? .... Ja/Nein
    17a) Können Sie sich schadenersatzpflichtig machen, wenn Sie unberechtigt (§ 77 Abs. 1 VAG) einen DSt-Wert herausgeben? .... Ja/Nein

IV. Zur Rechtsstellung

18. Werden Ihre Rechte eines Th, den das Gesetz zwingend vorschreibt, begründet
    a) bereits mit der Genehmigung der Aufsichtsbehörde? .. Ja/Nein
    b) erst mit der Bestellung durch das dazu berufene Organ (Aufsichtsrat) der VU? .... Ja/Nein
19. Haben Sie Ihre Rechte etwa durch Übereignung des DSt erhalten? .... Ja/Nein
    19a) Kann überhaupt eine Übereignung des DSt an Sie stattgefunden haben? .... Ja/Nein
    19b) Haben Sie lediglich Mitbesitz am DSt? .... Ja/Nein
20. Betrachten Sie sich als Angestellter der VU, deren Th Sie sind? .... Ja/Nein
21. Betrachten Sie sich als entgeltlich Beauftragten der VU (Geschäftsbesorger), etwa wie der Abschlußprüfer? ...... Ja/Nein
22. Betrachten Sie sich als Träger eines öffentlichen Amtes? .. Ja/Nein
    22a) Betrachten Sie sich als privatrechtlichen Amtsträger? (Als Amtsperson, ohne Beamter zu sein) .... Ja/Nein
23. Besitzen Sie bloß die Aufsicht bzw. die Kontrolle über den DSt ohne jede eigene Verfügungsmacht? .... Ja/Nein
    23a) Oder können Sie sich als Verfügungsberechtigter betrachten, zwar mit treuhänderischen Verpflichtungen gegenüber der VU? .... Ja/Nein

24. Üben Sie Ihre Kontrolle lediglich in Vollmacht der VU aus (Auftrag, Geschäftsbesorgung)? .... Ja/Nein
25. Würden Sie die Funktionen der Aufsichtsbehörde als auf Sie übertragen erachten? (Sozusagen „Funktionär" für den DSt) .... Ja/Nein

V. Ihre Meinung

26. Haben Sie Ihre Th-Rechte empfangen
   a) durch Vertrag mit der VU (Vgl. Auftrag, Geschäftsbesorgung, aber auch Ihre Annahme der Th-Bestellung) Ja/Nein
   b) durch staatlichen Verwaltungsakt? (Etwa durch eine Begünstigung im Verzicht der Aufsichtsbehörde auf Bedenken gegen Ihre Bestellung) .... Ja/Nein
   c) unmittelbar aus dem Gesetz, welches der VU die Bestellung eines Th zwingend auferlegt? .... Ja/Nein
27. Oder haben Ihre Th-Rechte g e m e i n s a m begründet:
   a) Gesetz verbunden mit Bestellung (durch VU)? .... Ja/Nein
   b) Bestellung verbunden mit Verwaltungsakt? .... Ja/Nein
   c) Gesetz verbunden mit Verwaltungsakt und Bestellung? Ja/Nein
28. Welches erachten Sie wesentlich als Ihre Aufgabe:
   a) Sollten Sie lediglich den Bestand des vorhandenen DSt kontrollieren? .... Ja/Nein
   b) Sollten Sie auch die DSt-Fähigkeit des Bestandes nach gesetzlichen und aufsichtsbehördlichen Vorschriften überwachen? .... Ja/Nein
   c) Sollten Sie den tatsächlichen Wert des DSt (z. B. den Kurswert von Aktien) nachprüfen? .... Ja/Nein
   d) Sollten Sie über die Vermögensanlagen des DSt verfügen? .... Ja/Nein
29. Haben Sie die Sicherheit des DSt-Bestandes zu prüfen? .. Ja/Nein
30. Können Sie den Vorstand veranlassen, bestimmte Werte in den DSt zu nehmen oder auszutauschen? .... Ja/Nein
31. Wahrt Ihr Amt eines Th nur das Interesse der Versicherten? .... Ja/Nein
   31a) Oder liegt Ihre Tätigkeit auch im Sinne der VU? .... Ja/Nein
32. Wahrt Ihre Tätigkeit im Grunde mehrere Fremdinteressen, so gleichzeitig solche
   a) der VU? .... Ja/Nein
   b) der Versicherten? .... Ja/Nein
   c) der Aufsichtsbehörde? .... Ja/Nein
33. Betrachten Sie Ihre Funktion als im Auftrage der Aufsichtsbehörde ausgeübt? .... Ja/Nein
   33a) Könnten Sie sich als eine Art „Gehilfe" der Aufsichtsbehörde betrachten? .... Ja/Nein
34. Sehen Sie im Erfordernis Ihrer Zustimmung zu den DSt-Verfügungen des Vorstandes ein zweckbeschränktes dingliches Recht? .... Ja/Nein
35. Sehen Sie Ihre Rechtsmacht wesentlich darin, die Verfügungsgewalt der VU über den DSt zu beschränken? .... Ja/Nein
36. Haben Sie Ihre Ermächtigung, Kontrolle am DSt auszuüben, als eigenes (dinglich wirksames) Recht? .... Ja/Nein
37. Steht Ihrer Auffassung nach der DSt zweckgebunden ausschließlich für Verpflichtungen gegenüber den Versicherten bereit? .... Ja/Nein
38. War Ihrer Meinung nach der Konkurs einer VU (1929) maßgeblich für die Gesetzgebung (1931), einen Th für den DSt einzuführen? .... Ja/Nein

Literaturübersicht

Anschütz: Die Verfassung des Deutschen Reichs, 8. Aufl., Berlin 1928.
Apel: Der Deckungsstock und sein Verzeichnis, in: ZVersWiss 1936, S. 121 ff.
Arnold: Verfügungsbeschränkungen zugunsten des Treuhänders (§§ 70 ff. VAG), VerBAV 1953, S. 272 ff.
— Über die Aufgaben des Treuhänders von Lebensversicherungsunternehmen, in: VerBAV 1954, S. 172 ff.
— Schutz der öffentlichen Interessen als Aufgabe der Versicherungsaufsicht, in: VerBAV 1955, S. 102 ff.
— Über Zweck, Rechtsgrundlagen und Grenzen der Versicherungsaufsicht, in: VW 1958, S. 549 ff.
Artzt: Einige Fragen zur Stellung des durch Organe der Staatsverwaltung eingesetzten Treuhänders in privaten gewerblichen Unternehmen, in: NJ 1952, S. 22 ff.
Ballerstedt: Wirtschaftsverfassungsrecht, in: Bettermann-Nipperdey-Scheuner, Die Grundrechte, Bd. III, 1, Berlin 1958.
Barlet-Karding: Kommentar zum Hypothekenbankgesetz, München und Berlin 1957.
Baumbach-Hueck: Aktiengesetz, 10. Aufl., München und Berlin 1959.
Becker: Die Haftung des Zwangsverwalters nach Gesetz Nr. 52, in: DRZ 1950, S. 101 f.
— Die Leistungen der öffentlichen Verwaltung, 1956.
Berliner: Die Rechtsstellung des Treuhänders im Aufwertungsverfahren, in: VuG 1926, S. 34 ff.
Berliner-Fromm: Gesetz über die Beaufsichtigung der privaten Versicherungsunternehmungen und Bausparkassen, 4. Aufl., München 1932.
Beyerle: Die Treuhand im Grundriß des deutschen Privatrechts, Weimar 1932.
Böhle-Stamschräder: Konkursordnung, München und Berlin 1950.
Boss: Systeme der Staatsaufsicht über Versicherungsunternehmungen, Berlin 1955.
Bovensiepen: Treuhand- (Fiduziarische) Geschäfte, Treuhänder und Treuhandgesellschaften, in: HdR Bd. VI, S. 60 ff.
Bruck-Möller: Kommentar zum Versicherungsvertragsgesetz, 8. Aufl., Berlin 1953 ff.
Braeß: Art. Versicherungswesen, HdSW Bd. 11, S. 239 ff.
Bruck: Die rechtliche Natur der Rückversicherung, in: VersArch 1956, S. 9 ff.
Büchner: Die Entwicklung der deutschen Gesetzgebung über die Versicherungsaufsicht bis zum Bundesgesetz v. 31. Juli 1951, in: MVA Bd. I, S. 1 ff.
Bürckner: Der privatrechtsgestaltende Staatsakt, Leipzig 1930.
Daniels: Begründung und Beendigung des Beamtenverhältnisses, in: HDStR Bd. II, S. 34 ff.
Dannenbaum: Deutsche Hypothekenbanken, 2. Aufl., Berlin 1928.
David: Prüfer und Treuhänder in der Lebensversicherung, in: ZVersWiss 1936, S. 59 ff.

Doelle-Zweigert: Gesetz Nr. 52 über Sperre und Beaufsichtigung von Vermögen, Stuttgart 1947.
Drews-Wacke: Allgemeines Polizeirecht, 6. Aufl., Berlin-Köln-München 1954.
Ebel: Geschichte der Gesetzgebung in Deutschland, 2. Aufl., Göttingen 1958.
— Das Versicherungswesen als geistesgeschichtliche Erscheinung, in: VersArch 1959, S. 277 ff.
Ehrenberg: Zur Methodologie der Versicherungs-Rechtswissenschaft, in: VVV H. 38, Teil I, S. 100 ff.
Ehrenzweig: Deutsches (österreichisches) Versicherungsrecht, Wien 1952.
— Die Rechtslehre des Versicherungsvertrages und die klassische Logik, Karlsruhe 1954.
Ehrlichmann: Die Rechtsstellung des Treuhänders nach dem Gesetz über die Beaufsichtigung der privaten Versicherungsunternehmungen, Diss. Halle 1933.
Engisch: Einführung in das juristische Denken, Stuttgart 1956.
Engler: Der ‚Custodian' i. S. des MRG 52 in der britischen Zone, in: DRZ 1947, S. 252 f.
Enneccerus-Nipperdey: Lehrbuch des Bürgerlichen Rechts, Bd. I, Allgm. Teil, 15. Aufl., Tübingen 1959.
Erler: Grundprobleme des internationalen Wirtschaftsrechts, Göttingen 1956.
Erman-Goerke: Handkommentar zum Bürgerlichen Gesetzbuch, 2. Aufl., Münster 1958.
Fayol: Administration industrielle et générale, Paris 1920; dts.: München und Berlin 1929.
Finke-Pfeiffer: Markt-, Preis- und Wettbewerbsordnung im Aufsichtsrecht, in: MVA Bd. I, S. 104 ff.
Fischbach: Treuhänder und Treuhandgeschäfte, Mannheim und Leipzig 1912.
Flume: Die Rechtsstellung des Treuhänders nach Gesetz Nr. 27, in: Der Betrieb Nr. 3 1952, S. 52 ff.
Forsthoff: Lehrbuch des Verwaltungsrechts, Bd. I, 7. Aufl., München und Berlin 1958.
— Rechtsfragen der leistenden Verwaltung, in: „res publica" Beiträge zum öffentlichen Recht, Bd. I, Stuttgart 1959.
Fritz: Rechtsschutz in der Versicherungsaufsicht, in: RIV, S. 99 ff.
— Währungs- sowie Währungsumstellungsprobleme und Versicherungsaufsicht, in: MVA Bd. I, S. 147 ff.
— Bundesaufsichtsamt und Versicherungsnehmer, in: VP 1957, S. 49 ff.
— Die Vermögensanlagen der Versicherungswirtschaft in aufsichtsbehördlicher Sicht, Berlin 1958.
Froehlich: Custodian und Geschäftsleitung, in: JR 1956, S. 81 ff.
Fromm: Versicherungs- und Bausparkassenaufsichtsgesetz; Änderungen v. 5. 3. u. 19. 11. 1937, München und Berlin 1938.
v. Gierke: Versicherungsrecht, Bd. I, Stuttgart 1937, Bd. II, Stuttgart 1947.
v. Godin: Der Treuhänder einer Aktiengesellschaft, in: NJW 1947/48, S. 46 ff.
Göppert-Seydel-Friedlaender: Kommentar zum Hypothekenbankgesetz, 3. Aufl., Berlin und Leipzig 1929.
Goetz: Treuhandwesen und Wirtschaft, Berlin und Leipzig 1925.
Goldschmidt: Treuhänderprobleme, in: Verhandlungen des 36. Deutschen Juristentages, Bd. II, S. 21 ff.
Gunz: Die rechtliche Natur des Treuhänders im Hypothekenbankgesetz, Berlin 1903.
Hamann: Das Grundgesetz für die Bundesrepublik Deutschland, Kommentar, 2. Aufl., Neuwied u. Berlin 1956.

Hatschek: Lehrbuch des deutschen und preußischen Verwaltungsrechts, 7. u. 8. Aufl., Leipzig 1931.
Hatz: Entwicklung, Aufgaben und Abgrenzung der Staatsaufsicht über die privaten Versicherungsunternehmungen in der Schweiz, Zürich 1951.
Heck: Interessenjurisprudenz, Tübingen 1933.
Heiland: Die Haftung des Zwangsverwalters nach Gesetz Nr. 52, in: DRZ 1949, S. 217 ff.
Hein: Grundriß des Treuhandrechts, Berlin 1929.
Helmers: Anforderungen an die persönliche Eignung des Treuhänders für den Deckungsstock gemäß § 71 Abs. 2 VAG, in: VersR 1958, S. 820 ff.
Herold-Hilgermann-Bernicken: Das Kreditgeschäft der Banken, 13. Aufl., Hamburg 1954.
Hirsch: Die Übertragung der Rechtsausübung. Vervielfältigung der Rechte, Berlin 1908.
Hoppe: Der Versicherungsbegriff im Lichte der Versicherungspraxis, Wien 1933.
Huber: Wirtschaftsverwaltungsrecht, Bd. I, 2. Aufl., Tübingen 1953.
Hummel: Die Stellung des Versicherungsnehmers in der Versicherungswirtschaft, in: DVW Bd. I, S. 155 ff.
Jaeckel-Güthe: Kommentar zum Zwangsversteigerungsgesetz, 7. Aufl., Berlin 1937.
Jaeger: Konkursordnung, 8. Aufl., Berlin 1958.
Jander: Zur rechtlichen Stellung des Sachwalters, in: BFuP 1954, S. 42 ff.
Jellinek: System der subjektiven öffentlichen Rechte, 2. Aufl., Tübingen 1905.
— Verwaltungsrecht, 3. Aufl., Offenburg 1948.
— Die Rechtsformen des Staatsdienstes; Begriff und rechtliche Natur des Beamtenverhältnisses, in: HDStR Bd. II, S. 20 ff.
Kayser-Leiß: Die Amtshaftung bei Ausübung öffentlicher Gewalt, 2. Aufl., München und Berlin 1958.
Kerber: Folgerungen aus dem Zusammenbruch des ‚Phönix‘, in: ZVersWiss 1936, S. 219 ff.
Kern: Art. Beamter, in: HdSW Bd. 1, S. 695 ff.
Kisch: Versicherung und Gemeinschaftsgedanke, in: KVR, S. 1 ff.
— Das Recht des Versicherungsvereins auf Gegenseitigkeit, Berlin und München 1951.
Klar: Einfluß der Treuhänderbestellung auf ein schwebendes Zivilverfahren, in: NJ 1954, S. 49 f.
Knacke: Der Staatskommissar bei den Hypothekenbanken, in: ZKW 1962, S. 668 ff.
v. Köhler: Grundlehren des deutschen Verwaltungsrechts, 2. Aufl., Berlin 1936.
Koenige-Petersen-Wirth: Gesetz über die privaten Versicherungsunternehmungen, 4. Aufl., Berlin und Leipzig 1931.
Köttgen: Deutsche Verwaltung, 3. Aufl., Berlin 1944.
— Art. Staatsaufsicht, in: HdSW Bd. 9, S. 738 ff.
— Gemeindliche Daseinsvorsorge und gewerbliche Unternehmerinitiative, Göttingen 1961.
Kohler: Hypothekenbanktreuhänder, in: BankA (VI) 1907, S. 121 ff.
Kormann: System der rechtsgeschäftlichen Staatsakte, Berlin 1910.
Kroeber: Problem des privatrechtsgestaltenden Staatsaktes, Stuttgart 1931.
Küchenhoff: Allgemeine Staatslehre, 4. Aufl., Stuttgart 1960.
Küster: Die Dezentralisation der Ruhrindustrie, in: WuW 1951/52, S. 163 ff.
Landshut-Gaebler: Politisches Wörterbuch, Berlin 1958.

Lange: Die Rechtsstellung des Sequesters, in: WP 1933, S. 164 ff.
Leiß: Die Bedeutung der Rechtssprechung zum MRG 52 für die Entwicklung des Rechts behördlich bestellter Vermögensverwalter, in: NJW 1956, S. 1181 ff.
Lobscheid: Das Soziale in der Versicherung, in: DVZ 1955, S. 275 ff.
— Die Stellung des Treuhänders in der Versicherungswirtschaft, in: Beiträge zum Unternehmungsrecht, Tokio 1956, S. 152 ff.; Vorabdruck: VersR 1956, S. 462 ff.
— Versicherung in wirtschaftstheoretischer Betrachtung, Berlin 1959.
Ludewig: Die Ermächtigung nach bürgerlichem Recht, Marburg 1922.
Machleid: Staatshaftung im Bereich des MRG 52, in: NJW 1955, S. 1819 ff.
Mahr: Einführung in die Versicherungswirtschaft; Allgemeine Versicherungslehre, Berlin 1951.
Mangoldt-Klein: Das Bonner Grundgesetz, 2. Aufl., Berlin 1952 ff.
Matthes: Deckungsstock, Sonderbeauftragter und Kaution, in: NeumZfV 1936, S. 514 ff.
Mayer: Deutsches Verwaltungsrecht, 2 Bde., 3. Aufl., Berlin 1924 (unveränderter Nachdruck 1961).
Merzbacher: Treuhänder des Reichshypotheken-Bankgesetzes, BankA (V) 1906, S. 260 ff.
Michael: Öffentliche Treuhand, Karlsruhe 1948.
Möhring: Vermögensverwaltung in Vormundschafts- und Nachlaßsachen, 4. Aufl., Heidelberg 1955.
Nipperdey: Treuhänderschaft und AHK-Gesetz Nr. 8, in: Festschrift für Arthur Nikisch, Tübingen 1958, S. 307 ff.
NJW-Fundhefte, Systematischer Nachweis der deutschen Rechtsprechung und Zeitschriftenaufsätze, München und Berlin 1952 ff.
Nord: Das Recht des Treuhänders, Berlin 1927.
Olafske: Der Treuhänder nach Wirtschaftsstrafrecht, in: NJ 1950, S. 343 ff.
Pagendarm: Amtshaftungsklagen in der Rechtsprechung des BGH, in: VersR 1960, S. 878 ff.
Palandt: Bürgerliches Gesetzbuch, Kommentar, 21. Aufl., München und Berlin 1962.
Peters: Lehrbuch der Verwaltung, Berlin-Göttingen-Heidelberg 1949.
— Zu den Grenzen der staatlichen Versicherungsaufsicht, in: Festschrift für Heinrich Lehmann II, Berlin-Frankfurt/M. Tübingen 1956, S. 894 ff.
Petersen: Lebensversicherung, in: KVR, S. 67 ff.
— Die Anzeigepflicht beim Lebensversicherungsvertrag, in: ZVersWiss 1932, S. 47 ff.
Pikart: Rechtsstellung des Treuhänders in der Rechtsprechung des BGH, in: WM 1956, S. 654 ff.
Prölss: Versicherungsaufsichtsgesetz, 3. Aufl., München und Berlin 1961.
— Aufgaben des Treuhänders (§ 70 VAG), in: VersR 1956, S. 669 ff.
— Bemerkungen zur Reform des Versicherungsaufsichtsrechts, in: VersRds 1957, S. 109 ff.
— Wandlungen des Versicherungsaufsichtsrechts, in: ZVersWiss 1961, S. 109 ff., 137 ff.
Radbruch: Einführung in die Rechtswissenschaft, 9. Aufl., Stuttgart 1958.
Radke: Das Unmittelbarkeitsproblem bei der fiduziarischen Treuhand, Tübingen 1933.
Rechte und Pflichten der Treuhänder und Abschlußprüfer, hrg. vom Institut der Wirtschaftsprüfer i. V. m. der Schmalenbachvereinigung, (Düsseldorf-Köln) 1947.

Reichsgerichtsrätekommentar. Das Bürgerliche Gesetzbuch, Kommentar hrg. von Reichsgerichtsräten und Bundesrichtern, Bd. I, 11. Aufl., Berlin 1958 ff.
v. Rheinbaben: Art. Amt, in: WStVR Bd. I, S. 102 f.
Rhode: Juristische Person und Treuhand, Berlin 1932.
Rinck: Gefährdungshaftung, Göttingen 1959.
Rössle: Allgemeine Betriebswirtschaftslehre, 5. Aufl., Stuttgart 1956.
Rohrbeck: Ziele und Grenzen der deutschen Versicherungswirtschaft, in: DVZ 1950, S. 227 ff.
Rühe: Das Recht des Sonderbeauftragten unter Berücksichtigung der öffentlich-rechtlichen Versicherungsanstalten, in: ZfV 1956, S. 545 ff.
Sasse: Aufsicht und Aufsichtsverwaltungsakt nach § 81 VAG, in: RIV, S. 231 ff. S. 231 ff.
v. Savigny: Juristische Methodenlehre, hrsg. v. Wesenberg, Stuttgart 1951.
Schleß: Mittelbare Stellvertretung und Treuhand, Leipzig 1931.
Schlochauer: Öffentliches Recht, Karlsruhe 1957.
Schloß: Die Rechte der Versicherten an der Prämienreserve, (Diss.) Bamberg 1904.
Schmid: Vorwort, in: MVA Bd. I, S. VII ff.
— Versicherungsaufsicht und Verwaltungsgerichtsbarkeit, in: BVW, S. 391 ff.
Schmidt: Der Pfandbesitz, in: ArchZivPr Bd. 131, S. 1, 129.
— R.: Die Obliegenheiten, Karlsruhe 1953.
— Materielle Staatsaufsicht über Versicherungsunternehmen und Körperschaftsrecht, in: VersR 1954, S. 441 ff.
— Versicherungs-Alphabet, 3. Aufl., Karlsruhe 1961.
— Gedanken zum Begriff der Versicherung, in: RIV, S. 247 ff.
— Versicherungsaufsichtsrecht, in: Versicherungswirtschaftliches Studienwerk H. 8, 373 ff., H 11, S. 495 ff.
— Zur rechtlichen Lage der Versicherungswirtschaft nach dem Gesetz gegen Wettbewerbsbeschränkungen, (Versicherungsstudien H. 3) Berlin 1960.
Schmidt-Rimpler: Versicherungswirtschaft und Versicherungsrecht, in: VHV H. 1, S. 67 ff.
Schmitz: Der Treuhänder für den Deckungsstock (§§ 70 ff. VAG), in: HansRGZ 1936, Sp. 23 ff.
Schultze: Treuhänder im geltenden bürgerlichen Recht, Jena 1901.
Seybold-Hornig-Wolpers: Reichsnotarordnung, Leipzig 1937.
Siebert: Das rechtsgeschäftliche Treuhandverhältnis, Marburg 1933.
— Die Methode der Gesetzesauslegung, Heidelberg 1958.
— Der Risikogedanke im Vertragsrecht, insbesondere im Versicherungsvertrag, in: APV, S. 125 ff.
— Zur Abgrenzung zwischen Arbeitsverhältnis und selbständigem Dienstvertrag, in: BB 1949, S. 746 ff.
Spohr: Die Rechtsstellung des Treuhänders nach dem Versicherungsaufsichtsgesetz, in: JRPV 1934, S. 321 ff. u. 369 ff.
v. Spreckelsen: Der Begriff des privatrechtlichen Amtes, Breslau 1927.
Starke: Der Sonderbeauftragte im Versicherungsrecht, in: DVZ 1950, S. 166 ff.
— Die Anordnungen der Versicherungsaufsichtsbehörden nach §§ 81, 81 a, 89 VAG, in: MVA Bd. I, S. 73 ff.
— Die Entwicklungslinien der materiellen Staatsaufsicht in der ersten Hälfte des 20. Jahrhunderts, in: MVA Bd. III, S. 11 ff.
— Die Neuregelung der Bankenaufsicht und ihre Bedeutung für die Versicherungswirtschaft, in: ZVersWiss 1960, S. 15 ff.
v. Staudinger: Kommentar zum Bürgerlichen Gesetzbuch, Bd. III, 11. Aufl., Berlin 1956.

Steimer: Der Treuhänder nach §§ 1187—1189 BGB, Diss. Heidelberg 1911.
v. d. Thüsen: Versicherungstreuhänder und Grundbuch, in: JRPV 1936, S. 289 ff.
— Treuhänderfragen, in: JRPV 1936, S. 139 ff. u. 145 ff.
— Der Amtstreuhänder bei Hypothekenbanken, Schiffsbanken und Versicherungsgesellschaften, in: BankA (XXXIV) 1934/35, S. 228 ff.
v. Turegg: Lehrbuch des Verwaltungsrechts, 3. Aufl., Berlin 1956.
Vassel: Unterstellung der Rücklage für Beitragsrückerstattungen unter einen Treuhänder, in: VW 1960, S. 631 f.
Verhandlungen des 36. Deutschen Juristentages, 2 Bde., Berlin u. Leipzig 1930—31.
Weber: Gegenwartsfragen des Versicherungsverwaltungsrechts, in: HansRGZ 1942, S. 130 ff.
— Die Körperschaften, Anstalten und Stiftungen des öffentlichen Rechts, 2. Aufl., München u. Berlin 1943.
— Staats- und Selbstverwaltung in der Gegenwart, Göttingen 1953.
— Die Rechtsetzungsbefugnisse des Reichs- und Bundesaufsichtsamts in der Versicherungsaufsicht, in: MVA Bd. I, S. 49 ff.
— Juristische Personen des öffentlichen Rechts, in: HdSW Bd. 5, S. 449 ff.
— Art. Verwaltungsorganisation, in: HdSW Bd. 11, S. 276 ff.
— Die Versicherungsaufsicht in der gegenwärtigen Rechtsentwicklung, in: ZVersWiss 1961, S. 333 ff.
Weimar: Die Haftpflicht der Parteien kraft Amtes, in: VP 1958, S. 103 f.
Weidner: Zur Problematik privater und öffentlicher Daseinsvorsorge, in: ZVersWiss 1961, S. 141 ff.
Wiedemann: Zur rechtlichen Natur der Prämienreserve in der Lebensversicherung, in: ZVRW Bd. I, S. 589 ff.
Wolff: Verwaltungsrecht I, 4. Aufl., München u. Berlin 1961.

Abkürzungsverzeichnis

1. Anmerkungen

a.a.O.	=	am angegebenen Ort
AG	=	Aktiengesellschaft
AHK	=	Alliierte Hohe Kommission
AktG	=	Aktiengesetz
A.M.	=	anderer Meinung
AmtsBl.	=	Amtsblatt
ÄndG	=	Änderungsgesetz
Anl.	=	Anlage
Anm.	=	Anmerkung
Art.	=	Artikel
Aufl.	=	Auflage
Ausf.Best.	=	Ausführungsbestimmung
BAV	=	Bundesaufsichtsamt für das Versicherungs- und Bausparwesen
BFH	=	Bundesfinanzhof
BGB	=	Bürgerliches Gesetzbuch
BGBl. (I)	=	Bundesgesetzblatt (Teil I)
BGH	=	Bundesgerichtshof
BStBl.	=	Bundessteuerblatt
BVerfGG	=	Gesetz über das Bundesverfassungsgericht
BVerwG	=	Bundesverwaltungsgericht
DRSt	=	Deckungsrückstellung
Drucks.	=	Drucksache
DSt	=	Deckungsstock
DVO	=	Durchführungsverordnung
ff.	=	folgende (Seiten, Jahre)
G	=	Gesetz
GBl.	=	Gesetzblatt
GBO	=	Grundbuchordnung
Gesch. Ber.	=	Geschäftsbericht

Abkürzungsverzeichnis

GG	=	Grundgesetz
GVBl.	=	Gesetz- und Verordnungsblatt
H.	=	Heft
HypbankG	=	Hypothekenbankgesetz
i. e. S.	=	im engeren Sinne
i. V. m.	=	in Verbindung mit
JMBl.	=	Justizministerialblatt
KRG	=	Kontrollratsgesetz
KG	=	Kammergericht
KO	=	Konkursordnung
Komm.	=	Kommentar
LAG	=	Landesarbeitsgericht
LG	=	Landgericht
MRG	=	Militärregierungsgesetz
OG	=	Oberster Gerichtshof für die Sowjetische Zone
OGH	=	Oberster Gerichtshof für die Britische Zone
OVA	=	Oberversicherungsamt
OVG	=	Oberverwaltungsgericht
PrPVG	=	Preußisches Polizeiverwaltungsgesetz
R	=	Rundschreiben des BAV (etwa: 13/57)
RegBl.	=	Regierungsblatt
RFH	=	Reichsfinanzhof
RG	=	Reichsgericht
RGBl.	=	Reichsgesetzblatt
RStBl.	=	Reichssteuerblatt
RT	=	Reichstag
SchVG	=	Schuldverschreibungsgesetz
SMA	=	Sowjetische Militär-Administration
Sten. Ber.	=	Stenographische Berichte
StGB	=	Strafgesetzbuch
Th	=	Treuhänder
Urt.	=	Urteil
VAG	=	Versicherungsaufsichtsgesetz
VerglO	=	Vergleichsordnung
Verh.	=	Verhandlungen
VGH	=	Verwaltungsgerichtshof
vgl.	=	vergleiche
VN	=	Versicherungsnehmer
Vr	=	Versicherer
Vte(r)	=	Versicherte(r)
VU	=	Versicherungsunternehmen (-nehmung)
VVaG	=	Versicherungsverein auf Gegenseitigkeit
v. Verf.	=	vom Verfasser

WStrVO	=	Wirtschaftsstrafverordnung (DDR)
ZPO	=	Zivilprozeßordnung
ZVG	=	Zwangsversteigerungsgesetz

2. Sammlungen

APV	=	Aktuelle Probleme der Versicherungswirtschaft, Berlin 1954
ArbRSlg.	=	Entscheidungen des Reichsarbeitsgerichts und der Länderarbeitsgerichte (1928—1944)
BGHZ	=	Entscheidungen des BGH in Zivilsachen (seit 1951)
BVW	=	Beiträge zur Versicherungswissenschaft, Berlin 1955
DVW	=	Deutsche Versicherungswirtschaft, Berlin 1936—1939
EFG	=	Entscheidungen der Finanzgerichte (seit 1953)
HdR	=	Handwörterbuch der Rechtswissenschaft, Berlin und Leipzig 1926—1929 (1931, 1937)
HDStR	=	Handbuch des Deutschen Staatsrechts, Tübingen 1930—1932
HdSW	=	Handwörterbuch der Sozialwissenschaften, Göttingen 1956 ff.
HRR	=	Höchstrichterliche Rechtsprechung (1928—1942)
KGG	=	Kommentar zum Bonner Grundgesetz, Hamburg 1950
KVR	=	Kernfragen der Versicherungs-Rechtsprechung, Berlin 1938
LdR	=	Lexikon des Deutschen Rechts, Berlin-Eisenbach-Leipzig, o. J.
LM	=	Lindenmaier-Möhring, Nachschlagewerk der Entscheidungen des BGH, 1951 ff.
MVA	=	Fünfzig Jahre materielle Versicherungsaufsicht, Berlin 1952—1955
OGHZ	=	Entscheidungen des OGH in Zivilsachen (1949—1950)
OVGE	=	Entscheidungen der OVGe (seit 1950)
RGR Komm.	=	Reichsgerichtsräte-Kommentar (s. Literaturübersicht)
RGZ	=	Entscheidungen des RG in Zivilsachen (1880—1945)
RIV	=	Rechtsfragen der Individualversicherung, Karlsruhe 1957
VA	=	Veröffentlichungen des Reichsaufsichtsamtes für Privatversicherung (1918—1943)
VerAfP	=	Veröffentlichungen des Kaiserlichen Aufsichtsamtes für Privatversicherung (1902—1917)
VerBAV	=	Veröffentlichungen des Bundesaufsichtsamtes für das Versicherungs- und Bausparwesen (seit 1952)
VHV	=	Veröffentlichungen des Berliner Hochschulinsituts für Versicherungswissenschaft, Berlin 1939—1942
VVV	=	Veröffentlichungen des Deutschen Vereins für Versicherungswissenschaft, Berlin 1903—1941
WP Handb.	=	Wirtschaftsprüfer-Handbuch (seit 1959, zuvor: WP-Jahrbuch, Düsseldorf)
WStVR	=	Wörterbuch des Staats- und Verwaltungsrechts (Tübingen 1911—1914)

3. Zeitschriften

ArchZivPr	=	Archiv für civilistische Praxis
BankA	=	Bankarchiv
BB	=	Der Betriebs-Berater
BFuP	=	Betriebswirtschaftliche Forschung und Praxis
DJZ	=	Deutsche Juristenzeitung
DRZ	=	Deutsche Rechts-Zeitschrift
DVZ	=	Deutsche Versicherungszeitschrift (vorm.: Versicherungswissenschaft — Versicherungspraxis — Versicherungsmedizin)
GWW	=	Gemeinnütziges Wohnungswesen
HansRGZ	=	Hanseatische Rechts- und Gerichtszeitschrift
HW	=	Haus und Wohnung
JR	=	Juristische Rundschau
JRPV	=	Juristische Rundschau für die Privatversicherung
JW	=	Juristische Wochenschrift
JZ	=	Juristenzeitung
KTS	=	Konkurs-, Treuhand- und Schiedsgerichtswesen
MDR	=	Monatsschrift für Deutsches Recht
NdsRpfl	=	Niedersächsische Rechtspflege
NeumZfV	=	Neumanns Zeitschrift für Versicherungswesen
NJ	=	Neue Justiz
NJW	=	Neue Juristische Wochenschrift
SJZ	=	Süddeutsche Juristen-Zeitung
SV	=	Die Sozialversicherung
VersArch	=	Versicherungsarchiv
VersR	=	Versicherungsrecht
VersRds	=	Die Versicherungs-Rundschau
VP	=	Die Versicherungspraxis
VuG	=	Versicherung und Geldwirtschaft (Mitteilungen für die öffentlichen Feuerversicherungsanstalten)
VW	=	Versicherungswirtschaft
WM	=	Wertpapier-Mitteilungen
WP	=	Der Wirtschaftsprüfer
WuW	=	Wirtschaft und Wettbewerb
ZfV	=	Zeitschrift für Versicherungswesen
ZKW	=	Zeitschrift für das gesamte Kreditwesen
ZMR	=	Zeitschrift für Miet- und Raumrecht
ZVersWiss	=	Zeitschrift für die gesamte Versicherungswissenschaft
ZVRW	=	Zeitschrift für Versicherungs-Recht und Wissenschaft

Printed by Libri Plureos GmbH
in Hamburg, Germany